LOS HORNOS de HITLER

OLGA LENGYEL

LOS HORNOS de HITLER

EDITORIAL DIANA

MEXICO

Título Original: HITLER'S OVENS

Traductor: *Andrés Ma. Mateo*

1a. Edición, Noviembre de 1961
45a. Impresión, Agosto de 1999

ISBN   968-13-1010-1

EDITORIAL DIANA, S. A.
Calles de Tlacoquemécatl y Roberto Gayol, México 12, D. F.
Impreso en México — Printed in Mexico

RECONOCIMIENTOS

La autora agradece a Louis Zara su espléndida cooperación y sugestiones constructivas, así como la ayuda valiosísima que le prestaron Isidore Lipschutz, el Profesor Emile Lengyel, de la Universidad de Nueva York, Charles Eube, Oscar Ray.

Mi agradecimiento también a N. Adorjan, licenciado Paul Salmon, doctor Eric Legman, Mme. Steier, Ladislas Gara, Clifford Coch, Paul P. Weiss, al doctor Andrés M. Mateo por su gran ayuda y al señor José Luis Ramírez Jr. por su comprensión y valiosa cooperación.

Deseo expresar mi agradecimiento a los Editores franceses, americanos, ingleses y mexicanos, así como al personal bajo sus órdenes que con sus valiosas sugestiones han hecho posible la publicación de este libro en sus países respectivos.

DEDICATORIA

"Dedico este libro a la memoria de mis padres, de mi esposo e hijos, y a mis congéneres de todas las nacionalidades y credos; así como a la inocente población civil europea que sufrió la matanza de millones de seres asesinados por los alemanes durante la Segunda Guerra Mundial.

También dedico este libro a los héroes de guerra que ofrendaron su vida para evitar la consumación del sueño de los alemanes: Aniquilar a todas las naciones y crear un mundo habitado únicamente por alemanes, bajo la protección de Wotan[1] su terrible dios pagano.

---

1) Wotan, dios mitológico de los nórdicos, promotor de toda la vida universal, sediento de sangre, autor de la guerra, protector de los héroes y dios tuerto de los Germanos. (N. del T.)

LOS HORNOS DE HITLER

Publicado por primera vez en París, Francia, por Éditions du "Bateau Ivre", con el título original de: *"Souvenirs de l'au dela"*.

The Ziff-Davis Publishing Company, New York, publicado bajo el título de: *"Five Chimneys"*.

The Avon Publishing Company, (The Hearst Corporation), New York, publicado bajo el título de: *"I survived Hitler's Ovens"*, y también publicado simultáneamente en Canadá.

The Panther Edition (Hamilton & Co., Stafford Ltd.,) London, publicado bajo el título de: *"Five Chimneys"*.

Editorial Diana, S. A., México, D. F., publicado bajo el título de: *"Los Hornos de Hitler"*. Copyright 1956 by Olga Lengyel.

INDICE

CAPÍTULO I

8 Caballos... o 96 Hombres, Mujeres y Niños

¡*Mea culpa*, fue por culpa mía, *mea maxima culpa!* No puedo acallar mi remordimiento por ser, en parte, responsable de la muerte de mis padres y de mis dos hijos. El mundo comprende que no tenía por qué saberlo, pero en el fondo de mi corazón persiste el sentimiento terrible de que pudiera haberlos salvado, de que acaso me hubiese sido posible.

Corría el año 1944, casi cinco después de que Hitler invadió Polonia. La Gestapo lo gobernaba todo, y Alemania se estaba refocilando con el botín del continente, porque dos tercios de Europa habían quedado bajo las garras del Tercer Reich. Vivíamos en Cluj,[1] ciudad de 100,000 habitantes, que era la capital de Transilvania. Había pertenecido antes a Rumania, pero el Laudo de Viena, de 1940, la había anexado a Hungría, otra de las naciones satélites del Nuevo Orden. Los alemanes eran los amos, y aunque apenas era posible abrigar esperanza ninguna, no sentíamos, si no rezábamos porque el día de la justicia no se retrasase. Entre tanto, procurábamos apaciguar nuestros temores y seguir realizando nuestros quehaceres diarios, evitando, en lo posible, todo contacto con ellos. Sabíamos que estábamos a merced de hombres sin entrañas —y de mujeres también, como más tarde pudimos comprobar—, pero nadie logró convencernos entonces del grado auténtico de crueldad a que eran capaces de llegar.

---

1) Los alemanes la llamaban Klausenburg; los húngaros, que fueron sus dueños con anterioridad al año 1918, le habían puesto el nombre de Kolozsvar.

Mi marido, Miklos Lengyel, era director de su propio hospital, el "Sanatorio del Doctor Lengyel", moderno establecimiento de dos pisos y setenta camas, que habíamos construido en 1938. Cursó sus estudios en Berlín, donde consagró mucho tiempo a las clínicas de caridad. Ahora se había especializado en cirugía general y ginecología. Todo el mundo lo respetaba por su extraordinario talento y consagración a la ciencia. No era hombre político, aunque comprendía plenamente que estábamos en el centro de un verdadero *maelstrom* y en peligro constante. No tenía tiempo para dedicarse a otras ocupaciones. Con frecuencia veía a 120 pacientes en un solo día y se dedicaba a la cirugía hasta bien entrada la noche. Pero Cluj era una comunidad dinámica y progresiva, y nos sentíamos orgullosos de representar a uno de sus principales hospitales.

Yo también estaba consagrada a la medicina. Había estudiado en la Universidad de Cluj y me consideraba con méritos para ser la primera asistente quirúrgica de mi marido. La verdad era que yo había contribuido a terminar el nuevo hospital, poniendo en su decoración todo el cariño que siente la mujer por el color; y así había alegrado las instalaciones en la manera más avanzada.

Pero, aunque tenía una carrera, me sentía más orgullosa todavía de mi pequeña familia, integrada por dos hijos, Thomas y Arved. Nadie, pensaba yo, podía ser más feliz que nosotros. En nuestro hogar residían mis padres y también mi padrino, el Profesor Elfer Aladar, famoso internista, dedicado al estudio e investigación del cáncer.

Los primeros años de la guerra habían sido relativamente tranquilos para nosotros, aunque oíamos con temor los relatos interminables de los triunfos de la Reichswehr. A medida que asolaban más y más territorios, iban disminuyendo los médicos y, especialmente, los cirujanos capaces de servir a la población civil. Mi marido, aunque prudente y bastante circunspecto, no hacía gran esfuerzo por ocultar ni disimular sus esperanzas de que la causa de la Humanidad no podría perderse del todo. Naturalmente, sólo hablaba con libertad a las personas de su confianza, pero había almas sobornables en todos los círculos y nunca podía saberse quién iba a ser el próximo "espía". Sin embargo, las autoridades de Cluj lo dejaron en paz.

Ya en el invierno de 1939, observamos un indicio de lo que estaba ocurriendo en los territorios ocupados por los nazis. Por entonces, brindamos refugio a numerosos fugitivos polacos, que se habían escapado de sus hogares después de haberse rendido los ejércitos de su patria. Los escuchábamos, les dábamos alientos y los ayudábamos. Pero, a pesar de todo, no éramos capaces de dar crédito total a lo que nos contaban. Estos individuos estaban llenos de resentimiento y deshechos moralmente: sin duda, debían de exagerar.

Hasta 1943 no nos llegaron relatos estremecedores de las atrocidades que se estaban cometiendo dentro de los campos de concentración de Alemania. Pero, al igual de tantos como me escuchan a mí hoy, no nos cabían en la cabeza tan horripilantes historias. Seguíamos considerando a Alemania como una nación que había dado una gran cultura al mundo. Si aquellas historias eran verídicas, indudablemente tenían que haber sido perpetradas por un puñado de locos; era imposible que se debiesen a una política nacional y que constituyesen parte de un plan de dominio y supremacía mundial. ¡Qué equivocados estábamos!

Ni siquiera cuando un comandante alemán de la Wehrmacht, a quien habían aposentado en nuestra casa, nos hablaba de la ola de terror que su nación había desencadenado sobre Europa, fuimos capaces de darle crédito. No era un hombre que carecía de estudios; por eso estaba yo convencida de que trataba de asustarnos. Intentamos vivir separados de él, hasta que una noche nos pidió que lo admitiésemos en nuestra compañía. Por lo visto, no buscaba más que tener alguien con quién hablar, pero cuantas más cosas nos contaba, mayor era el rencor y la amargura que dejaba en nuestras almas. Por todas partes, declaraba, las gentes sometidas lo miraban con ojos llenos de odio. ¡Y sin embargo, de su familia no recibía más que constantes quejas, porque no les enviaba suficiente botín! Otros soldados, tanto rasos como oficiales y clase de tropa, mandaban a su casa numerosas joyas, ropa, objetos de arte, y alimentos.

Nos habló del sistema alemán, que estos aplicaban en cada país que ocupaban, con bastante éxito. Empezaban a aplicarlo con los hebreos, haciendo creer a los cristianos que la Gestapo perseguía únicamente a los judíos. También hacían creer a la gente que aquel que cooperara con los alemanes podía quedarse con las pertenencias de los judíos. Un método efectivo de transformar ciudadanos en colaboradores. Pero una vez que los hebreos eran deportados a los campos de concentración, los alemanes, se apoderaban de todos los bienes que encontraban en sus casas, y en camiones enviaban todo a Alemania, olvidándose sencillamente de lo que habían prometido a sus colaboradores.

Seguía diciendo que después de la ocupación de los primeros países europeos, los alemanes temían que al saber lo que les había ocurrido a sus vecinos, los habitantes del país recientemente ocupado se resistirían a caer en su señuelo, pero la realidad comprobó que la gente no siempre daba crédito a los "cuentos fantásticos" que le contaban, y creían con optimismo que lo que pasó en otro país no les podía suceder a ellos.

Decía que la persecución de los hebreos se hizo abiertamente, pero a los cristianos se les persiguió usando cierta discreción. Esto último se realizaba por secciones especiales del gobierno alemán, una de ellas llamada: "Departamento de Iglesias Cristianas". Los representantes de estas secciones operaban conjuntamente con el ejército de ocupación como operaban también los representantes de la "Solución Final", en la eliminación de hebreos y elementos políticos indeseables.

El poder del Vaticano, —continuaba—, y la influencia del Papa molestaba a Hitler grandemente, así que después de los judíos, el blanco de los alemanes eran los católicos. Wotan, el horrible dios tuerto pagano de los alemanes, era muy celoso y no toleraba la competencia de un Dios cristiano. ¡Las monjas, los sacerdotes y los líderes cristianos tenían que desaparecer! Eran acusados de sabotaje, actividades antigermanas, etcétera y la Gestapo les llamaba a declarar. Una vez en manos de la Gestapo, nunca se les daba la oportunidad de probar su inocencia.

No solamente las monjas eran llevadas al cautiverio —el Mayor nos contaba— sino que también sus protegidos, los niños que cuidaban en orfanatorios y escuelas, eran tomados subrepticiamente durante la noche por los alemanes, para evitar ser vistos. Los prisioneros eran enviados a los innumerables campos de concentración diseminados en Europa ocupada, o simplemente enviados directamente a la muerte.

Nos decía que los alemanes nunca usaban las palabras asesinato, o muerte por gas. Simplemente se concretaban a escribir al lado de los nombres de sus prisioneros las aparentemente inofensivas definiciones de: *"Tratamiento Especial, Liquidación, Recuperación, Experimentación, Solución Final, etcétera."* Cada una de estas inofensivas definiciones significaba una muerte horrible.

Con este sistema, miles de cristianos civiles desaparecían semanalmente de los países ocupados en Europa. Nadie sabía su destino. Los periódicos tenían prohibido publicar listas de los prisioneros o desaparecidos. No se hacía ninguna publicación respecto de las actividades de la Gestapo.

Quizás para justificar la matanza de millones y millones de inocentes en países ocupados en Europa, el mayor alemán nos contaba por qué y cómo Hitler mataba alemanes arios. De acuerdo con la ideología Nazi,[1] los alemanes eran *Arios,* descendientes de una raza Caucásica superior sin mezcla alguna, especialmente con la raza arábiga o judía. En resumen, una raza "pura", sin lazos semíticos.

El Nazismo,[2] a su vez, excluía el cristianismo. Una nación "superior racialmente" con aspiraciones como la alemana, no podía aceptar un Dios que es bondadoso, generoso y tolerante. Los germanos necesitaban un dios pagano que aceptara los crímenes, las torturas e inhumanidades, un dios que hiciera de sus acciones bárbaras, su doctrina. De acuerdo con estas doctrinas, fundadas en las tradiciones de los antiguos dioses paganos, los alemanes de Hitler celebraran sus ritos bajo el cielo abierto. Sus ceremonias matrimoniales tenían lugar frente a la gran efigie de piedra de Wotan, que en los antiguos días de los teutones, fue el altar donde le ofrecían los sacrificios.

Con objeto de conservar una nación fuerte, Hitler usó un antiguo sistema griego. Los antiguos griegos lanzaban al precipicio desde la cima de la montaña Taigetos a todos aquellos niños que nacían inválidos o de apariencia física débil. El Führer aplicó una versión moderna de este método entre los adultos de los *alemanes arios.* El mayor decía que todos aquellos incapacitados para el trabajo, o inválidos, o que padecieran serias enfermedades como tuberculosis, cáncer, o los enfermos, mentales, eran declarados incurables y enviados al "Tratamiento de Recuperación" a diferentes hospitales. La oficina central de los médicos encargados de estos tratamientos estaba en un hospital situado en Brandenburg, cerca de Berlín. Ya en el hospital, eran sometidos a la *eutanasia,* muerte producida in-

---

1) Nazi, palabra que se forma con la abreviación de las dos primeras sílabas de *Nazionalsozialistiche Partei.* (Partido Nacional Socialista de los Trabajadores Alemanes). Dicho Partido fue fundado en ideas fascistas en el año de 1919. Hitler se convirtió en su director desde 1921.

2) Nazismo, representa las doctrinas económicas y políticas establecidas y llevadas a efecto por el Partido Nacional Socialista de los trabajadores alemanes en el Tercer Reich. Incluye el *principio totalitario* de gobierno —control gubernamental de toda industria— predominio de ciertos grupos declarados racialmente superiores, y la completa supremacía de su Führer, Hitler. El gobierno totalitario de Alemania reconocía solamente un Partido, el Partido Nazi (N. del T.)

yectándoles veneno. El sistema de la eutanasia también era de-
nominado T-4, abreviatura tomada de la dirección de la Can-
cillería de Hitler: 4 Tiergarten Strasse. También usaban gas
letal para matar a los pacientes. El gobierno alemán dio el
nombre supuesto e impresionable de: "Fundación de Caridad
para Tratamientos Institucionales" al cuerpo de médicos encargados de estas actividades. Por orden especial de Hitler, la
práctica de la eutanasia fue declarada legal en Alemania y en
los territorios ocupados por los alemanes.

Hacia finales de la década de los años del 30, alrededor
de 100,000 alemanes arios fueron exterminados con veneno inyectado. Certificados de locura fueron falsificados, y eran ex-
pedidos al mayoreo para aquellos que estuvieran casados o
mantuvieran relaciones con nogermanos. Se indicó una feroz
persecución contra los "Mischlings", que eran mitad judíos.
Miles y miles de ellos fueron castrados, o enviados a campos de
concentración o asesinados.

La Iglesia protestó ante la práctica de la eutanasia. El
Arzobispo Von Gallen, el Cardenal Faulhaber y otros miembros
importantes del clero, condenaron abiertamente esta práctica
inhumana desde sus púlpitos. El temor se adueñó de la población al saber que los asesinados eran arios puros y alemanes.
No por temor a la Iglesia, sino por pura conveniencia, el gobierno alemán suspendió temporalmente los asesinatos con veneno inyectado, y reanudó más tarde secretamente estas prácticas.

Escuchando las interminables historias terroríficas que el
mayor nos relataba, me pregunté qué sería exactamente lo que
este hombre quería de nosotros. No sabía si quería asustarme
o volverme loca. Le miré con horror e incredulidad, cosa que
le irritó visiblemente. Probablemente ésta fue la razón por la
cual cambió el tema de su conversación y empezó a hablarme
de mi familia y mis amigos. Esbozando una sonrisa diabólica,
mencionó una lista que vio en el cuartel general de la Gestapo
en la que aparecía el nombre del doctor Lengyel. Mencionó que
al lado del nombre de mi esposo había una nota especial,
escrita por el Jefe de la Gestapo, que decía que mi esposo debía
ser prontamente "eliminado", así como aquellos señalados por
la "Quinta Columna". El mayor también mencionó que el
doctor Osvath, médico que prestaba sus servicios en nuestro
hospital también "prestaba sus servicios" a los alemanes.

La "Quinta Columna" formaba un papel importante en
la maquinaria alemana. Sus miembros obtenían información

acerca de gentes importantes, sus opiniones y actividades con respecto a los alemanes, previamente a la ocupación de algún país. En dichas investigaciones se provocaba a las personas a discutir, anotando sus declaraciones y los nombres de los investigados.

Entonces recordé que el doctor Osvath frecuentemente tomó parte en las discusiones que diariamente tenían lugar en la sala de preparación previa a las intervenciones quirúrgicas. En esa sala el doctor Lengyel y sus ayudantes se aseaban y desinfectaban, un procedimiento que les tomaba bastante tiempo. Médicos de la localidad aprovechaban esto para iniciar discusiones de carácter íntimo con ellos. Hablaban de sus problemas médicos, pedían consejo al doctor Lengyel para el tratamiento de sus pacientes, y también hablaban de política. En dichas ocasiones, el doctor Lengyel con frecuencia sugirió que se boicotearan los productos alemanes, y que los médicos no compraran medicamentos, equipo médico o instrumental de los alemanes. Él también expresó que esperaba que nosotros los húngaros nos uniríamos para luchar contra los nazis, como lo habían hecho siempre en el pasado cuando Alemania trató de esclavizarlos.

Oyendo hablar al mayor, me pregunté cómo y por qué mi esposo había sido incluido en la lista de "Quinta Columnistas". ¿Acaso había sido acusado por alguien como enemigo del Tercer Reich? ¿Sería Osvath? ¿Era un colaborador? ¿Sería posible que Osvath fuera un miembro de la "Quinta Columna"? No podía creerlo. Osvath tenía relaciones amistosas con nosotros y nos hería profundamente la forma en que el mayor se expresaba de él, sin explicarme qué razones tenía para mentir así acerca del colega de mi esposo. ¡Qué atrevimiento difamar en esa forma a un colega de mi esposo! Cuando él siempre le demostró lealtad y respeto al doctor Lengyel. El doctor Osvath era un buen médico, a quien mi esposo ayudó grandemente en su profesión. Tenía cuatro niños, su esposa esperaba al quinto, era definitivamente un respetable hombre de familia. Y estaba muy lejos de parecerse a la imagen de bajeza que el mayor nos había trazado de él.

Parecía que el mayor alemán nunca terminaría de hablar, y lo que es peor, yo tenía que seguirle escuchando. Lo que más me impresionó fue el odio que sentía contra él mismo al relatar las marchas de sus tropas por caminos literalmente flanqueados por cuerpos de los ahorcados. Llegué a pensar que este hombre estaba ebrio o loco, aun cuando sabía que no era así. Habló

de camiones construidos expresamente para matar prisioneros
con gas; de los enormes campos dedicados exclusivamente a la
exterminación de millones de civiles. No podía dar crédito a lo
que oía. ¿Quién iba a creer semejantes historias?

Cuando finalmente el mayor alemán se puso de pie, nos
sentimos aligerados de la tensión que nos embargaba, pero no
dio por terminada su visita, y nos pidió algo para beber. Mi
esposo sacó de la cantina una botella de "Tokay Aszu", un vaso
y los colocó sobre la mesa. El mayor miró interrogativamente
el único vaso y luego a mi esposo. El doctor Lengyel le retuvo
la mirada con firmeza. Entonces comprendió el alemán que nos
rehusábamos acompañarle a beber.

El mayor abrió la botella y llenó su vaso con el vino rojo,
tomándoselo de un golpe. Después, volvió a llenar el vaso, de-
jándolo en la mesa. Se dirigió lentamente hacia un rincón del
cuarto donde estaba colocada una preciosa antigüedad sobre
una pesada columna de mármol, era una estatua de Jesús. Pasó
frente a ella varias veces, mirándola cuidadosamente. Era ésta,
una escultura de origen latino, que fue legada a mi familia por
un amigo, coleccionista de antigüedades, quien murió en París
durante la Revolución Francesa de 1848. El rostro de Jesús
en la estatua era de una magnificencia artística tal, que lo representaba divino y humano a la vez. Demostraba el sufrimiento,
la comprensión y la bondad juntas, una expresión que posiblemente tendría la cara de Jesús durante la procesión del Gólgota
en Jerusalén.

Después que el mayor terminó el escrutinio de la estatua,
se dirigió a la mesa, a tomarse su vaso de vino, pensábamos.
Pero en lugar de esto, levantó su vaso y chocando sus tacones,
brindó: ¡*Heil Hitler!* con un tono de voz que podría ser lo
mismo verdadero que sarcástico, y con toda su fuerza lanzó el
vaso a la estatua de Cristo. Por alguna razón extraña, el impacto
no dio perfectamente en el blanco, y su golpe fue detenido por
la corona de espinas que ceñía la cabeza del Redentor. El vino,
rojo como sangre, escurría desde la cabeza de Jesús, manchán-
dole el torso, hasta caer finalmente al pie de la estatua, donde
ésta tenía una inscripción en Español: "*Jesucristo, salva nuestras
pobres almas*", y llenando de grandes manchas la alfombra.

Después de su acción sacrílega, el mayor tomó la botella
de vino que estaba en la mesa y sin decir una sola palabra,
salió de la habitación. Al salir el mayor, comentamos lo increíble de las historias que nos había contado. ¡Qué lúgubre
imaginación debía tener este hombre para inventar tales horro-

res! Nadie podía creer en la veracidad de los relatos de un hombre así. ¡Era un pobre fantasma que había vendido su alma al diablo y estaba en guerra con su conciencia!

:: :: ::

Esa noche, después que se fue el mayor, el doctor Lengyel y yo nos dirigimos al hospital por una puerta que conectaba nuestra casa con éste. Mi esposo para realizar una operación fijada para esa hora, y yo para dar las buenas noches a mis seres queridos. Mi padre y mi padrino estaban muy enfermos en nuestro hospital. A ambos se les habían practicado sendas operaciones recientemente. A mi padre le habían extraído un riñón, y le habían efectuado también ciertas operaciones en las vías urinarias. Se encontraba en vísperas de ser operado nuevamente, sin embargo, confiábamos en que su recuperación era cosa segura. Mi padrino, quien dedicó gran parte de su vida a investigaciones de enfermedades del estómago y del cáncer, por ironías de la vida, sufría él mismo de cáncer. Todos sabíamos que sus días estaban contados. Estaría entre nosotros quizás unas semanas, quizás uno o dos meses más. Todos deseábamos fervientemente que en sus últimos días se viera librado de sufrimiento físicos o morales. Para nosotros era un desconsuelo saber que mi padrino conocía la naturaleza de su mal, y el fin que le esperaba. Pero siempre demostró un valor a toda prueba, y nunca se quejaba de sus dolores y siempre estaba sonriente delante de nosotros. Muchas veces hice yo misma acopio de valor para no romper en amargo llanto en su presencia.

Mi padre estaba dormido cuando llegué a su lecho. Sentada en una silla, mi madre leía un libro. Como no quería despertarlo, pasé de largo dirigiéndome a donde se encontraba mi padrino. La Hermana Esther, de la Orden de las Trabajadoras Sociales de Dios, que a diario lo visitaba, se encontraba junto a él, rezando. Los ojos de mi padrino estaban cerrados, y con desolación noté que su cara, enmarcada por su hermoso cabello blanco, se había adelgazado más en los últimos días, y se veía también, más pálida. Su frente se veía más dominante, su nariz más afilada y sus delgados labios más pálidos. Su expresión hablaba de sufrimientos, de resignación y de un dulce sentimiento de reconciliación. Era como si la expresión le viniera de muy, muy lejos.

Cuando abrió sus ojos, el profesor Elfer, sonriendo, me invitó a sentarme cerca de él y de la Hermana Esther. Ambos esperábamos con ansiedad las noticias que nos traía la Hermana Esther. En esos días, los periódicos no hablaban de otra cosa que no fuera las victorias del "glorioso ejército alemán", y publicaban las órdenes dictadas por las autoridades alemanas a los civiles acerca de lo que se nos permitía o prohibía hacer. Los radios que transmitían estaciones extranjeras eran confiscados. A los que se les encontraba un radio de este tipo, eran arrestados o deportados. Así que nuestra información se limitaba a las noticias que nos traían los visitantes. Estas noticias generalmente empezaban: —Me dijo X, y a él se lo dijo Y... —Aceptábamos esa información con reserva, pues el confirmarla era imposible.

Sin embargo, las noticias que nos daba la Hermana Esther eran fidedignas. La orden a la que ella pertenecía, sostenía un hotel familiar adonde mujeres jóvenes solas podían ir a vivir. Actualmente se encontraba ocupado por el ejército alemán y las Hermanas se vieron forzadas a servir a los alemanes. Gracias a encontrarse entre oficiales alemanes, y a encontrarse en el corazón de la ciudad, la hermana Esther podía oir y ver mucho más que cualquier otra persona. Cada día, cuando llegaba a su visita diaria, la acosábamos a preguntas, y como de costumbre, las noticias no eran nada halagadoras. Nos informó que ese día había visto en las calles por primera vez a los hebreos, viejos, jóvenes y niños, llevando la obligada estrella de David en color amarillo en el lado izquierdo de sus vestiduras. No se les permitía hacer uso de los autobuses o los taxis, y podían salir a la calle a determinada hora por un corto periodo de tiempo, a comprar comida racionada en una tienda designada para tal propósito. También a los cristianos les impusieron los alemanes ciertas restricciones. No se les permitía salir de sus casas de 8.00 p.m. a las 7.00 a.m. Aquellos que desobedecían estas órdenes eran fusilados sin previa averiguación.

Las noticias fidedignas que nos traían nuestros amigos eran más y más alarmantes cada día. Los soldados alemanes violaban a las colegialas cuando se dirigían a sus casas, a mujeres jóvenes saliendo de la Iglesia o de las tiendas, o de los lugares donde trabajaban. En la presencia de sus padres o esposos, jóvenes aldeanas que vendían verduras en los mercados, eran secuestradas por los soldados alemanes con el mismo fin.

Una joven pareja que surtía al hospital de flores frescas varias veces por semana, y que se dedicaba a la horticultura en las afueras de Cluj, fue encontrada muerta en el camino. La mujer esperaba un niño y estaba en el séptimo mes de embarazo.

Al dirigirse en su carreta a la ciudad, [...]
camino por los soldados alemanes. Cu[...]
defender a su mujer de ser violada, lo m[...]
berla mancillado, los soldados la asesinaron a c[...]

Otro visitante asiduo de mi padrino era el docto[...]
Imre, antiguo alumno suyo en la Universidad de Cluj. El do[...]
tor Hajnal estaba a cargo del "Hospital Rokus" en Budapest,
fue nombrado Profesor Universitario y Director de la Clínica
Universitaria para enfemedades internas en Cluj. Ésta era la
misma Universidad en la que mi padrino impartía sus clases,
y de la cual también fue Rector.

Este profesor nos informó que los alemanes no solamente
importunaban a las mujeres en las calles, sino que tampoco
respetaban la intimidad de sus hogares. En grupos irrumpían
en los hogares y violaban a las mujeres de familias respetables.
Los hombres que se atrevían a defenderlas eran muertos inmediatamente. Diariamente eran traídas a su clínica en ambulancias, mujeres y niñas en estado deplorable. Entre las innumerables historias que nos relataba el doctor Hajnal, repetiré
aquella del director de la estación en Dej, una ciudad que se
encuentra a dos horas aproximadamente de Cluj.

El día anterior, expresó el doctor, veintiún soldados alemanes golpearon fuertemente a la puerta de la casa del jefe de la
estación. Al rehusar abrir, derribaron la puerta y lo golpearon
hasta dejarlo inconsciente. Después, los veintiún hombres viola-
ron a su esposa y a sus cuatro hijas. No tuvieron ni siquiera
compasión de la pequeña de nueve meses de edad que pereció
instantáneamente. Las niñas de 5 y 8 años murieron en la
ambulancia. La madre y la hija mayor llegaron con vida a
la clínica, en estado de gravedad.

:: :: ::

El profesor Elfer por su enfermedad, necesitó estar en la cama alrededor de un año, y miembros del clero le visitaban con
frecuencia. Llevaban relaciones amistosas con él, y mi padrino
solía bromear al respecto, expresando que intercambiaban servicios profesionales, pues mientras él les cuidaba la salud del
cuerpo, ellos le cuidaban la salud del alma, y que salía ganando en el trato.

Uno de los distinguidos representantes de la Iglesia que
solía visitar a mi padrino era el Obispo de Transylvania, Éx-
celentísimo señor Áron Marton. Un hombre de extraordinaria

apacidad mental y de un valor inquebrantable. En uno de sus sermones, el Obispo hizo un llamamiento al pueblo desde su púlpito, diciéndoles que todos los húngaros, de cualquier religión o clase eran hermanos, y que deberían unirse y ayudarse unos a otros. Y si era necesario, pelear juntos valientemente contra el "enemigo". Cuando terminó el sermón que duró más de una hora y descendió del púlpito, temíamos que el Obispo fuera arrestado por los alemanes. Años más tarde, me informaron que el Excelentísimo señor desapareció, nadie sabía adónde lo llevaron. El Obispo fue víctima de su gran valor, y permanecerá siempre como un ejemplo de entereza. Era en realidad un baluarte de la Iglesia.

El Obispo y mi padrino frecuentemente discutían la situación de Hungría y Alemania. Sabían que Alemania, (donde ahora reinaba Wotan incontrolablemente), desde antes que Hitler asumiera el poder, ya estaba preparada para adoptar el comunismo. Era tristemente irónico el hecho de que judíos y cristianos pudientes hacían fuertes donativos al partido de Hitler en la esperanza de que, una vez realizados sus anhelos, Alemania no caería en el comunismo. Estos donantes ingenuamente creían que toda esa palabrería de Hitler y sus seguidores acerca de descartar al Dios cristiano, y la persecución de los judíos, eran golpes de sensacionalismo. Tales ideas paganas no llegarían a realizarse, pues había alrededor de ochenta millones de alemanes que a la hora que quisieran, podían derrocar al grupo de chiflados que los gobernaban. ¡Qué poco sabían estas personas que las masas siempre dan la bienvenida al lobo disfrazado en la piel de borrego! ¡Qué poco conocían del significado "Circo y pan para la gente"!

Hitler desempeñaba su tarea a la perfección, la diversión la proporcionaban en mítines populares, celebración de conquistas del ejército, la quema de libros y de objetos sagrados y misteriosas procesiones con antorchas. Hitler ofrecía mucho más que un simple trozo de pan al pueblo alemán, todo el comercio, la agricultura y la industria de la sojuzgada Europa estaba al servicio de Alemania. En correspondencia a esto, el pueblo intoxicado con las victorias alemanas, aceptaba las teorías maquiavélicas de Hitler.

Además del viejo concepto alemán *"Deutschland Ueber Alles"* — *"Alemania sobre todo"*—, los Teutones[1] aceptaron una

---

[1] Alemanes, descendientes de una tribu antigua llamada TEUTONES

nueva idea, que ellos eran "superhombres", con derechos sin límite. La teoría que solamente una nación, la nación alemana debe y tiene el derecho a subsistir con prosperidad en el mundo, "¡Un Pueblo!, ¡un Imperio!, ¡un Jefe!", tuvo gran éxito.

El Obispo Aron Marton lamentaba profundamente que los alemanes creyeran tales vilezas, y que hubieran perdido el camino hacia Dios, hacia la justicia y hacia la dignidad humana.

Cuando ocurrió la visita del Obispo Aron Marton, todos los judíos en Hungría se encontraban materialmente en la calle. Fueron despedidos de sus empleos, las oficinas de los médicos y abogados clausuradas, sus propiedades, casas y negocios, fábricas, confiscados por el gobierno húngaro pronazi.

El gobierno Húngaro copió el sistema alemán, referente a los judíos húngaros, y olvidó que el plan alemán para eliminar a la población de todo el mundo, incluía también al pueblo húngaro. El mayor alemán nos explicaba que de acuerdo con ese plan, "Alemania se encargaría" de Europa, los Estados Unidos, los países Latinoamericanos, Asia, África, etcétera. Exterminarían a aquellos físicamente incapacitados. Esterilizarían al resto de las poblaciones de ambos sexos, usándolos como esclavos para levantar un mundo para los alemanes. Mientras tanto, intensificarían la procreación de niños alemanes legales e ilegales. Ya funcionaban campos donde hombres alemanes en perfecto estado de salud permanecían por unos días en compañía de mujeres sanas, con el exclusivo objeto de embarazarlas para propagar el nacimiento de "superhombres". Al terminar la guerra, cuando los hombres volvieran a sus hogares, seguirían multiplicando la especie en gran escala.

El Obispo Aron Marton con profunda tristeza nos dijo que había oído que el gobierno húngaro pronazi empezaría muy pronto una redada de judíos, para entregarlos en los campos de concentración alemanes. Qué difícil era creer que los propios húngaros entregarían a sus hermanos, de religión judía, aquellos con quienes habían combatido al enemigo. En guerras anteriores que Hungría peleaba por su libertad, judíos y cristianos valientemente murieron por igual.

Pero el temor del Excelentísimo señor se basaba en hechos trágicos que tuvieron lugar en Hungría antes de que ésta fuera ocupada por los alemanes. La decisión tomada por Hitler en Viena fue de devolver pequeñas porciones de terreno a los húngaros. Estas porciones de terreno les fueron quitadas por los aliados y dadas a los rumanos gracias al "Tratado de Paz de Trianón", después de la Primera Guerra Mundial. Al recibir

Hungría estos obsequios de manos de Hitler, el gobierno Húngaro empezó su ola de crímenes. Nuestro Primer Ministro, Bárdossy entregó al ejército alemán en Polonia más de 20,000 judíos que fueron asesinados. En el mismo año de 1941, el general Bayor-Bayer, el general Feketehalmy-Zeisler y el capitán Zoeldy ametrallaron a miles de hebreos en los territorios que le fueron quitados a Yugoslavia y fueron devueltos a Hungría. Estos judíos que fueron enviados a una muerte segura, eran compatriotas de sus asesinos...

Hablando sobre estos hechos sangrientos por parte de los húngaros, recuerdo la extraña experiencia que tuvimos con un pariente nuestro el doctor S. M., quien era coronel de la policía húngara en Szeged.

Poco después de que la Transylvania del Norte fue devuelta a Hungría, el doctor S. M. vino a visitarnos. Para celebrar su llegada, organicé una pequeña reunión familiar, invitando a su hermana Tinike, y a nuestros parientes y amigos. Yo sabía que en Szeged, donde vivía el doctor S. M. era muy popular un platillo llamado *Szegedi halpaprikas,* que consiste en pescado con verduras sazonadas en una rica salsa a base de pimentón. La fama de este platillo cruzó las fronteras de Hungría, y los habitantes de Szeged se sentían orgullosos de ello. Pensé que al doctor S. M. le agradaría comer este platillo nombrado en honor de su ciudad. A la hora de la cena, cuando le ofrecieron al coronel el platón, algo muy extraño ocurrió. Al darse cuenta que contenía pescado, con una expresión desesperada, palideció grandemente, respirando con dificultad. Mi esposo, Tinike y yo nos levantamos de nuestros asientos y lo sacamos del cuarto, pensando que tenía un ataque.

No comprendíamos qué relación podía existir entre la expresión de horror y el pescado, pero deducimos que algo terrible debía haberle ocurrido. El doctor S. M. no era un hombre que se horrorizara fácilmente. Había sido un héroe durante la Primera Guerra Mundial, y Hungría confirió las más altas condecoraciones. Durante la Primera Guerra Mundial, los rumanos forzaron la retirada del ejército húngaro en las cercanías de Brasso. En momentos tan críticos, el doctor S. M., capitán de húsares, tuvo una brillante idea. En lugar de tratar de salvar su propio pellejo, montó en su corcel, y ordenó a un pequeño grupo de hombres de su compañía, que lo siguieran. A galope veloz marchó en dirección contraria a las tropas húngaras. Con una maniobra audaz, hizo creer al ejército rumano que su grupo era el ejército húngaro. Con un valor sobrehumano, se batió ferozmente con el enemigo durante horas. Su heroico acto salvó al ejército húngaro y cubrió la retirada.

El doctor S. M. no solamente era pariente de nosotros, sino también amigo de la familia. Cuando estuvimos a solas con él, no quería hablar del incidente. Finalmente lo convencimos que explicara su actitud tan extraña. Haciendo la narración, un sudor frío perló su frente.

Un día frío de invierno, el doctor S. M. junto con sus policías recibieron la orden de ir a una ciudad, cerca del Río Danubio, que hacía poco fue devuelta a Hungría. Allí recibieron nuevas órdenes; tenían que apoderarse de todos los hebreos existentes y llevarlos a la ribera del río. Estuvieron a caza de judíos noche y día. Los sacaban de sus hogares, de los hospitales, de las sinagogas, de sus oficinas y comercios; secuestraron a los niños de las escuelas, colegios y guarderías, y los llevaron a la ribera del río. Allí obligaron a los hombres a romper el hielo a lo largo de la orilla del río y después ordenaron a todos a desnudarse, poniendo en grandes montones sus sacos, vestidos, zapatos y juguetes. Millares y millares de seres humanos, viejos y jóvenes, hombres, mujeres y niños, infantes en brazos de sus madres fueron alineados completamente desnudos y expuestos al frío invernal a lo largo de las orillas del río. Una orden con voz de trueno se oyó, y todos estos desventurados fueron ametrallados y sus cuerpos se desplomaron al río.

Durante un largo periodo de tiempo, cuando las amas de casa compraban pescado en el mercado y lo abrían en sus casas para limpiarlo, encontraban en los estómagos de los peces partículas de cuerpos humanos, y algunas veces, miembros pequeños de niños.

Desde esa ocasión, el coronel era un hombre enfermo, y decidió presentar su renuncia. El coronel S. M. era un hombre familiarizado con la muerte en los campos de batalla, pero nunca podría olvidar los gritos de los hombres y mujeres, y el llanto desolador de los niños que fueron inmolados ese día a orillas del río.

::   ::   ::

En 1941, el Ministro de Guerra de Hungría, Bartha, y el jefe del Cuerpo Militar, Werth, en cooperación con otros miembros del gobierno pronazi, establecieron las "Compañías de Trabajo". En estas compañías fueron incluidos cristianos de origen rumano, quienes habían permanecido en Transylvania después de la decisión de Hitler en Viena, además de 150,000 judíos.

A raíz del "Tratado de Paz de Trianón", en Francia, los húngaros y los rumanos eran enemigos.

Una noche, un joven abogado rumano fue traído a nuestro hospital en un estado deplorable. Se había escapado de una "Compañía de Trabajo". Por un milagro su madre había trabado contacto con un sargento de su unidad, y sobornándolo, consiguió que su hijo pudiera escapar. Aun cuando se encontraba muy enfermo, tenía que cruzar la frontera hacia Rumania en la noche siguiente, para evitar ser capturado. Este joven anteriormente fuerte y bien parecido, era hoy un manojo de huesos, escupiendo grandes cantidades de sangre cada vez que tosía.

Habíamos escuchado muchas historias terroríficas acerca de estas "Compañías de Trabajo", pero por primera vez palpábamos la horrible realidad. Nos habló del supuesto "uniforme" que llevaban, su única posesión la cual consistía en una cobija ceñida a sus cuerpos con un cordel. En lugar de botas militares, llevaban un trozo de madera atada a los pies. Bajo el fuego enemigo en el crudo frío de 40 grados bajo cero, y con esta vestimenta, les obligaban a buscar minas explosivas sin ninguna protección.

Eran golpeados y torturados por sus superiores. Y morían como moscas a causa del hambre, o por congelación de sus miembros o simplemente por enfermedades que nunca les eran atendidas. Cuando una epidemia de tifo les atacó, era usado un "tratamiento médico" drástico. Encerraron a los enfermos en grandes barracas de madera, y rociaron con gasolina el suelo, las cobijas y demás objetos, aplicándoles fuego. Muy pronto los gritos desesperados de las gentes que se quemaban se dejaron oir. Ametralladoras apostadas esperaban a aquellos que trataron de escapar a tan horrible muerte a través de puertas y ventanas

El joven abogado seguía contando historias horribles, hasta que su médico le prohibió hablar. Le aguardaba un largo y peligroso viaje, y tenía que descansar. Cuando iba yo saliendo del cuarto, llegó su madre con un sacerdote. Ella quería que su hijo se confesara, y que le fueran aplicados los santos óleos, pues temía que muriera durante la jornada que le aguardaba, debido a su crítico estado, o podría encontrar la muerte a manos de algún centinela de la frontera.

Estaba perfectamente justificado el temor del Obispo Aron Marton acerca de la colaboración del gobierno pronazi húngaro hacia los alemanes. A partir del 19 de marzo de 1944, cuando llegó el ejército alemán y la Gestapo a Hungría, la situación de todos los que no estaban de acuerdo con la ocupación alemana y eran antinazis, como también la de los hebreos, se había hecho peor cada día. En el pasado, Hungría ya había sufrido las consecuencias de una ocupación por los alemanes. Pero el gobierno pronazi parece que ya había olvidado esto, incluyendo el famoso poema que fue escrito exclusivamente para recordarle al pueblo húngaro este periodo trágico. La esencia de este poema repite varias veces al estribillo con la siguiente advertencia: "Húngaros, no creáis en los alemanes, y haced caso omiso de las dulces promesas que os hacen para convenceros". Pero el general Döme Stojay, nuevo Primer Ministro, había prometido a los alemanes su completa colaboración, y el general era un hombre que cumplía su palabra.

El hombre nombrado por los alemanes como director de la exterminación de los judíos, era el S.S. Obersturmbannfuehrer Adolfo Eichmann. Después de dirigir la exterminación de judíos en países europeos ocupados, llegó a Budapest el 21 de marzo, para "hacerse cargo" de los judíos húngaros. Dirigía sus operaciones desde su oficina llamada *Juden Commando*, (Comando Judío), establecida en el "Hotel Majestic" en Budapest, y algunos de sus ayudantes eran el Barón Dieter Von Wisliceny, miembro de una antigua familia prusiana, y convertido ahora en un Hauptsturmfuehrer, el teniente coronel Hermann Krumey, el coronel Kurt Becher, el Oberstrumbannfuehrer Brunner, el capitán Hunsche, Novak, el doctor Seidle, Dannegger y Wrotk, etcétera.

Eichmann, quien ya había sido asignado a un campo de la S.S. en Dachau en 1934, tenía una larga experiencia en la matanza de judíos, desde 1938. Pero llegó a la cima de su carrera como el mayor asesino de todos los tiempos en la "Conferencia de Wannsee", en el 20 de enero de 1942. En esta conferencia, efectuada en el No. 56-58 de Grossen Wannsee Strasse en Berlín, Eichmann fue nombrado director ejecutivo del infamante plan de los alemanes llamado: "La Solución Final para los Judíos". Con gran entusiasmo aceptó el nombramiento y la tarea de exterminar más de once millones de judíos que habitaban en los territorios ocupados por los alemanes. Precisamente en esta conferencia, Eichmann sugirió muchas ideas útiles que fueron acogidas con beneplácito por parte de los "Grandes de Alemania" ahí reunidos.

Hungría era aliada alemana y fue por lo tanto el último país europeo ocupado por los alemanes. Eichmann tenía una ardua tarea que hacer en Hungría. Tenía la vida de cerca de

800,000 judíos en sus manos, para exterminarlos. En este tiempo la maquinaria de guerra alemana tropezaba con dificultades, y la posición de Hitler era cada día más crítica. Las cosas en Bulgaria y Rumania no iban muy bien para el Tercer Reich. ¡Eichmann se encontraba hondamente preocupado! ¿Qué ocurriría si el pueblo de Hungría, última posesión de la insaciable ambición de Hitler, se despertara y protestara contra la deportación de judíos...? Pero su preocupación no tenía fundamento. Desgraciadamente, el gobierno húngaro pronazi se sobrepasó en su colaboración, tomando una actitud que sorprendió al mismo Eichmann, prestando más que ayuda a los alemanes.

El 20 de abril de 1944, a las 4 de la tarde, miembros del gobierno húngaro pronazi solicitaron entrevistar oficialmente a Eichmann en el Hotel Majestic. Le entregaron personalmente una petición firmada, en la cual, los húngaros solicitaban al gobierno alemán —su aliado—, y a su digno representante, el Obersturmbannfuehrer Adolfo Eichamann, la deportación de los judíos húngaros, prometiendo prestarles toda clase de ayuda para llevar a cabo esta solicitud, en la forma de reunir a los judíos en ghettos, y llevarlos a la estación, encerrarlos en vagones de ferrocarril, para transportarlos a campos de concentración acompañados por los policías húngaros orgullosos de sus famosas plumas de gallo que llevaban en sus cascos.

Eichmann tuvo que prometerles a los miembros del gobierno húngaro que ningún judío regresaría a Hungría con vida. Eichmann sonrió maliciosamente, ya que en ninguna parte de Europa tuvo una tarea tan fácil. En otros países había tenido que pelear materialmente con los gobiernos que rehusaban entregarle a los judíos. Tenía que hacer uso de toda su fuerza y triquiñuelas para que la vida de los judíos pudiera ser puesta en sus manos. Eichmann solemnemente juró bajo palabra de honor que ningún judío volvería con vida a Hungría. Éste era el primer país en que el gobierno venía por propia voluntad a entregarle a sus hebreos. Los requisitos necesarios fueron llenados, y los papeles firmados. 800,000 vidas humanas acababan de ser condenadas a muerte.

Después de concertado el trato, y complacidos así los deseos del gobierno húngaro pronazi, alemanes y húngaros chocaron sus tacones y amigablemente se dieron un apretón de manos en señal de despedida, como correspondía despedirse de aliados amigos y perfectos caballeros.

Al tener lugar las deportaciones en masa, el almirante Horthy, regente de Hungría, recibió innumerables protestas. El Vaticano envió notas suplicantes a Horthy, insistiéndole que debía impedir la deportación de hebreos en Hungría. El rey de Suecia, el presidente Roosevelt y otros firmemente insistieron en que Horthy debería terminar con la persecución judía. El gobierno de Suiza, Suecia y Estados Unidos ofrecieron refugiar ciertas cantidades de judíos en sus respectivos países. Similar ofrecimiento fue hecho también por el Consejo Americano de Refugiados. Voces oficiales de norteamérica en discursos por radio, amenazaron a Horthy diciendo que al final de la guerra todos aquellos que fueran responsables por la muerte de los judíos, serían juzgados por un tribunal de guerra. Pero nada detuvo a los húngaros nazis. En julio de 1944 los alemanes y húngaros nazis hicieron un convenio para hacer prisionero al mismo Horthy y apoderarse del gobierno, pero su plan fue descubierto por los seguidores de Horthy. Más tarde, Horthy se vio obligado a renunciar, y escapó de Hungría para salvar su vida.

Cuando Budapest fue parcialmente rodeada por las tropas rusas hacia finales de noviembre y principios de diciembre, alrededor de 40,000 judíos, en su mayoría mujeres ancianas y enfermas, así como niños también, fueron enviados a una marcha forzada ordenada por el nuevo Primer Ministro Szálasy y por el Obersturmbannfuehrer Eichmann, vigilados por los *Honvéds*[1] húngaros. Se les obligó a caminar bajo la lluvia helada y la nieve durante días enteros sin alimento y agua al campo de concentración alemán más cercano. Los caminos se encontraban materialmente flanqueados y bloqueados por los miles y miles de cadáveres de los que nunca pudieron llegar a su destino. La Cruz Roja desesperada por estos hechos mandó enérgicas protestas a Himmler. 15,000 judíos fueron asesinados en las riberas del Danubio en febrero de 1945, aun cuando hacia el final de diciembre de 1944, Budapest, la capital de Hungría ya estaba en poder de los rusos.

Después de la guerra me visitó en Nueva York el doctor Rezsö Kasztner, un bien conocido periodista y sionista de Cluj, la misma ciudad donde yo vivía. Me contó acerca de las negociaciones que él hizo con Eichmann en 1944, en Budapest, para tratar de salvar la vida de los hebreos. Eichmann le hizo una proposición fantástica. Le propuso vender la vida de 100 judíos

---

[1] Soldados en el ejército regular húngaro.

por un camión militar. La vida de un millón de judíos a cambio de 10,000 camiones. Por desgracia esta operación nunca se pudo llevar a cabo.

Aquí doy algunos nombres de las personas de quienes nosotros, los húngaros, siempre nos sentiremos avergonzados siquiera en recordar: Bárdossy Laszlo, Primer Ministro Húngaro, Solymosy, Subsecretario de Estado. Emil Kovács, Ministro del Gobierno Húngaro, Jaross, Ministro del Interior. Vites Endre y Lászlo Baky, del Ministerio del Interior. Döme Stojay, Primer Ministro, Szalasy Ferencz, Primer Ministro Húngaro, Lászlo Ferenczy, Teniente Coronel de la Policía, Gábor Vajna, Ministro del Interior y Lászlo Endre. Recuerdo solamente estos nombres por el momento, pero eso no quiere decir que los nombres de aquéllos a quienes no recuerdo han sido exentos de la responsabilidad de sus crímenes. Todas estas personas y sus cómplices, culpables en grado máximo por las atrocidades cometidas, como los de nosotros que no cometimos crímenes, pero que no hicimos nada por impedir que Hungría llegara a tales extremos, somos responsables en parte por la posición que Hungría tendrá en la sociedad de las naciones, después de la Segunda Guerra Mundial, cuando los hechos sean juzgados por el mundo entero. ¡*Nostra culpa!* ¡Nuestra culpa! ¡*Nostra maxima culpa!*

::   ::   ::

Tuvimos en efecto algunas experiencias alarmantes en Cluj, y al meditar ahora sobre ellas, me doy cuenta que debimos haberlas tomado como avisos de lo que verdaderamente estaba pasando. La experiencia más significativa ocurrió a principios del año de 1944. Un día, mi esposo fue llamado a la Estación de La Policía de Seguridad, y sometido a interrogatorio por la temida S.S. Fue acusado de boicotear el uso de medicamentos e instrumentos médicos alemanes en su clínica. Afortunadamente el doctor Lengyel pudo dar una satisfactoria explicación y las S.S. lo dejó en libertad. Privadamente, estábamos de acuerdo que el interrogatorio se debía a una denuncia. Ahora sabíamos que por las informaciones obtenidas, el doctor Lengyel debía ser vigilado constantemente por los alemanes. Representantes de la Compañía Bayer Alemana, como averiguamos después, eran secretamente miembros de las S.S. y de la "Quinta Columna", y tranquilamente se movían a través de Transylvania, con objeto de aumentar sus ganancias, y a la vez hacer propaganda para su país, Alemania. Habían tendido una amplia red de espionaje, y un hombre que era propietario de un gran hospital y que no simpatizaba con el Tercer Reich, presentaba un fácil blanco para sus maquinaciones.

No recuerdo con exactitud los nombres de los representantes de la Compañía Bayer. Generalmente visitaban a mi esposo o a sus ayudantes. Pero recuerdo claramente a un hombre llamado doctor Capezius,[1] alto, fuerte, bien parecido, de cabello oscuro y finos modales. Él era un húngaro de origen alemán que los húngaros llamaban "svab". Entonces no podía imaginarme que pronto por mis propias experiencias iba a saber más sobre el doctor Capezius y qué otras ocupaciones tenía además de ser un alto empleado de la Casa Bayer. Al mismo tiempo que trabajaba para la Compañía Bayer, tenía un puesto importante en la maquinaria del Tercer Reich. Era el director del depósito de productos farmacéuticos en Auschwitz-Birkenau. Este nombramiento en el campo de exterminación más grande de los alemanes, significaba que el doctor Capezius recibía y distribuía las inyecciones de veneno para la práctica de la eutanasia, así como el material que se usaba en los inhumanos experimentos que practicaban en los prisioneros, y las aplicaciones del famoso gas Cyclon-B, con el que mataban a millones y millones de personas en Auschwitz.

No pasó mucho tiempo después del primer interrogatorio que de nuevo el doctor Lengyel fue llevado a la estación de la Policía. Aprovechando la salida de mi esposo el doctor Osvath, me telefoneó citándome urgentemente para hablar con él en la oficina de mi esposo. Lo encontré sentado con mucha desfachatez en el escritorio de mi esposo. Sin levantarse al entrar yo, apuntó con una mano a una silla que se encontraba a un lado del escritorio. Pensando en mi esposo y en el lugar que se encontraba, me preocupaba por qué me había llamado tan urgentemente el doctor Osvath.

—¿Sabe usted la razón por la que el doctor Lengyel fue llamado a la Policía Secreta? ¿Está en peligro? ¡No me oculte nada! —Le supliqué.

—No, no le ocultaré nada. El que su esposo se encuentre en peligro o no, depende de usted —me dijo.

—¡Oh, yo estoy dispuesta a hacer lo que sea con tal de que él regrese sano y salvo! —Exclamé, sin tener la más remota idea de lo que este hombre se proponía.

Entonces el doctor Osvath se dirigió a la doctora Charlotte

---

1) Fue arrestado en Austria en 1960.

Holder quien era ayudante en jefe de cirugía en el hospital
de mi esposo, que se encontraba en el cuarto, y le pidió que
saliera de la oficina. Al quedarnos solos, se inclinó hacia adelante, apoyando ambos codos en el escritorio, y con una voz leve
como un susurro, cual si temiera que alguien oyera lo que tenía
que decirme, comenzó a hablar:

—Creo que no necesito decirle que desde la llegada de los
alemanes a Hungría el país ha sufrido cambios considerables.
Por ejemplo, mi posición actual es envidiable en la actualidad
porque tengo muchos amigos alemanes. Como usted sabe, yo
soy de origen alemán, un *"svab"*,[1] como ustedes los húngaros
nos llaman. El Jefe de la Gestapo es mi íntimo amigo. Él y sus
compañeros cenan en mi casa casi a diario. Precisamente ayer
les ofrecí una fiesta. La cena consistió en lechón al horno,
chicken paprikas (pollo al pimentón), y como postre *apfelstrudel*.
Bebimos vino y champaña hasta las 4 de la mañana. Estas fiestas las hacemos con frecuencia. ¡Yo soy un hermano de ellos!
No hay nada que yo deseara que no fuera cumplido en el acto.
Bastaría una palabra mía y las gentes desaparecerían sin dejar
el más leve rastro.

—Pero, doctor Osvath, ¿qué tiene esto que ver con mi esposo? Perdone mi impaciencia, no quiero ser mal educada, pero
dígame, ¿sabe usted algo de mi esposo? —Para entonces era tal
mi inquietud, que me sentía desesperada.

Al doctor Osvath no pareció gustarle que le hubiera in-
terrumpido. Cambiando el tono de su voz, me dijo:

—Puedo ver que está usted muy impaciente, así que despa-
charemos este asunto con rapidez. Sucede que he averiguado
que el doctor Lengyel está en las oficinas de la Gestapo donde
está registrado como enemigo del "Tercer Reich", y mientras
tanto, usted y yo debemos arreglar un asunto. Usted debe fir-
marme estos documentos. —Y con esto me entregó unos papeles
escritos a máquina.

---

1) *"Svab"*. Los húngaros también llaman a la cucaracha *"svab"* Desafor-
tunadamente, la mayoría de los *"svabs"* se convirtieron en traidores de
Hungría durante la Segunda Guerra Mundial. Vivían en Hungría por generaciones y siempre decían que eran patriotas húngaros. Pero cuando
Hitler hizo su famosa llamada a los *"svabs"*, y alemanes que vivían en el
extranjero, de unirse para pelear por su Alemania, inmediatamente se
olvidaron que pretendían ser húngaros para convertirse en fervientes alemanes. Muchos de ellos se enlistaron en el ejército alemán como el doctor
Klein, el doctor Capezius, etcétera. Otros se quedaron en Hungría para
formar "La Quinta Columna", de los alemanes y colaborar en el país para
entregar Hungría a los nazis.

Con impaciencia, empecé a leer los papeles. Al irme enterando de su contenido, mi asombro y disgusto iban creciendo Los documentos habían sido redactados cuidadosamente por el abogado del doctor Osvath. En uno de ellos se especificaba que nuestro hospital y nuestra casa le habían sido rentados al doctor Osvath. En el otro, se especificaba que dichas propiedades le habían sido vendidas. En el primer contrato se decía que yo había recibido el equivalente a las rentas por adelantado, y en el segundo se especificaba que yo ya había recibido el importe de dichas ventas, en efectivo. Adjunto a los contratos venían sendos recibos en los cuales especificaba yo haber recibido ya el importe de los mismos. Sentí cómo la sangre me subía a la cabeza. De pronto recordé las palabras del mayor alemán acerca de Osvath, que estuvo viviendo en mi casa. Tuve que hacer uso de toda mi fuerza para dominar mi furia y mis emociones.

—Doctor Osvath —empecé a decirle—, no encuentro las palabras apropiadas para...

Pero el doctor Osvath me interrumpió:

—No hay necesidad de que usted diga nada, señora Lengyel, entiendo cómo debe sentirse. Pero usted también debe hacerse cargo de mi situación. En caso de una victoria alemana, no tengo preocupaciones por mi futuro, ya que de acuerdo con la teoría nazi, si los alemanes convierten el hospital del doctor Lengyel en hospital del Estado, yo seré su Director. He trabajado duro toda mi vida, y he adquirido una buena práctica en la medicina. Es verdad que todo esto se lo debo mayormente al doctor Lengyel. Pero imagínese usted cuántos años tendría que trabajar para llegar a tener un hospital o una casa como la suya. ¡Cuánto tendría que luchar para llegar a reunir lo suficiente para comprar el instrumental quirúrgico y los enseres! En circunstancias normales, probablemente nunca podría llegar a tenerlo. Pero afortunadamente, pasamos por tiempos anormales, y puedo aprovecharlos. ¡Ésta es la oportunidad de mi vida! Con sólo usted firmar estos papeles, yo me convertiré en el propietario de todo y lo podría probar en caso de una victoria aliada.

Diciendo lo anterior, colocó la pluma fuente junto a los papeles, frente a mí, y en un tono malicioso añadió:

—¿No le parece que soy un hombre listo?

La escena que acababa de ocurrir, parecía parte de un drama barato actuado por un pésimo actor. Las frases dichas por Osvath me sonaban torpes y carentes de naturalidad.

Miré fijamente a Osvath, y dudé por un segundo, después, recobrando mi compostura, le dije:

—La persona que me pida que firme estos contratos, ciertamente necesita ser algo más que listo —le dije, acentuando la palabra "algo más".

Amenazándome con visible disgusto, me respondió:

—Le sugiero que no me ofenda.

—No estoy tratando de ofenderle, doctor, le estoy diciendo la verdad.

—¡Firme esos contratos! —Me ordenó con la furia reflejada en el rostro.

—Se dará cuenta, doctor, que el firmar estos papeles es una responsabilidad muy grande, que no puedo asumir yo sola, tengo que esperar a que regrese mi esposo para poderlo hacer.

—Si no firma... —dijo sacando una Luger alemana de su bolsillo...

—Si no firmo, ¿qué? —le contesté, fingiendo una calma que no sentía.

—Si no firma... nunca volverá a ver a su esposo... porque usted se suicidará aquí mismo, en esta oficina.

—Puede usted asesinarme, doctor Osvath, pero eso no le hará el propietario del hospital o de mi casa. ¡Recuerde que no es usted mi heredero!

Por la expresión de su cara, pude darme cuenta que comprendió perfectamente el significado de mis palabras, y que no le convenía matarme. En este preciso instante, se oyó el ulular de las sirenas que anunciaban bombardeo, advirtiendo a las gentes que se refugiaran en los sótanos. ¡Los aviones aliados volaban sobre la ciudad! pronto oímos los pasos apresurados de las gentes corriendo por los corredores.

No pude reprimir una sonrisa plena de satisfacción. El ejército libertador se acercaba cada vez más a Hungría, y estos ataques por aire se repetían varias veces al día. Los aviones aliados volaban sobre el país con frecuencia, bombardeando importantes puntos.

Con una poca de suerte, los libertadores se encontrarían en territorio húngaro muy pronto... ¡Nada más necesitábamos un poco de suerte... y un poco de tiempo...!

Osvath estaba visiblemente nervioso:

—Firme los contratos, y nos iremos a refugiar a los sótanos.

—No tengo miedo, doctor Osvath —le dije.

En realidad no podía haber sonado música más agradable a mis oídos, ni el ataque podía haber sucedido en mejor momento. Y con verdadera calma, le pregunté:

—¿Por qué necesita usted dos contratos, doctor Osvath? ¿No sería suficiente que le firmara el que especifica que le he rentado el hospital?

—¡No! He calculado cuidadosamente todas las eventualidades que pudieran presentarse, y redactado ambos contratos junto con mi abogado. El futuro decidirá cuál de los dos contratos servirá mejor a mis propósitos, si el de la renta o el de la venta. Si los aliados ganan la guerra, alguno de estos contratos probará que he operado dentro de la ley y no he cometido nada delictuoso. ¡Y nadie podrá comprobar lo contrario!

—¿No se le ha ocurrido pensar, doctor Osvath, que en caso de una victoria por parte de los aliados, yo tendría algo que declarar acerca de la forma en que mi firma fue puesta al calce de estos contratos? ¡El hecho de que existan dos contratos, es prueba suficiente contra usted!

—No habrá más que un contrato del que las autoridades tendrán conocimiento a su tiempo. Y usted no tendrá oportunidad de hacer ninguna declaración en contra mía, porque ninguno, absolutamente ninguno de ustedes estará aquí presente.

Entonces comprendí que detrás de las aparentes francas explicaciones se ocultaba un plan cruelmente calculado. El doctor Osvath tenía que haber trabajado con los alemanes, ya que sabía que el doctor Lengyel, por ser un enemigo del Tercer Reich estaba fichado en la Gestapo y por lo tanto, no se podía escapar de sus garras. Calculaba que debido a esto el doctor Lengyel y toda su familia sería eliminada, y lo que él quería era sacar una ventaja personal de esta situación en caso de una victoria alemana o de los aliados.

Esforzándome por librar a mi esposo de la Gestapo, le dije:

—Si mi esposo regresa, probablemente firme los contratos.

—¡Es usted una necia! —me gritó Osvath con furia—. ¿No se da cuenta que la vida de toda su familia está comprometida?

Después, con un violento movimiento levantó el teléfono y llamó al cuartel general de la Gestapo pidiendo hablar con el jefe. Las esperanzas que todavía tenía de que Osvath trataba de amedrentarme, se esfumaron. Pronto, la voz del Director de la Gestapo se dejó oir al otro lado de la línea.

—¿Está el doctor Lengyel ahí?... ¡Si no vuelvo a llamar dentro de cinco minutos, por favor ejecuten sus planes! —Le dijo Osvath.

Comprendí entonces que me encontraba en una ratonera. Tenía que firmar los contratos. ¡El poder de la *"Geheime Staats-*

32 OLGA LENGYEL

polizei",[1] se igualaba únicamente al de Hitler, Himmler, Heydrich, Müller y Eichmann. Ni siquiera la Suprema Corte Alemana tenía el derecho de revocar sus decisiones. Aquellos que eran arrestados por los "Camisas Negras", no tenían derecho alguno, y podían considerarse condenados de antemano.

Si antes había tenido la sensación de encontrarme envuelta en un remolino, ahora estaba segura que toda mi familia, junto conmigo se encontraba completamente perdida en éste. ¡Habíamos sido sentenciados! Tenía yo cinco minutos para tratar de salvar la vida de mi esposo. La Gestapo tenía el poder de la vida o de la muerte, y Osvath era su instrumento. Sin decir una sola palabra más tomé la pluma y firmé en aquellos sitios en que Osvath me indicó. Con este simple gesto, tiré por la borda todos nuestros ahorros, nuestro hospital, nuestra casa, en fin, todos nuestros bienes. Con un pequeño trazo de la pluma dejé a mi familia en la miseria. Nos habíamos convertido en mendigos, sin tener nada que pudiéramos llamar nuestro en el mundo. El trabajo de generaciones, producto del sudor de mis padres, de mi esposo y mío propio, se había esfumado en sólo unos segundos. . .

Después que firmé los contratos, Osvath llamó al Jefe de la Gestapo y además lo invitó a cenar *"gulash"[2]* esa noche a su casa. Un plato de *"gulash"* había sido el precio que Osvath pagó por nuestro hospital y nuestra casa.

:: :: ::

El episodio con Osvath debería habernos prevenido para lo que nos esperaba. Sin embargo, no habíamos aquilatado qué tan sabiamente los alemanes y sus colaboradores habían trazado sus planes. Con minuciosidad tendían las trampas, pero esperaban cobrar una buena pieza por cada una de ellas.

Al siguiente día, Osvath nos mandó llamar a mi esposo y a mí a la oficina del doctor Lengyel, y que ahora le pertenecía. Con su acostumbrado cinismo, nos ordenó que a partir de esa fecha, deberíamos decir a todo el mundo que le habíamos vendido el hospital, y que ya habíamos recibido el importe correspondiente. También nos dijo que si oía alguna versión distinta al respecto, sabría que nadie más que nosotros podríamos ha-

1) Policía Secreta, Gestapo.
1) Típico platillo húngaro, consistente en carne y papas sazonados con salsa.

berla originado, y que no necesitaba recordarnos las consecuencias que sufriríamos por esto. Así que tuviéramos mucho cuidado con lo que hablábamos. Igualmente, Osvath le ordenó a mi esposo que le hiciera entrega de todas las llaves del hospital y de toda clase de documentos y papeles relacionados con el mismo. Además le advirtió al doctor Lengyel que no podría tomar una sola cosa del hospital, ni siquiera una jeringa hipodérmica. En caso de que se contravinieran sus órdenes, Osvath lo entregaría a las S.S. acusado de robo.

Miré con preocupación a mi marido. Las palabras vertidas por Osvath le hicieron hervir la sangre, notándolo en las venas de sus sienes que cada vez que se enojaba se le hinchaban. Me acerqué y le puse mi mano sobre su brazo para calmarlo. Le hice prometerme antes de esta entrevista que tenía que tomar con calma todo lo que Osvath hablara o hiciera.

Oyendo las amenazas de Osvath, llegué a pensar que no me encontraba bien del oído. Todos los acontecimientos que tuvieron lugar en esos días, me parecían parte de una horrible pesadilla, de la que esperaba que algún día pudiéramos despertar. Desgraciadamente, era una cruel realidad.

Después, Osvath se volvió hacia mí y me ordenó que empacara cuidadosamente todos los objetos de valor que poseíamos en nuestra casa. Las pinturas, la plata, las estatuillas, las porcelanas, los floreros y jarrones de cristal, las alfombras persas, las joyas y las pieles. Absolutamente todo. Esto debía ser hecho en tres días. Nos dijo también que iba ampliar el hospital, agregándole nuestra casa.

Después nos ordenó que fuéramos a casa de nuestro amigo, el doctor Zoltán Vass, y les dijéramos a él y a su esposa Olly, quienes vivían en una casa contigua al hospital, que dentro de dos semanas tenían que desalojar su casa.

—¿Pero adónde va a vivir el doctor Vass con su familia? —pregunté con indignación.

—No me importa en lo más mínimo dónde van a vivir ellos o ustedes o sus familiares. Estoy seguro que no tendrán dificultad en encontrar alguna vivienda en las afueras de la ciudad, donde habitan los gitanos —respondió Osvath.

Nos disponíamos a salir del cuarto, cuando Osvath nos detuvo:

—Se me olvidaba, tienen dos días para sacar del hospital a esos vejestorios. —Y nombró los números de los cuartos que ocupaban mi padre y mi padrino.

—¡Uno de ellos es mi padre, y el otro fue profesor de usted

en la Universidad! Debería usted tener más respeto hacia ellos.
—Le dije, sintiéndome profundamente enojada.

—Ya le dije antes, señora Lengyel, que en estos días no hay
lugar para sentimentalismos. Solamente un tonto no sacaría
ventajas de las circunstancias. ¡Y como usted bien sabe, yo no
soy un tonto!

Con la cara súbitamente enrojecida, el doctor Lengyel se
acercó al escritorio donde Osvath estaba sentado.

—¡Doctor Osvath...! —empezó con voz amenazante. Antes
que él pudiera seguir, ya estaba yo a su lado recordándole que
cualquier cosa que hiciera o dijera a Osvath, destruiría a toda
nuestra familia. Difícil tarea la mía, de sacarlo del cuarto sin
dejar que Osvath recibiese su merecido. Pero vivíamos en tiempos difíciles, teníamos que actuar con sobriedad y controlar
nuestras emociones.

Ese mismo día tuve que desalojar mi oficina que ocupaba
en el hospital. Y cuando quise entrar a mi casa a través de la
puerta que conectaba ésta con la clínica, encontré que estaba
cerrada. Poniendo un grueso candado, Osvath había mandado
condenarla.

De ahí en adelante, los hechos se sucedieron con vertiginosa
rapidez, hacia una dirección trágica. Osvath nos había dado
sólo dos días de plazo para sacar a mi padre y a mi padrino del
hospital, y teníamos que actuar con rapidez. Mi esposo llamó al
profesor Hajnal para que nos ayudara a decidir qué podíamos
hacer acerca de mi padrino. Debido a su condición física, necesitaba definitivamente cuidados que sólo le podían ser pro-
digados en un hospital. El doctor Hajnal demostró ser un tipo
diferente de alumno al doctor Osvath, y tratando de ayudar,
generosamente nos ofreció se internara a mi padrino en su
clínica.

Al día siguiente nos tocó a nosotros y al doctor Hajnal la
difícil tarea de comunicar a mi padrino la triste noticia de que
tenía que ser llevado a otra clínica. Como no queríamos que
supiera los verdaderos motivos que habían originado tal decisión, esto hacía nuestra tarea más difícil. Cuando finalmente
le contamos que teníamos que mudarlo, mi padrino nos escuchó con asombro y se entristeció grandemente. Con un tono
de amarga decepción en la voz, nos preguntó:

—¿Están echándome fuera, queridos? Ustedes saben muy
bien que yo ya no viviré mucho tiempo...

Al oir esto, comprendimos que debíamos decirle toda la
verdad, para no herirlo tanto, y que quizás el conocimiento de

esta verdad amarga le haría menos daño que el pensar que mi
esposo y yo teníamos otros motivos para mudarlo de nuestra
clínica. Entonces le contamos que su salida del hospital obede-
cía a los deseos del doctor Osvath, y que cuanto pertenecía a
nosotros, el hospital, la casa, todo había pasado a manos
de éste por los papeles que yo le había firmado. La indignación
y rabia que mi padrino sintió hacia el ingrato Osvath era
sin límites.

Empacar las pertenencias de mi padrino no nos tomó mucho tiempo. En su pequeña maleta, colocamos cuatro pijamas,
sus medicamentos y algunos de su libros de medicina. Era un
hombre que no creía en las posesiones terrenales. Todo el dinero
que tenía lo gastaba en libros, y en medicamentos para la gente
pobre. Se pasaba la vida estudiando. Acostumbraba celebrar la
noche del Año Nuevo rodeado de libros científicos y materialmente devoraba las páginas de los mismos. En ocasiones solía
encerrarse en su biblioteca durante días enteros con el objeto
de leer y aprender cosas nuevas. Cuando un sacerdote, profesor,
rabino o una persona cualquiera de escasos recursos solicitaba
su ayuda desde una lejana aldea adonde no se podía conseguir
un médico, él viajaba a esos lugares, llevando consigo toda clase
de medicinas, permaneciendo al lado de sus pacientes durante
semanas enteras, hasta que éstos se encontraban recuperados.
Haciéndolo sin cobrar nada por sus servicios médicos.

Mi padrino no tenía sentido alguno de las finanzas, y acostumbraba usar un taxi para transportarse a los lugares donde
lo necesitaban, ocupando el vehículo a veces durante tres o
cuatro semanas. Cuando los choferes le pasaban la cuenta, no
compartían los sentimientos humanitarios de mi padrino, de-
jándole casi sin un centavo. Durante algún tiempo contrató los
servicios del mismo taxi porque el chofer "comprendía" la misión de los viajes de mi padrino, y le cobraba muy poco. Mi padrino nunca llegó a saber que existía un arreglo entre mi esposo
y el chofer, el cual debía cobrar a mi padrino una suma mo-
derada, y después venía a la oficina de mi esposo por el resto
de su cuenta.

Para ayudar a mi padrino en su labor, y para que viajara
más cómodo, le dimos un automóvil con asientos traseros con-
vertibles en cama; también le proporcionamos un chofer de
confianza. En lugar de usar la cama para él, desde largas distancias, mi padrino continuamente traía enfermos al hospital que
necesitaban urgente operación, y que eran transportados en el
asiento cama de su coche. Estos pacientes eran tan pobres, que

a menudo además de las operaciones y atención que se les prodigaba en el hospital gratuitamente, teníamos que ayudarles económicamente a sus familiares.

Mi esposo también gustaba de hacer obras de caridad. Nunca le oí decir *no* a alguien que acudía en busca de ayuda. Nunca vio a sus pacientes como un medio de ganar dinero. Tanto sus amigos como otros doctores y empleados del hospital con frecuencia le decían que las gentes abusaban de su bondad, pero él permanecía fiel a su teoría de que prefería que abusaran de él, a negar un favor a quien lo necesitara. Nuestro hospital fue construido y amueblado para ser un hospital de lujo, pero a veces me pregunté si en realidad no era un paraíso de los pobres. Fue un verdadero milagro que a pesar de mis dos "genios financieros", (mi padrino y mi esposo), quienes nunca en sus vidas preguntaron cuáles eran las ganancias del hospital, el "Sanatorio del doctor Lengyel" funcionó siempre con mucho éxito.

Después que terminamos de empacar sus pocas pertenencias, mi padrino quería hacernos ciertos encargos. Nos dio instrucciones de lo que teníamos que hacer en caso de su muerte con su biblioteca, cuya fama traspasaba las fronteras del país, así como lo que había que hacer con otros objetos. Nos encargó que le dijéramos a su único hijo, quien se encontraba estudiando en Inglaterra, que hasta los últimos momentos de su vida, siempre lo recordaría con cariño.

Al día siguiente, el doctor Hajnal envió la ambulancia que se llevaría a mi padrino. Cuando lo bajaron en el elevador y llegó al piso principal del sanatorio, les pidió que aguardaran un momento. Con lágrimas en los ojos dirigió la mirada a su alrededor, y después murmuró:

—Nunca volveré a ver el hospital, me es muy doloroso decirle adiós.

La ambulancia echó a andar. Cuando pasamos frente a nuestra casa, donde mi padrino había convivido con nosotros, exhalando un suspiro, dijo:

—Por primera vez en mi vida, tenía un verdadero hogar, y tenía que perderlo cuando más lo necesitaba. No soy sino un moribundo en busca de un techo donde morir.

Esto era más de lo que yo podía resistir, no pude contenerme más, y rompí en amargos sollozos. Mi esposo, que llevaba la mano de su antiguo profesor entre las suyas, nos miró con gran tristeza. Le dolía enormemente que no pudiéramos ofrecer al

Profesor Elfer el calor y la seguridad de un hogar en los últimos días de su vida.

Al llegar a la clínica, las monjas recibieron al profesor Elfer con el regocijo que los niños reciben a su padre cuando éste regresa a casa después de un largo viaje. Muchas de las monjas que ahí laboraban, habían trabajado en la clínica con mi padrino años atrás y le habían ayudado a la muy triste tarea de entregar la clínica y la Universidad Húngara, de la cual el Profesor Elfer era rector en aquel tiempo, al gobierno rumano, después del "Tratado de Paz de Trianón". Las monjas más jóvenes, a quienes las más antiguas les habían hablado de la fama legendaria de mi padrino, le observaban con mudo asombro. No sólo era conocido como un médico excepcional y benefactor de los pobres, sino que también tenía fama por su memoria extraordinaria y se le consideraba una enciclopedia ambulante, por sus vastos conocimientos.

Después que lo instalamos en su cama, coloqué sus libros en un buró cercano. Era tan difícil para nosotros dejarle ahí. Estaba acostumbrado que siempre alguno de nosotros estuviera a su lado. Ahora, debido a la distancia, y al toque de queda que impedía las salidas nocturnas, sabíamos que no lo podríamos ver con mucha frecuencia. Antes de irnos nos dijo que tenía un último favor que pedirnos, y que sería una tarea difícil para nosotros.

—Queridos hijos míos —comenzó— quiero que me prometan que ambos estarán a mi lado a la hora de mi muerte. Me haría muy feliz el tenerles cerca en mis últimos momentos.

Con lágrimas en los ojos, accedimos a su petición. Y firmemente nos propusimos, desde el fondo de nuestros corazones, cumplir esta promesa.

::   ::   ::

Cuando regresamos de la clínica de la Universidad, sin decirle a mi esposo adónde iba, me dirigí a ver a Osvath para informarle que tanto mi padre como mi padrino habían sido evacuados ya del hospital, y que deseaba yo sacar los objetos que pertenecían a mi padrino, tales como su instrumental médico, su equipo de Rayos X, su biblioteca y demás objetos personales, en el plazo de una semana.

Osvath me miró fríamente y me dijo:

—Está visto, señora Lengyel, que todavía usted no entiende que absolutamente todo lo que se encuentra dentro de este hospistal me pertenece. ¡Nada puede ser sacado de aquí! Y desde ahora mismo les prohibo que pongan los pies en este edificio.

Dirigí una mirada de despedida al hospital, la realización de un largo sueño de mi esposo, de mis padres y mío. Un edificio construido a costa de muchos sacrificios con todo nuestro cariño. Di mi último adiós al mobiliario que en largas noches de desvelo yo misma diseñé. Ésta fue la última vez que estuve en nuestro hospital.

::   ::   ::

Esa misma noche tuvimos en Cluj el sonido de la alarma de bombardeo más largo de los que habíamos experimentado. Los aliados bombardearon el polvorín que estaba situado en la cima del cerro de Fellegvar, no lejos del final de nuestro jardín. El ruido era tan fuerte que parecía que nuestra propia casa estaba siendo bombardeada y esperábamos que se derrumbara de un momento a otro. Sabíamos muy bien que las bombas de los aliados caían por igual entre amigos o enemigos. De prisa vestimos a los niños llenos de pánico, y a mi padre. Las explosiones ocurrían con mayor frecuencia e intensidad a cada momento. De acuerdo con la ley, los vecinos debían ser admitidos en el refugio antiaéreo de nuestro hospital, así que fui al refugio a pedir que mis familiares y yo fuéramos admitidos, golpeando con fuerza la puerta trasera del refugio. Pero al dar mi nombre, la persona que me abrió me dijo que tenían órdenes del doctor Osvath de no dejarnos entrar. Cuando regresé a nuestra casa, a través del jardín, el bombardeo teñía al cielo de color rojo vivo, alumbrando las cercanías, y el estruendo era tal que parecía que me iban a estallar los oídos.

En la sala, con los niños en los brazos, rodeamos a mi padre, quien se encontraba sentado en su sillón favorito entre las cajas preparadas para Osvath. Durante toda la noche, enmedio del ulular de las sirenas del bombardeo y de la oscuridad, estuvo relatando cuentos a los niños con objeto de mantenerlos calmados. Esto, que hubiera sido una tarea pesada para cualquier persona sana, era más difícil todavía para él, que había permanecido en cama durante meses seriamente enfermo.

Esa noche, no pude escuchar con atención los relatos de mi padre; estaba pensando. Mi padre, quien había sido director de las minas de carbón en Transylvania, era conocido como un hombre en extremo culto, con un gran talento para escribir, cuya bondad sólo podía ser igualada por mi padrino y por mi esposo, con quienes representaba el triunvirato de benefactores. Ayudaba económicamente a numerosos amigos y parientes, y su ayuda para los necesitados no conocía límites. Mi madre tenía fama de ser la mejor esposa, la mejor madre y toda una dama. Era considerada como una de las mujeres más hermosas, y de una gran calidad humana. Siempre pensando en los suyos y en los que acudían a ella en busca de ayuda. ¡Mis hijos eran tan pequeños e inocentes todavía...! El tiempo pasaba y yo estaba pensando y pensando en nuestra suerte y el por qué nos ocurrían todas estas cosas, pero no podía encontrar respuesta a esta pregunta que me estaba consumiendo por dentro. No sabía yo las penas y tribulaciones tan duras que tendríamos que sufrir y que nos esperaban en el futuro.

Al tercer día, como nos había dicho, Osvath se presentó a recoger nuestros valores. Todo había sido reunido y empacado en grandes cajas siguiendo sus órdenes. Actuaba como si fuera realmente el propietario de todo y nosotros tratáramos de robarle. Mirando en cada caja, personalmente comprobó el contenido de las mismas. Después, recorrió toda la casa, certificando que no hubiéramos dejado cuadros en las paredes, objetos en las vitrinas o alfombras en el piso. Y al fin, las cajas fueron sacadas de nuestra casa. Con dolor contemplamos su contenido, objetos tan queridos para nosotros. Algunos de ellos habían estado en posesión de mi familia por generaciones, y otros que habíamos comprado para dar calor y encanto a nuestro hogar. Ahora se los llevaban... Nuestra casa se veía vacía y desnuda.

¡Nosotros no podíamos hacer nada contra Osvath! Si lo denunciábamos a los alemanes ellos le oirían solamente a él y nosotros sufriríamos las consecuencias de haber denunciado a uno de ellos. El poder estaba en manos de los alemanes y Osvath era su protegido.

Después que la última caja hubo salido, Osvath, refiriéndose a lo ocurrido la noche anterior, nos dijo:

—Estos frecuentes bombardeos no tienen importancia, los aliados nunca ganarán la guerra. Y si por un milagro los rusos vinieran, yo estoy cubierto. Estoy preparando pruebas y testigos que demostrarán que en mi juventud fui un ardiente comunista y que lo sigo siendo, subrepticiamente, claro está. Soy un hombre que puede nadar con o contra la corriente, y siempre permanezco en la superficie.

¡Qué verdad tan grande había dicho Osvath! Cuando los rusos liberaron Transylvania, fue nombrado profesor de la Universidad en Marosvasarhely.

Una fría mañana de abril, a las 6, el timbre del teléfono nos despertó. ¡Era de la clínica! Una de las hermanas que había trabajado con el profesor Elfer anteriormente, llamaba para darnos la mala noticia. Mi padrino había muerto la noche anterior, a las dos. Nos estuvo llamando hasta el último minuto de su vida.

—Oh, ¿por qué no nos llamó cuando estaba agonizando...? ¿Por qué no lo hizo, querida hermana? —le reproché amargamente—. Su última voluntad era que nos encontráramos a su lado en los momentos finales de su vida...

—Has olvidado, hija mía, que hay un toque de queda y nadie puede andar en las calles antes de las siete de la mañana —me dijo la hermana tratando de calmarme.

—De todos modos habría acudido a su lado... nuestro lugar era junto a él —insistí con desesperación.

—Precisamente porque sabía que habrían venido, no les llamé. Tu padrino los quería muchísimo, y no deseaba que tú y tu esposo fuesen muertos en la calle.

Nos vestimos con rapidez y a las 7 de la mañana estábamos camino de la clínica. No encontrábamos un taxi o medio de transporte que nos llevara. Sabíamos que mi padrino estaba muerto, y que nuestra prisa no le ayudaría en nada, pero la pena tan grande de no haber estado a su lado en su última hora nos impelía a correr.

Finalmente, llegamos al cuarto donde se encontraba el profesor Elfer en la clínica. Mi padrino permanecía en su cama, con la cruz entre sus manos, y con una leve y dolorosa sonrisa dibujada en los labios. Mi esposo y yo nos sentamos en la cama, llorando en silencio larga y desconsoladamente. Antes de salir del cuarto, el doctor Lengyel cortó un mechón del blanco pelo de mi padrino. Este mechón de pelo era el único recuerdo que nos quedaba de él.

La última vez que vi a mi padrino, se encontraba en su ataúd dentro de la capilla del antiguo e histórico cementerio en la calle de Petöfi, bordeada a ambos lados de viejos árboles de acacia. Mi padrino estaba vestido de negro, rodeado por hermosas coronas de flores, su último homenaje. Cerca de él, en una caja negra de terciopelo se encontraban sus condecoraciones, la Legión de Honor Francesa y otras de países extranjeros, así como las del gobierno húngaro. Mi madre colocó cerca del corazón de mi padrino un gran ramo de violetas que nosotros personalmente habíamos cortado en nuestro jardín esa mañana. Eran sus flores favoritas. Le miré largamente... ¡Cómo sufrió mi pobrecito padrino durante toda su vida! ¡Qué pena! No haber cumplido el último deseo de un gran hombre que siempre dedicó su vida a ayudar a otros y nunca pensó en sí mismo.

¡El hecho de que mi padrino fue lanzado de nuestro hospital durante los últimos días de su vida, y que fue privado de su deseo de estar con nosotros a la hora de su muerte, siempre pesaría sobre la conciencia de Osvath! Mi corazón estaba lleno de tristeza.

Poco antes de salir de la capilla, la hermana Esther me dijo que había visto a mi padrino el mismo día que murió. Estaba muy preocupado por nuestro futuro e hizo que la hermana Esther le prometiera que ella y las demás hermanas no nos abandonarían nunca. ¡La hermana me dijo que tanto ella como las otras hermanas consideraban esta promesa como una sagrada obligación!

El funeral del profesor Elfer se hizo de acuerdo con sus deseos. Fue tan sencillo como su vida. No hubo discursos, solamente algunos de sus amigos le dijeron adiós. Cuando mi madre, mi esposo y yo nos alejamos del cementerio, sentimos que habíamos dejado una gran parte de nuestros corazones, una gran parte de nosotros mismos sepultada en ese pequeño pedazo de tierra que era la tumba de mi padrino. ¡Padrino querido, descansa en paz!

::   ::   ::

A la gente le extrañó que hubiera yo mandado erigir un monumento en la tumba de mi padrino 24 horas después de su entierro. ¿Cómo podía explicarles que hacía tal cosa porque presentía algo fatal? Sabía muy bien que el profesor Elfer no tenía a nadie más que nosotros para cuidarle cuando estaba vivo, que no había quien le erigiera un monumento después de su muerte. Quería dejar terminada la tumba de mi padrino para cuando nosotros no estuviéramos aquí para cuidarla.

El profesor Elfer deseaba que se colocara una sencilla cruz a la cabecera de su tumba. Traté de arreglar todo a la medida de sus deseos, y en la forma que él lo merecía. Di órdenes para que su tumba fuera cubierta completamente de mármol y que le fueran colocadas urnas a los lados para poner flores. En la cabecera, fue puesta una cruz de mármol negro con su nombre, y con la inscripción que fue el lema de su vida: "¡*Nihil sine Deo!*" — "*Nada Sin Dios*".

Al ordenar el monumento, pagué la mitad y entregué a la

hermana Esther la otra mitad, y le pedí que cuando el trabajo
estuviera terminado, comprobara que éste había sido hecho de
acuerdo con mis instrucciones. ¡Qué justificados resultaron mis
presentimientos! Cuando el monumento estuvo terminado algunas semanas después, nunca pudimos verlo, pues ya nos encontrábamos en nuestra jornada hacia la muerte.

::   ::   ::

La situación en Cluj se hacía más y más tirante. Surgieron
varias epidemias y las enfermedades se extendieron amenazan-
tes sobre la ciudad. Las autoridades, alarmadas, tomaron medidas precautorias y dividieron la ciudad en zonas. Un médico fue
designado para cada zona como responsable sanitario y al doctor
Lengyel le encomendaron una de estas secciones. Los médicos
tenían que enviar los reportes sanitarios de sus zonas al doctor
Konczwald, médico en Jefe de la Policía, nombrado para este
puesto poco después de la ocupación alemana en Hungría.

Recuerdo, que la primera vez que oí mencionar el nombre
del nuevo médico en jefe de la policía, fue en la sala de preparación del hospital, donde se reunían los doctores a hablar con
el doctor Lengyel. Al oir este nombre, me dirigí al doctor Dory,
profesor auxiliar de la Universidad, y le pregunté:

—Doctor Konczwald... doctor Konczwald... Éste no es un
nombre húngaro. ¿Es Konczwald alemán?

—Él habla húngaro perfectamente, pero tiene usted razón.
Él es un "Svab" —dijo el doctor Dory—, y debe haber hecho méritos con los alemanes para haber sido nombrado en un puesto
tan importante.

Cuando el doctor Lengyel fue nombrado médico responsable sanitario de una zona, todavía vivíamos en nuestra casa,
pero no olvidábamos que Osvath era nuestro enemigo. Por algún tiempo, debido a ciertos detalles nos dimos cuenta que
nosotros y las personas que entraban a nuestra casa, éramos
vigilados por las S.S. Los alemanes sabían muy bien que se
estaba organizando la resistencia en Hungría y trataban de averiguar quiénes eran las gentes conectadas con la misma, para
capturarlas. Me encontraba hondamente preocupada por la
suerte de mi familia. Durante largas noches y días buscaba cómo
escapar de las garras de los alemanes. Finalmente, llegué a la
conclusión que no quedaban más que dos soluciones: podríamos cruzar la frontera clandestinamente a Rumania, donde la

potente resistencia estaba ya lista para sacudirse el yugo alemán, y unirse a las fuerzas aliadas, o buscar algún escondite.

El señor Cámpian, durante años proveedor de la leche que se consumía en el hospital, era un paciente agradecido del doctor Lengyel. Vivía en una granja que se encontraba a sólo una hora de distancia de nuestra casa, alejada de ojos curiosos y rodeada de árboles y arbustos. Aunque Cámpian era un hombre sencillo, tenía una gran inteligencia innata. Cuando se dio cuenta que Osvath nos había quitado nuestro hospital, convencido que Osvath deseaba eliminar al doctor Lengyel, preparó para nosotros un sótano oculto bajo su casa. A menudo venía a la ciudad en su carreta tirada por un caballo, sin atraer la atención de la gente, y nos rogaba que nos refugiáramos en su granja. Decidí que había llegado el momento de tomar alguna de las dos soluciones pensadas.

Durante el último mes, mi cuñada y sus tres hijas a quienes teníamos gran cariño habían vivido con nosotros. Debido a los atropellos de los soldados alemanes, no podía dejarlas vivir solas. Las jóvenes tenían 16, 18 y 20 años de edad. Eran lo suficientemente grandes para discutir la situación con ellas. Cuando les expuse mi plan, me sorprendí, ante la rotunda negativa que me dieron. Se rehusaron a cruzar la frontera, y tampoco querían enterrarse en vida en el escondite de la granja donde no podrían salir. Mi esposo y yo estábamos desesperados. Mientras más argumentábamos, las chicas parecían estar más renuentes a seguirnos. ¿Qué podríamos hacer? Teníamos ante nosotros una responsabilidad muy grande. No podíamos abandonar a estas mujeres a su destino. Discutimos el asunto muchas veces, y llegamos a la conclusión que nos quedaríamos a esperar resignadamente nuestro destino.

El almirante Horthy, Regente de Hungría, se dio cuenta gradualmente que Alemania estaba perdiendo la guerra. Gentes prominentes que veían esta situación se arriesgaron y se unieron a la resistencia contra los alemanes.

Uno de los partidos más activos, era el *Kisgazda Part*. Algunos líderes del partido eran amigos y pacientes agradecidos del doctor Lengyel, y visitaban a mi esposo con frecuencia. Desgraciadamente, algunos de estos grupos no pudieron escapar a la vigilancia alemana. Personas importantes conectadas con las actividades antigermanas fueron hechas prisioneras. Muchas de ellas fueron enviadas a los campos de concentración alemanes de Matthausen y Bergen Belsen y otros.

En la mañana de un día fatal para nosotros, mi esposo fue

citado a una junta médica en la Estación de Policía. El citatorio
había sido redactado y firmado por el doctor Konczwald.

¿Una junta médica en la Estación de Policía?... ¡Qué extraño! ¿No se trataría de una trampa? Pensaba yo en los terribles hombres de las S.S. que estaban allí y un extraño presen-
timiento me llenó de terror. No solamente yo, mi esposo también, presentía que algo malo iba a ocurrir.

—¿Qué debo hacer? —me preguntó mi esposo—. Si acudo
al llamamiento y se trata de una trampa, es probable que no
vuelva jamás. Si queremos escapar, tenemos que escondernos
inmediatamente. Pero... ¿cómo podemos localizar a Cámpian?
No sabemos dónde buscarle. Para cruzar la frontera tendríamos
que haber organizado la escapatoria con anterioridad. Si no
me presento de inmediato como me ha sido ordenado, vendrán
ellos a buscarme. ¡No hay salvación posible! ¡Tengo que presentarme!

Mi esposo se despidió de los niños y de mí con un beso y
se dirigió a la puerta. Ahí se detuvo por un momento, indeciso,
como si esperara que le diera una solución. Yo estaba desesperada. La situación era demasiado complicada para poder tomar
una decisión rápida. Quizás no había razón para temer nada, y
efectivamente lo habían citado para una junta médica... ¿Qué
hacer?... yo no sabía qué debía aconsejarle.

Mi esposo debe haber percibido la tremenda lucha que
sostenía dentro de mí, y con una expresión comprensiva, emo-
cionado, me dijo:

—Bien, creo que no podemos hacer nada, que el Señor nos
proteja. —Y salió, cerrando la puerta tras él.

Poco después que él salió, me torné recelosa, y empecé a
hacer investigaciones. Como si se tratara de una pesadilla, recibí la noticia que mi esposo sería deportado para Alemania
inmediatamente. Presa del terror, seguí buscando información.
Todo lo que pude saber fue que saldría para Alemania por ferrocarril en pocas horas. ¿Qué podría hacer? ¿A quién podría acudir
en busca de ayuda No había tiempo que perder. Pensé en
Osvath, él debía saber algo acerca de esto. Llamé a Osvath por
teléfono pero me dijeron que no estaba, y comprendí que no
quería hablar conmigo. Tomé un taxi y me dirigí a ver al
médico en jefe de la policía. Cuando hablé con el doctor
Konczwald, me dijo que en realidad, el doctor Lengyel sería
enviado a Alemania. También me dijo que, como el doctor
Lengyel era un famoso cirujano, y en Alemania existía escasez
de médicos, seguramente le pondrían a trabajar en algún hospi-

tal metropolitano o en alguna clínica. Le dije al doctor Konczwald que yo quería reunirme con mi esposo, y le pregunté qué me sugería hacer con mis hijos y con mis padres. Si él me aconsejaba llevarlos con nosotros. Y me respondió:

—¡Definitivamente, llévelos usted!

¿Qué ideas cruzaron por mi mente? En verdad, mi esposo era un famoso cirujano. En verdad, yo sabía que había escasez de médicos en Alemania, y lo que dijo el doctor Konczwald acerca de la suerte de mi esposo sonaba lógico. Pregunté a las autoridades alemanes si me permitirían acompañar a mi esposo. El oficial de las S.S. me dijo que no tenía ningún inconveniente. Si yo deseaba ir, era bienvenida. En realidad, me dijeron, no hay nada que temer. Y de mil maneras, me animaron y convencieron que así lo hiciera.

Instantáneamente, tomé una decisión. Tendríamos que afrontar muchas penalidades; la vida agradable que habíamos vivido podría no volver jamás. Pero la separación sería peor. La guerra podía continuar por meses, quizás por años, y tal vez en el torbellino de la misma, seríamos separados el uno del otro para siempre. Pero al irnos juntos, por lo menos compartiríamos el mismo destino. En el futuro, así como en el pasado, mi lugar estaba al lado de mi esposo.

¡Qué fatal decisión acababa de tomar deliberadamente! Antes de tres horas, me iba a convertir en la causante de la desgracia de mis padres y de mis hijos.

Mis padres trataron de convencerme que nos quedáramos.

—Si tu esposo fuera llamado a filas, tú no podrías seguirle hasta el frente— dijo mi padre con preocupación.

Insistí en mi decisión. Después de todo, el colega de mi esposo, doctor Konczwald, así como los oficiales alemanes me habían asegurado que no había nada que temer. ¿Cómo iba yo a imaginar adónde nos enviaban y que sólo querían engañarnos?

No había tiempos para discusiones. Los minutos corrían velozmente y tenía que alcanzar a mi esposo. Viendo que era inútil tratar de disuadirme, mis padres, también, decidieron venir con nosotros. Por supuesto, no podía dejar a mis hijos. Con suma rapidez, empaqué lo más indispensable en una maleta, tomamos un taxi y fuimos al encuentro de mi esposo. Se encontraba detenido en la cárcel municipal.

Nos acercábamos a la prisión, cuando de repente, me sentí muy inquieta. Algo dentro de mí me advirtió que no debía llevar a mis padres y a mis hijos a un destino desconocido, y también que debería evitar a toda costa que mi esposo hiciera este viaje. Entonces me acordé de la hermana Esther. La hermana Esther tenía una inteligencia excepcional. Todos los problemas que surgían en la casa de las hermanas referentes a la Orden o de otra índole, eran puestos en sus manos y ella siempre daba pruebas de su eficiencia, resolviéndolos. Yo confiaba plenamente en su juicio y estaba segura que ella podía ayudarnos y aconsejarnos.

¡Qué desesperada me sentí cuando me dijeron en la casa de las Hermanas que la hermana Esther había ido a Oradea-Mare, una ciudad bastante retirada de Cluj a arreglar ciertos asuntos importantes y que no volvería hasta dentro de unos días!

Le pedí a una de las hermanas que rogara a la Madre Superiora que me recibiera. Fui conducida a la oficina de la Madre Superiora y le conté lo que nos pasaba. También le dije que regresaría a ver al doctor Konczwald para tratar de impedir el viaje de mi esposo. Después de escucharme, con amabilidad nos ofreció un cuarto.

Dejamos nuestras pertenencias en el cuarto y llamé a mi casa preguntando, sin decir desde dónde hablaba, si había alguna noticia sobre mi esposo. Me dijeron que no, pero que el Cámpian aguardaba con su carreta afuera de la casa. Apenas había terminado mi llamada, cuando una hermana entró y nos dijo que la Madre Superiora ya había hablado con la señora Konczwald, a quien ella conocía, y que llegaría de un momento a otro. Nos llenamos de regocijo y de esperanza. Pensábamos que la visita de la señora Konczwald significaba que nos iba a prestar ayuda. Probablemente se trataba de una mujer bondadosa que me ayudaría a rescatar a mi esposo.

Pero cuando la señora Konczwald llegó, fue muy grande nuestra desilusión. Pues no sólo se negó a hacer algo para tratar de libertar a mi esposo, sino que insistió en que todos debíamos presentarnos inmediatamente adonde se encontraba el doctor Lengyel. Traté de explicarle que yo deseaba ardientemente reunirme con mi esposo, pero que no quería arrastrar a mi familia a un futuro incierto, así que deseaba avisarle a Cámpian que se llevara a mis padres y a mis hijos a su granja. Pero la señora enérgicamente se rehusó a aceptar este plan, insistiendo en que ella misma debía llevarnos a la prisión en un carro que esperaba afuera.

¿Por qué la señora Konczwald disponía así del futuro de nuestras vidas? ¿Qué derecho le asignaba para hacerlo? Pero también, yo sabía que si me negaba a obedecer sus órdenes, ella podría llamar a la Gestapo.

Le dije a una de las Hermanas que quería despedirme personalmente de la Madre Superiora. Pero la hermana regresó y me dijo que la Madre Superiora se excusaba, y no podía venir. Yo estoy segura que la Madre Superiora obró de buena fe. ¡Pobre Madre Superiora! ¡Qué situación tan difícil en la que ella se encontraba!

En silencio tomamos nuestro equipaje y nos dirigimos a la puerta de salida. ¿Qué negro futuro había decidido para nosotros esta cruel mujer?

Camino de la prisión, le rogué a la señora Konczwald que dejara bajar del carro a mi familia. Pero se rehusó terminantemente. Cuando llegamos a la prisión, ella nos acompañó al edificio y ya dentro nos entregó.

En este crítico momento cuando debíamos enfrentarnos a lo desconocido, traté de convencerla y le supliqué que por lo menos los niños deberían ser salvados del viaje, y le rogué que los entregara a Cámpian. Pero otra vez, ella se rehusó rotundamente a cumplir mi petición. La miré con asombro al oir su respuesta, preguntándome cómo puede una mujer que también tiene hijos desoir la súplica desesperada de una madre. ¿Sería que carecía completamente de sentimientos?

Momentos después, estábamos ya detrás de las rejas que nos separaban de la libertad. Antes que la señora Konczwald se retirara, le entregué un sobre que contenía 5,000 pengos.

—Como puedo ver, nosotros ya no necesitaremos este dinero —le dije esbozando una amarga sonrisa—. Entréguelo a la hermana Esther.

—Usaré este dinero para mandar decir misas por sus almas —dijo, tomando el dinero de mi mano y guardándolo en su bolso...

—¿Mandar decir misas por nuestras almas?... ¿Qué significa esto? Entonces me di cuenta que sabía desde el principio que tanto a mí como a mi familia nos había enviado a una muerte segura, y que esto había sido hecho en combinación con su esposo y con los alemanes. ¡Con qué frío calculo habían planeado todo! La miré con gran desesperación y resignadamente le dije:

—Usted puede mandar decir las misas, señora Konczwald, pero después de lo que acaba de hacernos, mándelas decir también por su propia alma.

No nos pasó por las mentes la idea de la traición que estaban urdiendo contra nosotros, hasta que nos vimos juntos en el andén de la estación del ferrocarril. Nos enteramos entonces

de que lo mismo les ocurrió a multitud de vecinos y amigos,
que estaban allí como nosotros. Muchos otros hombres fueron
detenidos de la misma manera, y a sus familias las habían animado a que los acompañasen. Sin embargo, todavía no existía
motivo para demasiada alarma. Los alemanes hacían las cosas
a conciencia. Utilizaron para todos la misma técnica. ¿Por qué?
Estábamos desconcertados, perplejos y llenos de aprensión, pero
no había nadie a quién podérselo preguntar.

De pronto, caímos en la cuenta de que la estación estaba
totalmente rodeada por centenares de soldados. Alguien mani-
festó a voces su deseo de volverse, pero la falange de sombríos
centinelas lo hacía imposible. Unos a otros nos agarramos las
manos y tratamos de aparentar indiferencia, por el bien de
nuestros pequeños.

La escena adquirió caracteres de pesadilla. En las vías esperaba un tren interminable. No estaba formado por coches
para pasajeros, sino de vagones para ganado, atestados de can-
didatos a la deportación. Nos quedamos mirándolos. Se llamaban unos a otros con gritos estremecidos. Los rótulos de los distintos vagones indicaban su punto de origen: Hungría, Yugoslavia, Rumania... sólo Dios sabía desde dónde venían los primeros contingentes de aquel tren.

Las protestas eran inútiles. Nos había llegado el turno. Los
soldados empezaron a acercársenos y a empujarnos. Se nos con-
dujo como a ovejas, obligándonos a subir a un vagón vacío,
de ganado. Nuestro único interés, de momento, era mantenernos
juntos según nos iban empujando. Luego, la única puerta del
vagón se cerró detrás de nosotros. No recuerdo si rompimos a
llorar o a gritar. El tren empezaba a moverse.

Noventa y seis personas habían sido embutidas en nuestro
vagón, y entre ellas muchos niños que estaban casi aplastados
entre el equipaje... el miserable y escaso equipaje, que sólo
contenía lo más precioso o lo más útil. Noventa y seis hombres,
mujeres y niños en un espacio donde sólo cabían ocho caballos. Sin embargo, no era aquello lo peor.

Estábamos tan apretados que sólo la mitad de los que
íbamos allí tenían sitio para sentarse. Apretujados unos contra
otros, mi marido, mi hijo mayor y yo nos quedamos de pie
para que pudiese sentarse mi padre. Hacía muy poco, había
sufrido una operación grave y necesitaba forzosamente descansar.

Además, a medida que fue pasando la primera y la segunda
hora, íbamos cayendo en la cuenta de que los detalles más
fundamentales de la existencia se estaban poniendo extrema-

damente complicados. Ni hablar de retretes o cosa parecida. Afortunadamente, muchas madres tuvieron la precaución de llevar bacinicas para sus pequeños. Con una manta por cortina, aislamos un rincón del vagón. Podíamos vaciarlas por la única diminuta ventana que había, pero no disponíamos de agua con qué limpiarlas. Pedimos ayuda, pero nadie nos contestó. El tren seguía adelante... rumbo a lo desconocido.

Como el viaje iba prolongándose interminablemente y el vagón no cesaba de saltar y traquetear, todas las fuerzas de la naturaleza se pusieron de acuerdo contra los noventa y seis. Un sol abrasador socarraba las paredes del vagón, hasta que el aire se hizo irrespirable. El interior estaba casi totalmente a oscuras, porque la luz del día que se filtraba por la ventanilla sólo iluminaba aquel rincón. Al cabo de cierto tiempo decidimos que aquello era lo mejor. La escena se estaba poniendo cada vez más repulsiva.

Los viajeros eran, en su mayor parte, personas de cultura y de posición en nuestra comunidad. Muchos eran doctores judíos, o profesionistas diversos, y miembros de sus familias. Al principio todos procuraron ser corteses y tratar con atención y solicitud a los demás, a pesar del terror común. Pero a medida que fueron deslizándose las horas, empezaron a saltar los nervios. Pronto surgieron incidentes y, más tarde, hasta reyertas graves. Así, poco a poco, la atmósfera fue envenenándose. Los niños lloraban, los enfermos se quejaban, lamentábanse las personas ancianas, y hasta los que, como yo, gozaban de perfecta salud, empezaron a sentir las incomodidades.

El viaje estaba resultando increíblemente triste y lúgubre, y aunque pudiera decirse otro tanto de cualquiera de los vagones que formaban nuestro tren, y sin duda ninguna, los innumerables trenes procedentes de todos los rincones de Europa —de Francia, Italia, Bélgica, Holanda, Polonia, Ucrania, los países bálticos y los Balcanes, todos los cuales caminaban hacia el mismo destino inhumano—, nosotros sólo conocíamos los problemas que personalmente nos afectaban.

Pronto se hizo intolerable la situación. Hombres, mujeres y niños se disputaban histéricamente cada pulgada cuadrada de terreno. Cuando cayó la noche, perdimos todos la última idea de comportamiento humano, y el escándalo subió de tono hasta que el vagón se convirtió en un verdadero infierno.

Por fin, las mentes más serenas se impusieron, y se restableció una aparente orden. Nos eligieron capitanes a cargo de la situación a un médico y a mí. Nuestra tarea fue hercúlea: tenía-

mos que mantener la disciplina e higiene más elemental, atender a los enfermos, calmar a los que estaban nerviosos y dominar a los que perdían los estribos. Y sobre todo, nuestra obligación era mantener la moral del grupo, cometido absolutamente imposible, porque nosotros mismos estábamos al borde
de la desesperación.

Había que resolver un sinnúmero de problemas prácticos.
El alimenticio era abrumador. Nuestros guardianes no nos habían dado nada, y las menguadas provisiones que habíamos
llevado por nuestra cuenta empezaron a desaparecer. Era ya
el tercer día. El corazón se me subió a la garganta. ¡Ya habían
pasado tres días! ¿Cuánto más nos quedaría todavía? ¿Y adónde
íbamos? Lo peor de todo era que nos constaba que muchos de
nuestros compañeros habían escondido parte de sus bastimentos.
Creían ingenuamente que se los iba a poner a trabajar en cuanto llegásemos a nuestro destino, y que iban a necesitar lo que
llevaban para completar las raciones regulares de rancho que
les diesen.

Afortunadamente, nuestra desgracia disminuía nuestro apetito. Pero observamos que la salud del grupo, en general, se
estaba quebrantando rápidamente. Los que ya venían débiles
o tenían algún padecimiento cuando comenzó nuestro sufrimiento, iban perdiendo fuerzas, como le ocurría a los mismos
elementos sanos.

En la ventanilla apareció la cabeza de un guardia especial
de la S.S., amenazando con su pistola *Luger:*

—¡Treinta relojes de pulsera, inmediatamente! Si no, pueden darse todos por muertos!

Exigía su primera recaudación del "impuesto" alemán, y
no teníamos más remedio que reunir objetos suficientes para
darle gusto. Así fue como mi pequeño Thomas hubo de despedirse del reloj de pulsera que le habíamos regalado después
de haber salido triunfante de sus exámenes de tercer grado en
la escuela.

—¡Sus plumas fuentes y sus portafolios!

Otro "impuesto".

—¡Vengan las joyas, y les traeremos un caldero de agua
fresca!

Un caldero de agua para noventa y seis seres humanos, de
los cuales treinta eran niños pequeños. Aquello equivalía a
unas cuantas gotas para cada uno, pero iban a ser las primeras
que probásemos en veinticuatro horas.

—¡Agua, agua! —gemían los enfermos al ver que disminuía el contenido de la cubeta.

Miré a Thomas, mi hijo más pequeño. Tenía los ojos clavados en el agua. ¡Qué resecos estaban sus labios! Se volvió y me miró a los ojos. Él también se hacía cargo de lo precario de nuestra situación. Tragó saliva y no pidió nada. No se le dio nada de beber, porque había muchos que necesitaban las preciosas gotas más que él. Me hizo sufrir, pero también me sentí orgullosa de su valor y energía.

Ahora teníamos más enfermos en nuestro vagón. Había dos torturados por úlceras de estómago. Otros dos, atacados de erisipela. Muchos estaban aquejados de disentería.

Tres niños yacían junto a la puerta. Parecían calenturientos. Uno de los médicos los reconoció y dio en seguida un paso atrás. ¡Tenían escarlatina!

Me pasó un escalofrío por la espalda. Con la escasez de espacio vital que teníamos, todo nuestro grupo podía contraer la enfermedad.

Era imposible aislar a los pequeños. La única "cuarentena" que podíamos establecer era hacer que los que estaban cerca de los infectados les volviesen la espalda.

Al principio, todo el mundo procuró mantenerse apartado de los enfermos para evitar el contagio, pero a medida que fueron pasando los días, nos hicimos indiferentes al peligro.

El segundo día, uno de los comerciantes principales de Cluj padeció un ataque al corazón. Su hijo, quien también era médico se arrodilló junto a él. Sin medicinas, no podía hacer nada y no le quedaba más remedio que observar cómo agonizaba su padre mientras el tren seguía traqueteando.

¡La muerte en el vagón! Una ráfaga de horror cruzó entre aquel rebaño de seres humanos.

Llevado de su amor filial, el hijo empezó a murmurar el canto tradicional de las exequias fúnebres, y muchos elevaron su voz para acompañarlo.

En la primera estación se detuvo el tren. Se abrió la puerta y entró un soldado de la Wehrmacht. El hijo del muerto gimió:

—Tenemos un cadáver entre nosotros. Se ha muerto mi padre.

—Pues quédense con su cadáver —replicó el otro brutalmente—. ¡Pronto tendrán muchos más!

Nos indignó su indiferencia. Pero no tardamos mucho en tener, en efecto, bastantes más cadáveres; y pasando el tiempo, también nosotros nos hicimos insensibles hasta el extremo de que no nos importó.

—Por fin —suspiró un marido, cerrando los párpados de su adorada esposa, que acababa de sucumbir.

—¡Dios mío, cuánto tiempo nos lleva! —sollozó una madre, inclinándose sobre su hijo de dieciocho años que agonizaba.

¿Era éste el quinto día, o el sexto de aquel viaje sin fin? El vagón de ganado se había convertido en matadero. Más y más plegarias fueron surgiendo por los muertos, en la atmósfera agobiante. Pero los miembros de las S.S. no nos permitían enterrarlos ni retirarlos. No teníamos más remedio que vivir con los cadáveres alrededor nuestro. Los muertos, los enfermos contagiosos, los aquejados de enfermedades orgánicas, los consumidos, los hambrientos y los locos, todos tenían que viajar juntos en aquel infierno de madera.

Al séptimo día, mi amiga Olly intentó suicidarse envenenándose. Sus hijos, dos niños adorables; sus ancianos padres, que llegaran a Cluj como refugiados de Viena; y su marido, aún siendo médico, suplicaron al doctor Lengyel que la salvase.

Lo primero que tenía que hacer era limpiar el estómago de la mujer. Para ello era indispensable un tubo de goma. Afortunadamente, si se me permite expresarme así, mi padre había usado, desde que lo operaron, un aparato para orinar, que tenía un tubo de dicha materia. Para llevar este tubo a la pobre Olly era literalmente necesario pasar por encima de nuestros vecinos enfermos. Luego, mi marido tenía que administrarle el tratamiento de un espacio reducido, sin los instrumentos necesarios y sin luz. Pero el mayor problema era la escasez de agua.

En el fondo de unas cuantas cantimploras y botas, quedaban todavía menguadas reservas del precioso líquido vital. Ninguno estaba dispuesto a desprenderse de una gota. Se necesitó toda la autoridad de mi marido para que le cediesen un poco.

Pese a todas estas dificultades, el tratamiento fue un éxito, y la mujer se salvó. Provisionalmente, por lo menos. Porque al día siguiente, moría.

De cuando en cuando, en el decurso de aquel viaje infernal, trataba de olvidarme de la realidad, de los muertos, de los agonizantes, del hedor y de los horrores. Me trepé a varias maletas y miré por la ventanilla. Observé el panorama encantador de los Tatras, los bosques magníficos de abetos, las verdes praderas, los pacíficos pastizales y las pintorescas casitas. Todo aquello se antojaba un paisaje para anunciar chocolates suizos. ¡Qué irreal me pareció!

Dos veces al día, los guardianes pasaban su revista. Creíamos que deberían observar con extremado rigor lo que pasaba, porque los imaginábamos que tenían ficheros de todos y estaban en condiciones de escudriñar los detalles más mínimos con la proverbial minuciosidad alemana. Pero aquello no era más que otra ilusión que habríamos de perder. Sólo estaban interesados en nosotros como grupo, y no les importaban los individuos.

A veces, pasábamos por estaciones en que esperaban trenes militares y hospitales. Los soldados tenían una moral entusiasta. No sé si estarían ebrios de triunfo o exasperados por las derrotas, pero aquellas tropas, lo mismo las de hombres sanos que las de heridos, no tenían más que sonrisas burlonas para los pobres apestados, deportados en vagones de ganado. Los insultos más crueles y soeces llegaban a nuestros oídos. Una y otra vez me preguntaba si sería posible que aquellos hombres de uniforme verde no tuviesen más emociones que las del odio y la perversidad. Sea lo que fuere, el caso es que no fui testigo de la más ligera manifestación de compasión o piedad.

Por fin, al terminar el séptimo día, el vagón de la muerte se detuvo. Habíamos llegado. ¿Pero adónde? ¿Era aquello una ciudad? ¿Qué nos irían a hacer ahora?

CAPÍTULO II

La Llegada

Cuando recuerdo hoy nuestra llegada al campo de concentración, se me antojan los vagones de nuestro tren como otros tantos ataúdes. Era, en realidad, un tren funeral. Los agentes de la S.S. y de la Gestapo eran nuestros sepultureros; los oficiales que más tarde valoraron nuestras "riquezas" eran nuestros herederos voraces e impacientes.

No podíamos eperimentar más que un profundo sentimiento de alivio. Cualquier cosa era mejor que aquella terrible incertidumbre. ¿Podría haber algo más truculento que una cárcel sobre ruedas, con su lobreguez abrumadora, con la fetidez de olores hediondos y con los gemidos y lamentaciones que partían el alma?

Esperábamos ser sacados del vagón sin más demoras. Pero aquella esperanza pronto resultó fallida. Teníamos que pasar todavía la octava noche en el tren, apilados los vivos unos encima de otros para evitar el contacto con los cadáveres en descomposición.

Nadie durmió aquella noche. La emoción de alivio que nos había embargado cedió a otra de ansiedad, como si un sexto sentido nos advirtiese el desastre que se cernía sobre nosotros.

A duras penas me fui abriendo paso entre la masa compacta de humanidad animal para llegar a la ventanilla. Desde allí contemplé un espectáculo macabro. Fuera teníamos un verdadero bosque de alambradas con púas, que estaba iluminado a intervalos por reflectores poderosos.

Un inmenso sudario de luz cubría cuánto alcanzaba la vista. Era un espectáculo que helaba a uno la sangre, pero que al mismo tiempo le daba confianza. Aquel derroche escandaloso

de electricidad indicaba indudablementee que la civilización
estaba cerca y que iban a terminar las circunstancias que hasta
entonces habíamos tenido que soportar.

Sin embargo, estaba muy lejos de comprender el significado
auténtico de aquello. ¿Qué nos tendría reservado el destino a
nosotros? Hice las conjeturas más razonables, pero mi imaginación se negaba a encontrar una explicación lógica.

Por fin, volví adonde estaban mis padres, porque sentía
una gran necesidad de hablar con ellos.

—¿Pueden perdonarme, a pesar de todo? —murmuré, besán-
doles las manos.

—¿Perdonarte? —me preguntó mi madre con su ternura
característica—. No has hecho nada por lo que necesites perdón.

Pero sus ojos estaban arrasados de lágrimas. ¿Qué sospe-
charía ella en aquella hora?

—Tú siempre has sido la mejor de las hijas —añadió
mi padre.

—Acaso muramos nosotros —continuó diciendo suavemente
mi madre—, pero tú eres joven. Tienes fuerzas para luchar, y
vivirás. Todavía puedes hacer mucho para ti misma y para
los demás.

Aquélla fue la última vez que los abracé.

Por fin, amaneció pálidamente el día. Al poco tiempo, un
oficial, que nos enteramos era el comandante del campo, vino a
recibirnos bajo su custodia. Estaba acompañado por un intérprete que, según se nos dijo más tarde, hablaba nueve idiomas.
La misión de éste, era traducir cada una de las órdenes al idioma nativo de los deportados. Nos advirtió que teníamos que
observar la más estricta disciplina y cumplir todas las órdenes
sin discusión. Lo escuchamos. ¿Qué motivo teníamos para sospechar que nos fuesen a hacer víctimas de peores tratos que
los que hasta entonces habíamos recibido?

En el andén, vimos un grupo uniformado con el traje a
rayas de los penados. Aquel espectáculo nos produjo una impresión dolorosa. ¿Nos quedaríamos también nosotros tan ma-
cilentos y quebrantados como aquellas pobres criaturas? Habían
sido conducidos a la estación para hacerse cargo de nuestros
equipajes, o más bien, de lo que quedaba de ellos después de
haber recaudado sus "impuestos". Allí se nos desposeyó de todo
en absoluto.

Se oyó la orden seca y perentoria:

—¡Salgan!

Las mujeres fueron colocadas a un lado y los hombres a otro, de cinco en fondo.

Los médicos debían situarse en un grupo separado con sus maletines quirúrgicos. Aquello nos pareció más bien esperanzador. Si se necesitaban doctores, quería decir que los enfermos recibirían atención médica. Llegaron cuatro o cinco ambulancias. Se nos notificó que estaban destinadas al transporte de los enfermos. Otro buen síntoma.

¿Cómo íbamos a sospechar que todo aquello no era más que una forma de cubrir las apariencias para mantener el orden entre los deportados con un mínimo de fuerza armada? De ninguna manera hubiésemos podido suponer que las ambulancias iban a conducir a los enfermos directamente a las cámaras de gas, de cuya existencia había yo dudado... ¡Y de allí a los crematorios!

Apaciguados por aquellos indicios astutamente preparados, no opusimos resistencia a que se nos despojase de nuestras pertenencias, y marchamos dócilmente hacia los mataderos.

Mientras se nos reunía en el andén de la estación, los equipajes fueron cargados por las criaturas vestidas como penados. Luego, fueron retirados los cadáveres de los que habían perecido durante el viaje. Después de varios días entre nosotros, algunos estaban horriblemente hinchados y en distintas fases de descomposición. El hedor era tan nauseabundo, que millares de moscas fueron atraídas hacia los muertos. Se cebaban en los cadáveres y atacaban a los vivos, atormentándonos incesantemente.

En cuanto salimos del vagón de ganado, mi madre, mis hijos y yo quedamos separados de mi padre y de mi marido. Ahora estábamos formados en columnas que se extendían hasta centenares de metros. El tren había descargado de cuatro a cinco mil pasajeros, todos tan perplejos y consternados como nosotros.

Después de distintas órdenes, fuimos desfilando ante treinta hombres de las S.S., entre los cuales estaba el jefe del campo y otros oficiales. Empezaron a escogernos, poniéndonos a unos a la derecha y a otros a la izquierda. Aquélla fue la primera "selección" en la cual se separaron los primeros que iban a ser sacrificados, para ser después enviados a los crematorios, cosa que estábamos muy lejos de soñar siquiera.

A los niños y a los viejos se les ordenaba automáticamente:

—¡A la izquierda!

Cuando se despedían, se oían gritos desesperados, llantos frenéticos y voces de:

—¡Mamá, mamá!

Iban a repercutir siempre ya en mis oídos. Pero los guardianes de las S.S. estaban dando muestras de que no tenían sentimientos de ningún género. A los que intentaban resistirse, lo mismo viejos que jóvenes, los golpeaban sin compasión; e inmediatamente reconstruían nuestras columnas en los dos nuevos grupos, derecho e izquierdo, pero siempre de cinco en fondo.

La única explicación que se nos dio, fue la de un oficial de las S.S., quien nos aseguró que los ancianos iban a quedar a cargo de los pequeños. Yo lo creí, suponiendo, naturalmente, que los adultos capaces serían destinados a trabajar y que los viejos y los niños quedarían atendidos.

Nos llegó el turno. Mi madre, mis hijos y yo avanzamos hacia los "seleccionadores". Entonces cometí mi segundo y terrible error. El seleccionador hizo una seña a mi madre y a mí para que nos incorporásemos al grupo de los adultos. Mandó a mi hijo más pequeño, Thomas, con los niños y los ancianos, lo cual iba a equivaler a su exterminación inmediata. Ante Arved, mi hijo mayor, se quedó indeciso.

El corazón me dio un vuelco. Aquel oficial, hombre corpulento, moreno y con gafas, parecía estar haciendo lo posible por tomar una decisión equitativa. Luego me enteré de que era el doctor Fritz Klein, el "Seleccionador Jefe".[1]

—Este muchacho debe tener más de doce años —me indicó.

—No —protesté.

La verdad era que Arved no había cumplido todavía los doce, y así podía decirlo. Estaba muy crecido para su edad, pero yo quería ahorrarle los trabajos que acaso resultasen para él demasiado duros.

—Está bien —asintió con gesto amistoso Klein—. ¡A la izquierda!

Yo había persuadido a mi madre de que debía seguir a los niños y atenderlos aun cuando ella era joven, siendo abuela, era acreedora al trato concedido a los ancianos, y alguien tenía que cuidar de Arved y Thomas.

—A mi madre le gustaría quedarse con los pequeños —dije.

—Muy bien —accedió él nuevamente—. Todos ustedes van a estar en el mismo campo.

---

[1] En 1945, el doctor Fritz Klein constituyó una de las principales atracciones del proceso de los verdugos de Belsen.

—Y al cabo de unas cuantas semanas, todos volverán a reunirse —añadió otro oficial, con una sonrisa—. ¡El siguiente!

¿Cómo iba yo a poder sospecharlo? Les había ahorrado los trabajos forzados, pero había condenado a Arved y a mi madre a morir.

::   ::   ::   ::

La carretera estaba bien reparada. Era a principios de mayo, y una brisa fresca nos traía un olor peculiar y dulzón, muy parecido a la carne que se quema, aunque no lo identificamos como tal. Aquel olor nos recibió a nuestra llegada y permaneció para siempre entre nosotros.

El campamento ocupaba un vasto espacio de unos nueve y medio kilómetros por cerca de trece, como comprobé más tarde. Estaba rodeado de postes de cemento, de una altura de tres a cuatro metros y de un espesor de cerca de cuarenta centímetros, plantados a intervalos de tres metros y medio aproximadamente, con una doble red de alambradas entre sí. En cada poste había una lámpara eléctrica, un enorme ojo brillante, enfocado sobre los presos y jamás apagado. Dentro del inmenso recinto había muchos campamentos, cada uno de los cuales estaba designado por una letra.

Los campos se hallaban separados por terraplenes de un metro. Encima de ellos había tres hileras de alambradas con púas, cargadas de fluido eléctrico.

Al entrar en los terrenos del campamento, y al pasar por los distintos campos, distinguimos diversos edificios de madera. Las alambradas que rodeaban estas estructuras nos parecieron jaulas. Encerradas en estas jaulas había mujeres cubiertas con miserables harapos, con las cabezas rapadas y los pies descalzos. Hablando en todos los idiomas de Europa, imploraban un mendrugo de pan o un chal para cubrir su desnudez.

Oímos sus gritos penetrantes:

—¡También ustedes se acabarán, como tantas de nosotras!

—Pasarán frío y hambre como nosotras.

—¡Y serán golpeadas también!

De pronto, apareció en medio de aquel rebaño humano una mujer corpulenta y bien vestida. Con un garrote macizo, soltaba golpes a diestra y siniestra sobre las que se interponían en su camino.

No podíamos dar crédito a nuestros ojos. ¿Quiénes eran aquellas mujeres? ¿Qué crimen habían cometido? ¿Qué nos tendría destinada la suerte a nosotras?

Aquello era como una pesadilla. ¿No sería esto, pensábamos, el patio de un manicomio? Quizás esa mujer fuese una loquera que apelaba al último recurso... a la fuerza bruta.

—No hay duda —dije para mis adentros—, estas mujeres son anormales, y por eso es por lo que están aisladas.

No me cabía en la cabeza, a pesar de todo, que se humillasen y degradasen de aquella manera mujeres que estaban en su sano juicio y no eran culpables de crimen alguno.

Pero, sobre todo, estaba muy lejos de imaginar que, en muy poco tiempo, yo también iba a quedar reducida a aquella lamentable condición.

Después de esperar unas dos horas frente a un edificio de grandes proporciones, aunque construido muy toscamente, nos quedamos completamente heladas. Luego, un pelotón de soldados nos metió, a empujones. Nos encontramos en el interior de una especie de hangar, de 8 a 10 metros de ancho por unos 30 de largo. A empellones, los guardianes nos convirtieron, en un grupo tan compacto que era verdaderamente doloroso tratar de moverse. Se cerraron las grandes puertas.

Unos veinte soldados, la mayor parte de los cuales estaban borrachos, se quedaron dentro. Nos miraron despectivamente e hicieron a gritos comentarios sarcásticos.

Un oficial empezó a ladrar órdenes:

—¡Desnúdense! Dejen aquí toda su ropa. Dejen también sus papeles, objetos de valor y equipos médicos; y fórmense en filas contra la pared.

Surgió un murmullo general de indignación. ¿Por qué habíamos de desnudarnos?

—¡Silencio! ¡Si no quieren ser apaleadas hasta morir, cierren la boca!

Así vociferaba el oficial.

El intérprete fue traduciendo aquello a todos los idiomas.

—De ahora en adelante, no se olviden de que son prisioneras.

Las dos docenas de guardianes que tenían a su cargo la operación de hacer que nos desnudásemos, empezaron su tarea.

En aquel momento, nuestras últimas dudas, las que pudieran quedarnos, se desvanecieron. Comprendimos, por fin, que habíamos sido terriblemente engañadas. Los equipajes que dejáramos en la estación quedaban perdidos para siempre. Los alemanes nos habían despojado de todo, hasta de los más insignificantes recuerdos que nos pudieran traer añoranzas de nuestra vida pasada. A mí, la pérdida de las fotografías de mis seres queridos me sumió en una profunda tristeza. Pero había comenzado la hora de nuestra vergüenza y de nuestra desgracia.

En cuanto principiamos a quitarnos la ropa, nos sentimos asaltadas por las sensaciones más extrañas. Muchas de nosotras éramos médicos o esposas de médicos, y nos habíamos proveído de cápsulas de veneno, por si se ponían las cosas peores. ¿Por qué? Porque habíamos vivido en una atmósfera de terror y necesitábamos estar preparadas para cualquier emergencia. Aunque yo me había sentido optimista cuando salimos, y abrigaba todavía esperanzas, y también me había provisto de dicha arma de autodestrucción. ¡Siempre se experimenta un consuelo al pensar en eso como último recurso, y al sentirse amo de su vida o su muerte! Hasta cierto punto, esto representa el valor último de la libertad. Al despojarnos de cuanto teníamos, los alemanes nos estaban exigiendo también estos venenos.

En un momento, la doctora G., húngara, agarró su jeringa de morfina y, ante la imposibilidad de ponerse a sí misma una inyección intravenosa, se tragó el contenido de la ampolleta. Sin embargo, el veneno fue absorbido por el conducto bucal y no obró el efecto deseado.

Un pensamiento me consumía y obsesionaba: ¿Cómo me las arreglaría para esconder mi veneno? Se nos ordenó ir a los baños. Teníamos que pasar a otra habitación, completamente desnudas a excepción de los zapatos, y tener las manos abiertas mientras nos inspeccionaban.

La suerte me acompañó. Se nos ordenó quitarnos los zapatos, pero las que los tenían muy viejos podían quedarse con ellos puestos; a los alemanes no les interesaban los artículos sin valor. Yo llevaba botas, lo cual, como estábamos al principio de la primavera, no interesó en absoluto a los guardianes, sobre todo estando cubiertos de cieno y fango como estaban. En un segundo logré esconder mi mayor tesoro, el veneno, en una abertura del forro de mis botas.

—¡Contra la pared! —gritaron los guardianes.

Entonces descargaron sus cachiporras sobre nuestros cuerpos desnudos, como habíamos visto hacer a aquella mujer poco antes con las desgraciadas internadas.

Algunas vecinas mías intentaron en su desesperación quedarse con sus papeles... otras, hasta con sus libros de rezo o sus fotografías. Pero los guardianes tenían ojos de águila. Las golpeaban con sus garrotes terminados en conteras de hierro, o las tiraban del pelo tan brutalmente que las pobres mujeres se contorsionaban y terminaban por desplomarse al suelo.

—¡Ya no van a necesitar ustedes documentos de identificación ni fotos! —les gritaban burlonamente.

Me coloqué en mi fila, completamente desnuda, pero mi vergüenza estaba superada por mi miedo. A los pies, tenía mis prendas de vestir, y encima de ellas, las fotografías de mi familia. Contemplé una vez más los rostros de mis seres queridos. Mis padres, mi marido y mis hijos parecían sonreírme... me encorvé y metí aquellas imágenes queridas dentro de mi chaqueta arrugada. No quería que ellos presenciasen mi horrenda degradación.

En torno mío, continuaba la temerosa situación, los llantos y los sollozos. En un momento de ira, encontré cierta satisfacción en desgarrar mi blusa y mi vestido. Sería un gesto todo lo estúpido que se quiera, pero no dejaba de consolarme saber que, por lo menos, mis prendas de vestir no iban a poder ser usadas por aquellos repugnantes "superhombres".

Se nos sometió a un reconocimiento a fondo, según la exactitud característica de los nazis, a un examen oral, rectal y vaginal... lo cual constituyó para nosotras otra horrible experiencia. Teníamos que tendernos sobre una mesa, absolutamente desnudas, para dejarnos tantear por ellos. Y todo, en presencia de soldados borrachos, que estaban sentados alrededor de la mesa, haciendo muecas y sonrisas obscenas.

Cuando terminó el reconocimiento, se nos metió en una estancia contigua. Allí tuvimos que esperar otro interminable periodo de tiempo, ante una división sobre la que se veía el rótulo "Duchas". Tiritábamos de frío y de oprobio. A pesar de nuestras tribulaciones y padecimientos, muchas mujeres conservaban todavía la belleza de su rostro y de su cuerpo.

Una vez más, hubimos de desfilar ante una mesa a la que estaban sentados soldados alemanes con expresión burlona. Se nos empujó a otra habitación donde nos esperaban hombres y mujeres, armados de tijeras y maquinillas para cortar el pelo. Nos iban a rapar y a depilar. El cabello cortado era recogido en grandes sacos, indudablemente, para ser utilizado de alguna manera. El pelo humano era una de las materias primas más valiosas que necesitaba la industria alemana.[1]

Hubo unas cuantas mujeres que tuvieron la suerte de que se las rapase con máquinas rápidas. Eran envidiadas por las que tenían que someterse a esa operación, pero con tijeras; por-

---

1) Lo usaban para rellenar cojines y colchones. Las familias del Tercer Reich dormían sobre el pelo de sus víctimas.

que nuestros peluqueros y peluqueras apenas conocían el oficio. Y, además, tenían tanta prisa, que marcaban en nuestros cráneos cortes y escaleras irregulares, como si se complaciesen deliberadamente en dejarnos con una facha ridícula.

Mucho antes de que me llegase el turno, un oficial alemán me separó del resto de mis compañeras.

—No cortes el pelo a ésta —ordenó al guardián.

El soldado me apartó y luego se olvidó de mí.

Procuré analizar qué significaba aquello. ¿Qué quería el oficial de mí? Sentí miedo. ¿Por qué había de ser yo la única a quien no cortasen el pelo? A lo mejor, me destinaban a un trato más fino. Pero no, de aquella gentuza no podía una esperar misericordia, como no fuese a un precio sucio. Yo no quería preferencia ninguna; mejor sería correr la suerte de mis compañeras. Por eso desobedecí la orden y me metí otra vez en la cola para que me rapasen.

De repente volvió a aparecer el oficial. Me miró el cráneo liso, se enfureció y me abofeteó en la cara con toda su fuerza. Luego respondió al guardián y le mandó que me propinase unos azotes con un látigo. Aquélla fue la primera vez que me azotaron en el cuerpo. Cada golpe me abría el corazón lo mismo que la carne. Éramos almas perdidas. Dios, ¿dónde estás?

Llegué a un estado tal de insensibilidad, que ya no me importaba el garrote ni el látigo. Viví el resto de aquella escena casi como mera espectadora, pensando únicamente en mis botas y en el veneno que en su forro se escondía. Lo único que me mantenía en pie y vigorizaba mis fuerzas desfallecidas era el pensamiento y la esperanza de que sería yo quien pronunciase la última palabra.

::   ::   ::   ::

Terminadas las "formalidades" del registro, se nos empujó como a un rebaño a la estancia de duchas. Fuimos pasando en rueda bajo las regaderas que nos mojaban con un hilo de agua caliente. En todo aquello no empleábamos más que un minuto. Luego nos espolvorearon con desinfectante la cabeza y las partes corrientes del cuerpo. No estábamos secas todavía cuando nos hicieron pasar a la tercera habitación. Las ventanas y puertas estaban abiertas de par en par, pero, debíamos tener presente que nos hallábamos en su poder y que nuestras vidas no significaban nada para nadie.

Allí fue donde recibimos nuestra ropa carcelaria. No en-

cuentro palabras para describir los extraños harapos que se
nos entregaron como ropa íntima. Nos preguntábamos qué podrían significar o para qué podrían valer aquellas prendas interiores. No eran blancas ni tenían color ninguno concreto;
sólo eran guiñapos gastados de tela basta para quitar el polvo
y limpiar. Y ni aquello siquiera quedaba a todas. Sólo unas
cuantas favorecidas tuvieron el privilegio de llevar ropa íntima.
La mayoría hubieron de contentarse con ponerse el vestido
sobre la piel. La indumentaria sugería también una mascarada
grotesca. Había unas cuantas blusas del material a rayas destinado a los presos, pero el resto no eran más que trapos que en
otro tiempo pudieron haber pertenecido a vestidos de vistosos
colores, pero que ahora estaban convertidos en guiñapos.

A nadie le importaba que estos harapos sentasen bien o mal
a las prisioneras. Había mujeres corpulentas y de gran busto
que tenían que llevar vestidos pequeños, demasiado cortos y
demasiado estrechos, que no les llegaban siquiera a las rodillas.
En cambio, a las flacas, les tocaban acaso trajes enormes que
hasta tenían cola. Sin embargo, a pesar de lo absurdo de aquella
distribución, la mayor parte de las internadas se negaban a
cambiar sus "vestidos" con sus vecinas, aunque tuviesen oportunidad de hacerlo. No había manera de convencerlas. Ni hablar siquiera de botones, hilo, agujas y alfileres de seguridad.

Para poner el último toque degradante al estilo, los alemanes pintaban una flecha roja de más de un decímetro de
ancha y de medio metro de largo en la espalda de cada vestido.
Se nos marcaba como a parias.

A mí me cupo en suerte un equipo corriente. Constaba de
uno de esos vestidos de tul que fueron en su tiempo elegantes,
desgarrado y transparente, sin fondo. Con él se me entregaron
unos pantalones de hombre de tela rayada. El vestido estaba
abierto por delante hasta el ombligo y por detrás hasta las
caderas.

Pese a lo trágico de nuestra situación, no pudimos conte-
ner la risa al vernos unas a otras tan ridículamente engalana-
das. Al poco tiempo, nos costaba trabajo dominar el asco que
nos inspiraban nuestras compañeras y nosotras mismas.

Vestidas así, se nos llevó en filas frente al edificio de las
duchas. De nuevo, tuvimos que esperar horas y horas. A nadie
se le permitía menearse. El tiempo era frío. El cielo se estaba
encapotando. Se levantaba el viento. La ropa que nos habíamos puesto cuando todavía no estábamos secas, se mojó. Aquella
primera prueba de resistencia iba a producir muchas víctimas.

Pronto habían de aparecer casos de pulmonía, otitis y meningitis, muchos de los cuales iban a ser mortales.

A través de las prisioneras veteranas, nos enteramos de que estábamos a unos sesenta y cinco kilómetros al Oeste de Cracovia. El lugar se llamaba Birkenau, nombre que había recibido por estar cerca del bosque de Birkenwald. Birkenau estaba a ocho kilómetros de la aldea y campo de concentración de Auschwitz, o Oswiecim. El correo quedaba a cerca de trece kilómetros, en Neuberun.

Por fin, nos llevaron en formación a otra parte. Pasamos por delante de un bosque encantador, en cuyo lindero se levantaba un edificio de rojos ladrillos. De la chimenea salían grandes llamaradas. Aquel olor extraño, dulzón y mareante que nos recibiera a nuestra llegada, se intensificó más poderosamente.

A lo largo de cerca de cien metros, había leños apilados contra las paredes. Preguntamos a una de las guías, prisionera veterana, para qué era aquel edificio.

—Es una "panadería" del campo —contestó.

Nos lo tragamos sin la menor sospecha. Si nos hubiese dicho la verdad lisa y llana, no la habríamos creído. Aquella panadería, de la que emanaba el olorcillo repugnante, era el crematorio, al cual iban a parar por igual los pequeños, los viejos y los enfermos, y al que todas nosotras estábamos destinadas a fin de cuentas.

CAPÍTULO III

La Barraca 26

Llegamos frente al recinto al cual habíamos sido destinadas. Los resplandecientes reflectores instalados sobre la alambrada con púas que rodeaba el campo indicaba que los alambres estaban cargados de corriente de alta tensión.

El gran candado que aseguraba las puertas estaba abierto. Entramos. Cuando las últimas deportadas habían traspuesto el umbral, la chirriante barrera se cerró.

Nuestra vida pasada quedaba del otro lado de aquella portalada. En adelante, ya no íbamos a ser más que esclavas, eternamente hambrientas y heladas, a merced de los guardianes y sin el menor destello de esperanza. Había lágrimas en todos los ojos cuando seguimos a nuestra guía hasta nuestro nuevo hogar, la "Barraca 26".

Tanto Birkenau como Auschwitz son nombres infames que constituyen una mancha para la historia de la humanidad, por eso es necesario explicar en qué se diferenciaban. Estaban separados por el ferrocarril. Cuando los seleccionadores ordenaban a los prisioneros colocarse a la derecha o a la izquierda del andén de la estación, significaba que estaban destinados a Birkenau o a Auschwitz. Auschwitz era un campo de esclavos. Pero por dura que fuese la vida en Auschwitz era mejor todavía que en Birkenau. Porque este último era definitivamente un campo de exterminación, si bien nunca se mencionó como tal en los informes. Constituía parte del crimen colosal de los gobernantes alemanes, y rara vez se refería nadie a él, ni su existencia fue jamás confesada hasta que las tropas aliadas y liberadoras hicieron este secreto del dominio del mundo.

En Auschwitz había numerosas fábricas de guerra en pleno

funcionamiento, como la **D.A.W.** (Deutsches-Aufrustungswerk), la Siemens y la Krupp. Todas estaban dedicadas a la producción de armamentos. Los prisioneros destinados a trabajar allí vivían en condiciones de singular privilegio con respecto a los que no ostentaban tal empleo. Pero aun los que no trabajaban productivamente eran más afortunados que los presos de Birkenau. Éstos no hacían más que esperar sencillamente su turno para perecer en las cámaras de gas y ser consumidos luego en los crematorios.

La ingrata tarea de tratar a los que pronto iban a ser cadáveres, y más tarde cenizas, estaba confiada a grupos llamados *"kommandos"*. Lo único que tenía que hacer, el personal encargado de Birkenau era camuflar la verdadera razón de aquel campo, a saber, la *exterminación*. Cuando ya no eran considerados útiles los internados de Auschwitz, o de otros campos de concentración situados en aquella región, eran mandados a Birkenau para morir en los hornos. Ni más ni menos: así era de sencillo y así estaba planeado con perfecta sangre fría.

Fui descubriendo poco a poco estos detalles a medida que iban transcurriendo las semanas. Durante nuestros primeros días en el campo de concentración seguíamos creyendo que se nos iba a destinar a trabajar. ¿No habíamos visto por ventura letreros que proclamaban *Arbeit macht frei* (El trabajo crea la libertad)? Pero aquello no era más que un señuelo para las pobres víctimas de los alemanes. Siempre jugaron con nosotras, como el gato juega con el ratón al que terminará por matar.

La "Barraca 26" era un gran hangar de maderas toscas que habían sido unidas para formar una especie de establo. En la puerta había una placa de metal que expresaba el número de caballos destinados a ocupar aquel portalón.

"Los animales sarnosos deben ser separados inmediatamente", decía. ¡Qué suerte habían tenido los caballos! Nadie se había molestado por tomar precaución ninguna con respecto a los seres humanos encerrados allí.

El interior estaba dividido en dos partes por una gran estufa de ladrillo, de más de un metro de alto. A cada lado de la estufa había tres filas de camastros. Para hablar con exactitud, eran jaulas de madera que llamábamos *"Koias"*.

En cada una de esas jaulas, que medía tres metros por poco más de uno y medio, se apretujaban de diecisiete a veinte personas. Poca comodidad podía pedirse en aquellos "camastros".

Cuando llegamos, las *koias* no tenían más que las simples maderas. Sobre ellas dormíamos cuando podíamos. Un mes después, nuestros amos nos proporcionaron mantas. Para cada *koia*, dos mantas miserables, sucias y apestosas; lo cual quiere decir que tocábamos a diez personas por manta.

No todas las ocupantes podían dormir al mismo tiempo, porque la falta de espacio era extrema. Algunas tenían que pasarse la noche entera en cuclillas y en las posturas más extrañas. Una vez dentro de la *koia,* era tremendamente complicado hacer cualquier movimiento por pequeño que fuese, porque requería la participación, o por lo menos el acuerdo de cuantas dormían allí.

Para complicar más las cosas todavía, el techo de la barraca estaba en un estado deplorable. Cuando llovía, el agua se filtraba, y las prisioneras que estaban en los camastros altos quedaban inundadas literalmente. Pero eso no quería decir que las instaladas a ras de tierra gozasen de ningún singular privilegio. El piso estaba sólo pavimentado de cemento alrededor de la estufa. Por lo demás, no había más suelo que la tierra pisada, sucia y fangosa, que se convertía en un mar de cieno al menor chaparrón. Además, en el nivel inferior el aire era absolutamente sofocante.

La suciedad de la barraca excedía a la imaginación más poderosa. Nuestra principal tarea consistía en conservarla limpia. Cualquier infracción de las reglas de la higiene estaba castigada con severas sanciones. Sin embargo, resultaba ridículo querer conservar limpia una barraca en la que se albergaban de 1,400 a 1,500 mujeres, cuando no disponíamos de una escoba, ni de un trapo, ni de una cubeta, ni siquiera de unos andrajos para limpiar un poco. Este último problema lo resolvimos. Decidimos que la mujer cuyo vestido fuera demasiado largo, debería cortárselo por abajo. Con aquel harapo hicimos algo parecido a un trapeador. Ya era hora, porque la porquería que cubría el piso estaba contaminando hasta el mísero aire que respirábamos.

Más difícil resultó el problema de los platos. El segundo día, recibimos unas veinte vasijas... ¡veinte recipientes para 1,500 personas! Cada recipiente tenía de cabida litro y medio. Nos dieron además una cubeta y un perol con capacidad de cinco litros.

La internada que fue elegida jefa de la barraca, o *"blocova"*, destinó inmediatamente el perol a evacuatorio. Sus camaradas se apoderaron en el acto de los demás recipientes para el mismo uso. ¿Qué podíamos hacer las demás? Parecía que los alemanes se proponían en todo momento enfrentarnos unas con otras, haciéndonos la vida porfiada, aborrecible y despreciable.

Por la mañana, teníamos que conformarnos con limpiar las vasijas lo mejor que podíamos para poner en ellas nuestras mezquinas raciones de azúcar de remolacha o margarina. Los primeros días, nuestros estómagos se sublevaban ante la idea de utilizar lo que en realidad no eran más que bacinicas por la noche. Pero el hambre obliga, y estábamos tan agotadas que éramos capaces de comer cualquier clase de alimento. No podíamos evitar utilizar los recipientes para la comida. Durante la noche, muchas teníamos que emplearlos en secreto para aquellos menesteres. Sólo se nos permitía ir a los retretes dos veces al día. ¿Cómo íbamos a poder aguantar? Por apremiante que fuese nuestra necesidad, si salíamos por la noche corríamos el peligro de ser atrapadas por las S.S., quienes tenían órdenes de disparar primero y preguntar después.

CAPÍTULO IV

Las Primeras Impresiones

Hasta dos días después de quedar instaladas en las *koias*, recibimos nuestra primera comida matutina... que sólo era una taza de cierto líquido insípido y negruzco, al que pomposamente llamaban "café". A veces nos daban té. A decir verdad, apenas se advertía diferencia entre las dos bebidas. No estaban azucaradas, aunque en eso consistía toda nuestra comida, sin una miga de pan, mucho menos un miserable mendrugo.

Al mediodía tomábamos sopa. Era difícil averiguar cuáles eran los ingredientes que integraban aquella pócima. En circunstancias normales, hubiese sido absolutamente imposible tragársela. Su olor resultaba repugnante. A veces, no teníamos más remedio que taparnos las narices para poder consumir nuestras raciones. Pero había que comer, y teníamos que dominar nuestro asco. Cada mujer se tragaba el contenido de la vasija que le tocaba de un golpe... porque, dicho sea no teníamos cuchara... como niños que pasan una medicina amarga.

Lo que integraba la sopa, variaba, indudablemente, en conformidad con la estación. Pero el sabor era siempre el mismo. Allí había sopas de "sorpresa". En aquel líquido pescábamos de todo: botones, maraña de pelo, hilachas, latas, llaves, y hasta ratones. Un buen día, alguien encontró ¡un pequeño alfiletero, en el cual había hilo y unas cuantas agujas!

Por la tarde recibíamos el pan nuestro de cada día, una ración de seis onzas y media. Era pan negro con una proporción extraordinariamente alta de serrín. Resultaba doloroso e irritante para las encías, que se nos habían ablandado por la mala alimentación. La carencia total de cepillos de dientes y de dentífricos, por no decir nada del uso asqueroso de los recipientes, hubiese hecho inútil cualquier tratamiento.

Además de la ración diaria de pan, recibíamos por la noche un poquitín de compota de remolacha o una cucharada de margarina. Como favor excepcional, nos daban a veces una rebanada, más delgada que el filo de un cuchillo, de salchichón de origen sumamente dudoso.

Lo mismo la sopa que el café eran transportados en calderas enormes de cincuenta litros, que, con su contenido y todo, debían pesar unos setenta kilos. Eran cargadas por dos internadas. Para dos mujeres, un peso como aquel bajo la lluvia, la nieve o el hielo, y a veces chapoteando en el lodo, era sin duda una tarea sumamente dificultosa. De vez en cuando, las cargadoras derramaban el líquido hirviente y se producían quemaduras graves.

Aquel trabajo hubiese resultado duro para hombres, y estas mujeres no estaban acostumbradas a labores manuales y, además, su condición física dejaba mucho que desear. Pero a los administradores alemanes les encantaban tales paradojas. Con frecuencia colocaban a los analfabetos para desempeñar trabajos de oficina y reservaban las tareas de trabajos forzados a los intelectuales más débiles.

En cuanto llegaba la caldera, la *"Stubendienst"*, que tenía a su cargo la responsabilidad del servicio dentro del bloque, procedía a la distribución de la sopa o del café. Para tales puestos, la *blocova* elegía a las internadas más corpulentas y brutales, sobre todo si sabían manejar el garrote. Las *Stubendiensts*, dignatarias temidas de las barracas, siempre tenían oportunidad de darse el gustazo de ensayar sus cachiporras sobre la espalda de sus compañeras de cautiverio, cuya "conducta dejaba algo que desear". Porque, al ver el perol, algunas mujeres no eran capaces de dominarse y se abalanzaban a la bazofia, como animales que luchan por su vida.

El líquido que contenía el perol era vertido en las veinte vasijas de cada barraca. Cada vasija era a su vez repartida entre las ocupantes de una *koia*. La cuestión de quién sería la primera daba pie a muchas trifulcas. Por fin se estableció un sistema. La que ocupaba el primer puesto, o a la que se le concedía, cogía la vasija bajo los ojos ansiosos de sus diecinueve vecinas de *koia*. Celosamente iban contando ellas cada trago, vigilando el más mínimo movimiento de su nuez y de su garganta. Cuando había consumido los tragos que le correspondían, la segunda le arrebataba la cacerola de las manos y trasegaba vorazmente su ración de pestilente líquido.

¡Qué espectáculo más bochornoso! Porque nadie conseguía

calmar su hambre. Sólo había una cosa que me desconcertase más que eso; era ver a una mujer buena e inteligente agacharse sobre un charco de agua y beber con ansiedad para aplacar su sed. No podía ignorar el peligro que corría al beber aquel líquido impuro, pero muchas prisioneras habían caído ya tan bajo que todo les resultaba totalmente indiferente. La muerte no significaba más que una liberación.

::   ::   ::   ::

Cada vez que recuerdo los primeros días que pasamos en el campo de concentración, me pasa un calosfrío de indescriptible terror por la espalda. Era un terror que se sentía, aunque no hubiese motivo concreto para ello, y que estaba constantemente estimulado por acontecimientos extraños cuyo significado yo trataba en vano de descifrar. Por la noche, el resplandor de las llamas de las chimeneas que se elevaban sobre la "panadería" misteriosa, se advertía por los resquicios de las paredes. Los gritos de los enfermos o de los heridos, hacinados en los camiones dirigidos a un destino desconocido, nos atacaban los nervios y hacía nuestra vida más desgraciada todavía. A veces oíamos tiros de revólver, porque los guardianes de las S.S. utilizaban sus armas a placer. Por encima de aquellos ruidos se escuchaban las órdenes transmitidas a gritos.

Nada era capaz de hacernos olvidar nuestro estado de esclavitud. ¿Cómo era posible que existiesen condiciones así en la Europa del siglo veinte?

Nuestros corazones se escapaban tras los seres queridos de los cuales habíamos sido separadas. Los administradores del campo comprendían nuestras añoranzas. Dos días después de haber llegado, se nos dieron tarjetas postales con el permiso de informar a las personas que habíamos dejado detrás de que "estábamos en buen estado de salud". Pero se nos obligaba a dar un dato equivocado. En lugar de indicar que las tarjetas estaban fechadas en Birkenau, teníamos que fecharlas en Waldsee. Aquello me olía mal inmediatamente, y renuncié a mi privilegio de escribir.

Sin embargo, la mayor parte de mis compañeras aprovechaban la ocasión para comunicarse con el mundo de fuera. Había quienes inclusive recibían contestación cuatro o cinco semanas después. Hasta agosto no caí en la cuenta de a qué se debía el que interesase a las autoridades alemanas aquella correspondencia.

Había llegado otro tren de Auschwitz-Birkenau, y muchos
de los deportados abrigaban la esperanza de que las buenas noticias que habían recibido del campo cuando estaban en su casa
fuesen verdaderas, con lo cual se confiaron y no tomaron ciertas precauciones que pudieran haberles evitado la deportación.
Otros aseguraban que las tarjetas recibidas por ellos de los internados habían servido a las autoridades alemanas para se-
guirles la pista.

Por tanto, el truco de las tarjetas postales había surtido un
triple efecto. Había engañado a las familias de los prisioneros,
que ya de por sí eran muchas veces candidatas a la deportación;
había descubierto el paradero de muchas personas que buscaba
la Gestapo; y, gracias a la falsificación geográfica, desorientaba
a la opinión pública en las regiones de los prisioneros y a los
países extranjeros en general.

Mientras tanto, las que "gozaban de buena salud" eran
víctimas de toda clase de tribulaciones en las *koias*. Las maderas
habían sido claveteadas por manos torpes y se abrían fácilmente
cuando sobre ellas cargaba un peso o una presión excesiva.
Cuando se caía la tercera ringlera, arrastraba consigo a la segunda, y aplastaba a unas sesenta mujeres. Cada accidente oca-
sionaba muchas lesiones y fracturas. No podíamos atender a las
personas heridas, porque no disponíamos de escayola para en-
yesar los huesos rotos. A veces teníamos ocho y hasta diez accidentes de ese tipo en una sola noche.

Cuando las *koias* estaban atiborradas hasta el punto de
quebrarse, surgían con demasiada frecuencia incidentes entre las
internadas. Durante el día, la baraúnda que reinaba en la
barraca nos hacía aborrecernos y detestarnos mutuamente. Hasta los temperamentos más pacíficos sentían a veces arrebatos de
ira que las impulsaba a intentar estrangular a sus vecinas. Por
la noche, la exasperación llegaba a su punto máximo, debido
a la proximidad física. La internada que tenía que trepar
hasta la tercera fila de *koias* molestaba acaso accidentalmente
a alguna ocupante de la segunda: se armaba entonces una terrible pelotera. Otra dejaba caer quizás un zapato en que había
escondido un mendrugo de pan: a ello sucedía una violenta
trifulca, en la cual se deslizaban inclusive acusaciones de robo.

Durante la noche, en medio de los sollozos y gemidos, no
cesaban las prisioneras de gritar constantemente:

—¡Quítame el pie de la boca!

—¡Imbécil, por poco me sacas un ojo!

—¡Apártate, me estás ahogando!

—Déjenme salir, se los suplico... tengo diarrea. Es necesario que salga.

Pero la *Stubendienst* replicaba:

—¡Estás loca! ¿A quién se le ocurre salir de la barraca durante la noche? Dispararán contra ti. Te matarán a tiros. No se te ocurra ni pensarlo.

En una de las primeras noches, la *blocova* nos reunió a todas para que presenciásemos la deplorable conducta de una prisionera que padecía diarrea. Había pertenecido antes a lo mejor de la sociedad de su ciudad. Se echó a temblar como un niño a quien pescan haciendo una travesura y se excusó en términos implorantes:

—Perdónenme, por favor. Estoy tremendamente avergonzada, pero no pude remediarlo.

Las patrullas de las S.S. estaban con frecuencia en las barracas a medianoche. Aprovechando gustosos cualquier ocasión para castigar a las responsables del "alboroto", incluso a las que se habían caído de las *koias*. Si se trataba de mujeres que no habían podido evitar su caída, los alemanes las obligaban a limpiar con las manos cualquier rastro de sangre que hubiesen dejado.

::   ::   ::   ::

Cuando me enteré de que la jefa de nuestra barraca, una polaca llamada Irka, llevaba ya cuatro años en el campo de concentración, me tranquilicé. Lo malo que tenía esta corpulenta y ruda mujer era que nadie podía faltar a lista; el resto de su autoridad lo había delegado en auxiliares, escogidas por ella misma entre las internadas más brutales. Pero menos mal, el hecho de que Irka hubiese vivido cuatro años allí indicaba que era posible subsistir en Birkenau. Yo esperaba que no tuviésemos que aguardar cuatro años para salir de aquel infierno.

Sin embargo, cuando le expresé a Irka mis pensamientos, no me dejó muy esperanzada.

—Pero, ¿crees que te van a respetar la vida? —se burló—. Te estás empeñando en meter la cabeza en la arena. Todas las que están aquí serán asesinadas, excepto muy raros casos en los que se dará a algunas unos cuantos meses más de vida. ¿Tienes familia?

Le describí las circunstancias en que me había llevado a mis padres y a mis hijos conmigo, y le conté cómo nos habían separado cuando llegamos al campo.

Se encogió de hombros con aire de indiferencia y me dijo
fríamente:

—Bueno, pues puedo asegurarte que ni tu madre, ni tu padre, ni tus hijos pertenecen ya a este mundo. Fueron liquidados
e incinerados el mismo día que llegaron. Yo perdí a mi familia
de la misma manera; y otro tanto les ha pasado a todas las
internas antiguas que hay aquí.

Me quedé petrificada al escucharla.

—No, no, eso es imposible —murmuré.

Aquella tímida protesta sacó de quicio a la jefa de bloque.

—¡Puesto que no me crees, míralo con tus propios ojos!
—me gritó, llevándome casi a rastras a la puerta, con ademán
de energúmena—. ¿Ves esas llamaradas? Es el horno del crematorio. Pero te advierto que no lo vas a pasar bien si dejas tras-
cender que lo sabes. Será mejor que lo llames por el nombre
que le hemos dado: la panadería. Cada vez que llega un tren
nuevo, los hornos no dan abasto en su trabajo, y los muertos
tienen que esperar un día o dos a ser quemados. ¡Acaso sea tu
misma familia a la que están incinerando en este momento!

Cuando vio que no era yo capaz de pronunciar una sola
palabra, tan muda había quedado en mi desesperación, una
tristeza voluptuosa asomó a su voz:

—Primero queman a los que no pueden utilizar: a los niños
y a los viejos. Todos los que mandan colocar al lado izquierdo
en la estación son enviados directamente al crematorio.

Me quedé como muerta. No lloré. Estaba punto menos que
inerte, exánime.

—¡Inmediatamente después de llegar!... ¿Cuando los apar-
taron a un lado? ¡Dios mío! Y yo que puse a mi hijo pequeño
al lado izquierdo... Con mi estúpido amor maternal, les dije
la verdad de que no tenía todavía doce años. ¡Yo quería evi-
tarle los trabajos forzados, y lo que he hecho ha sido matarlo!

No soy capaz de recordar nada de lo que pasó durante el
resto de aquel día. Me tiré sobre el fondo de mi *koia* en un
estado verdadero de coma. A eso de la medianoche alguien se
me acercó y me estuvo sacudiendo un buen rato. Abrí los ojos;
era la esposa de un médico que había hecho el viaje con nosotras en nuestro mismo vagón de ganado.

—Nuestros maridos no deben estar lejos —cuchicheó a mi
oído—. Esta tarde vi un momento al doctor X.

¡Con qué impaciencia esperé a que llegase la mañana! Había decidido, costase lo que costase, ver a mi marido. Pensaba

decirle lo que había averiguado. A lo mejor, él podía desmentir áquel perverso embuste.

Desobedeciendo las órdenes y exponiéndome a que me sorprendiese algún guardián de las S.S., me escapé de la *koia* al amanecer. A la entrada de la barraca, advertí que había un grupo de prisioneros con uniformes de convictos. Según me acerqué, caí en la cuenta de que eran inspectores. Temerariamente, porque ya entonces no tenía miedo, osé pedirles ayuda. Ellos se negaron a darme información alguna. Si los pescaban dándome cualquier dato, significaba una sentencia de veinticinco azotes.

Pero no desistí por eso. Supliqué. Imploré. Por fin logré convencerlos de que avisasen al doctor X. Cuando apareció, me informó de que mi marido no estaba muy lejos. Aquello me dio ánimos una vez más. Tenía que verlo. Él debía saber lo que yo sabía. Como obsecada, continué vagando por una y otra parte, preguntando por él. Tres veces me golpearon los centinelas alemanes, porque andaba por una sección del campo donde no tenía derecho a estar; pero los golpes no me importaban, tenía que encontrar a mi marido. ¡Por fin...! cuánto tiempo me llevó... ¡lo localicé!

Aunque había perdido mi sensibilidad con las primeras experiencias que me había tocado sufrir en el campo de concentración, la sorpresa que me llevé fue extremadamente dolorosa cuando vi de nuevo a mi esposo. Él, que siempre fuera tan delicado y escrupuloso en su atuendo personal —el doctor Miklos Lengyel, director de un hospital, cirujano, ejemplar humano espléndido—, tenía un aspecto desastroso, sucio y harapiento, amén de demacrado. Le habían afeitado la cabeza y estaba vestido con un uniforme de criminal. Él también me miró con ojos que no daban crédito a lo que veían. Yo llevaba mi vestido andrajoso, que apenas me cubría el cuerpo, mis pantalones a rayas y mi cabeza rapada. Por lo visto, se extrañó más él que yo al verme. Qué lejos estaba yo de aquella mujer que había sido su esposa y compañera en los días felices.

Nos quedamos en silencio, sin lograr dominar nuestras emociones. Por fin, con una voz transida de desaliento, me dijo:

—Mira adónde hemos llegado.

No se expresó con precisión, pero lo comprendí. ¡Veinte años de intenso esfuerzo, de trabajo y de ilusión por el porvenir, para terminar allí, siendo esclavos del Tercer Reich!

Estábamos junto a la alambrada de púas y no nos atrevíamos a menearnos. En cualquier momento podían descubrirnos los centinelas.

Con las menos palabras que pude, le conté lo que me había dicho la *blocova* sobre la muerte de nuestros dos hijos y de mis padres. Hablaba sin expresión, en un tono de voz que sonaba con ecos extraños en mis oídos. Mientras pronunciaba estas palabras, la faz de mi hijo más pequeño, Thomas, apareció junto a mí. Una vez había asegurado que nada malo podría ocurrirle jamás mientras su padre y su madre estuviesen con él.

Yo le dije:

—No me cabía en la cabeza que seres humanos, aunque fuesen alemanes, tuviesen entrañas para matar a niños pequeños. ¿Puedes tú creerlo? Si es verdad, ya no hay motivo ninguno para seguir viviendo. No tengo por qué sufrir. Poseo todavía mi veneno. Puedo poner fin a todo ahora mismo.

Un profundo silencio siguió a mis palabras. No abrió siquiera la boca. Sus rasgos fisonómicos fatigados no traicionaron emoción ninguna. Yo no fui capaz de adivinar los tormentos que había podido sufrir.

—Yo no puedo decirte que tengas que vivir forzosamente a pesar de todo —murmuró por fin—. Sin embargo, debes esperar.

Había comprendido la profundidad de mi desesperación. Después de otra pausa añadió con voz ronca:

—¿Quieres darme la mitad de tu veneno? Me encontraron el mío.

Me inclinaba para sacar la cápsula del forro de mi bota, cuando cambió de parecer.

—No, no lo quiero. ¡A lo mejor lo necesitas tú todo! Para mí siempre será más fácil hallar otro procedimiento que para ti, que eres mujer.

En aquel momento, dos guardias alemanes nos divisaron. Nos dieron golpes salvajes y latigazos. Se nos empujó a cada uno hacia su bloque. Ni siquiera tuvimos tiempo de decirnos adiós.

—Ellos están ya derrotados —me gritó, cuando los guardianes se lo llevaron—. ¡Pronto nos volveremos a ver! ¡Valor!

Al día siguiente, los hombres fueron transladados del campo.

:: :: :: ::

Cuando volví a mi barraca, me encontré con un compañero que había viajado también con nosotras en el tren. Su hijo de dieciséis años estaba junto a él.

—¿Ha visto usted a mi Thomas? —le pregunté, haciéndome vanas ilusiones.

—Sí, lo vi en la estación —me contestó él—. Cuando lo separaron de su abuela, fue mandado con dos niños al otro lado de los andenes, allá.

Me señaló con el dedo en la dirección de la "panadería".

—En el Bloque 2 —añadió el joven—, allí hay una oficina en que los internados son registrados y tatuados. ¡Vaya allá inmediatamente! Dígales que su hijo tiene doce años. Acaso logre que lo vuelvan a admitir en el campo.

Partí en el acto hacia el Bloque 2.

—¿Adónde corre con tanta prisa? —me preguntó un prisionero alemán.

Estaba vestido con uniforme de penado y en el pecho llevaba un triángulo verde. El triángulo verde indicaba su origen alemán. Estos eran los criminales comunes, quienes ostentaban muchas veces cargos importantes en el campo.

—Voy a procurar que transladen a mi hijo a un batallón de trabajo —le contesté.

—¿Dónde está?

—No sé, pero ayer se lo llevaron al otro lado de las vías del ferrocarril.

—Entonces olvídese de ello —me aconsejó con un gesto de resignación.

—Tengo que dar con él.

No exhalé un gemido, pero noté que se me llenaban los ojos de lágrimas.

—Es inútil —me dijo—. No hay quien encuentre a nadie allí.

—¡Necesito encontrar a mi hijo! —repetí obstinadamente.

—Sería mejor que se preocupase por sus tribulaciones personales —me recomendó—. Todavía es usted joven y puede salvar su pellejo. Si da muestras de que es capaz de conducirse razonablemente, pudiera ser que recibiese lo que necesita para comer y para vestirse, eso es lo único que interesa.

Apareció corriendo una mujer con uniforme de las S.S. Empuñaba una fusta con correas de cuero y alambres de hierro. Reconocí a Hasse, una de las comandantes más temidas del campo.

El criminal alemán extendió una mano para protegerme.

—¡No le pegue! —le dijo—. Es una recién llegada. Está buscando a su hijo. Se lo llevaron ayer del otro lado de las vías.

El criminal le hizo una seña, y la comandante pareció calmarse. Todo lo que tenía ella de gorda y fea, lo tenía el otro de atractivo físicamente. Se olvidó de mí y miró con interés al criminal. A su mirada asomó una expresión de voracidad y deseo. Aquellas cosas se comprendían perfectamente en el campo.

El penado llevaba un traje de preso relativamente limpio y, cosa rara, no tenía afeitada la cabeza. Pero, claro, no era prisionero político, sino un criminal homicida.

La mujer se echó a reir y se acercó más a él. Yo corrí, pero de momento me había ahorrado un vapuleo. Mi hermoso protector masculino había conseguido gracia para mí de una mujer de la S.S. El mundo creado por los alemanes no tenía pies ni cabeza.

CAPÍTULO V

La Llamada a Lista y Las Selecciones

Ya sabía que había en el campo de concentración "selecciones periódicas" para mandar nuevas víctimas a los crematorios. Sin embargo, ignoraba todavía que la llamada a lista se utilizaba también para diezmar a los prisioneros.

Había dos de estas llamadas diariamente, una al amanecer y otra alrededor de las tres de la tarde. A aquellas horas teníamos que presentarnos. Antes de que se citase a lista, teníamos que esperar muchas horas. Esperábamos, cualquiera que fuese el tiempo, de pie: frente a las respectivas barracas había mil cuatrocientas mujeres, con un total de treinta y cinco mil en todo el campo y doscientas mil en todos los campos del área Birkenau-Auschwitz. Cuando éramos acusados de alguna infracción de las ordenanzas, teníamos que ponernos de rodillas y esperar así en el cieno fangoso.

A primeras horas de la madrugada, titiritábamos de frío, especialmente cuando llovía, cosa que ocurría con frecuencia. Durante el invierno, se citaba a lista siempre bajo las mismas condiciones, independientemente de si nevaba o helaba. Procurábamos frotarnos unas con otras como ovejas de un rebaño, pero nuestros guardianes, bien abrigados por cierto, estaban alerta. Teníamos que mantenernos en posición de firmes y observar las debidas distancias.

En las tardes de verano, ocurría todo lo contrario, y el sol nos quemaba con sus rayos abrasadores. Sudábamos hasta que nuestros sucios harapos se nos pegaban a la piel. Padecíamos constantemente la tortura de la sed, pero no nos atrevíamos a romper filas para buscar una gota de agua. La sensación de la sed intolerable va fatalmente unida a todos mis recuerdos del campo, porque nuestra ración diaria de agua apenas pasaba de un cuarto de cuartillo por persona, lo cual equivalía a dos tragos a lo más.

Todo el mundo tenía que presentarse a la formación, aunque estuviesen enfermos. Aun las internadas que padecían de escarlatina o de pulmonía tenían que comparecer. Todas las enfermas que no podían mantenerse de pie eran tendidas sobre una manta en la primera fila, junto a las muertas. No podía faltar nadie: no había excepción ninguna, ni siquiera para los muertos.

Al principio, hubo unas cuantas prisioneras que hacían trampa y no se presentaban a la formación para evitar atrapar un resfriado o fatigarse. Pero aquello les costaba muy caro. A veces, alguna se quedaba dormida, y entonces se producían escenas catastróficas. Las que faltaban tenían que ser encontradas, y las demás no podíamos abandonar la formación hasta que las hubiesen localizado.

Los mismos centinelas se equivocaban. Nos contaban y recontaban una y otra vez. Otros iban y venían a toda prisa en sus bicicletas entre la oficina del comandante y las barracas. Algunos registraban las *koias*. *A* todo el campo de concentración se pasaba la señal de alarma.

Los individuos más exaltados parecían considerar tal falta como ausencia. Eran principalmente mujeres de las S.S., de siluetas estrambóticas, con sus grandes capas negras contra la lluvia. Tenían aspecto de buitres que esperaban caer sobre su presa. A pesar de sus capas y de sus buenos uniformes, siempre buscaban cobijo contra la lluvia. Con mucha frecuencia ni se molestaban en asistir a la formación. Sólo las internadas tenían que aguantar las inclemencias del tiempo. Si, en medio de todo, podíamos recoger y tragar unas cuantas gotas de agua de lluvia para humedecer nuestras gargantas, nos sentíamos compensadas.

Además de las llamadas ordinarias a filas, había otras especiales. Sonaba un gong y se escuchaban y repetían a lo largo de las barracas las palabras fatales:

—¡A formar!

Cuando oíamos la orden, nos precipitábamos hacia el lugar en que teníamos que formarnos, como poseídas del diablo, estuviésemos donde estuviésemos, en las cocinas, en los lavabos o en las letrinas.

El campo se conmovía. Cuando nos poníamos en filas, no teníamos más que hacer sino esperar a los jefes, a veces de rodillas, devoradas por nuestro odio y nuestros temores. Siempre descubrían a las que llegaban tarde o se habían escabullido. Eran tratadas a empellones y golpes por las "kapos", quienes, al igual que los oficiales a cargo de los comandos, rivalizaban entre sí por aplicar este tipo de "correctivos", aunque ellas mismas eran prisioneras; y de aquella porfía salían las "culpables" con los huesos rotos o las caras ensangrentadas.

En estas llamadas a filas de carácter especial, eran congregados al mismo tiempo prisioneros de todas las nacionalidades y clases sociales. Una de mis vecinas era la esposa de un oficial del ejército de carrera, procedente de Cracovia; otra era una trabajadora parisina. Oí las quejas de una campesina ukraniana, los juramentos de una muchacha de vida airada de Salónica y las plegarias de mujeres checas.

—¿Por qué está usted aquí? —nos preguntábamos unas a las otras.

Las contestaciones eran diversas:

—Un alemán fue asesinado en nuestra ciudad.

—La Gestapo me sacó de un cine.

—Me agarraron cuando salía de la iglesia con mis dos hijos. No tuve tiempo siquiera para poder avisar a mi marido.

—Soy judía.

—Soy gitana.

Pero la respuesta más frecuente era:

—No tengo la más mínima idea de por qué estoy aquí.

La mayor parte de las internadas de Auschwitz se resignaban a su suerte y se habían hecho a una filosofía sumamente sencilla: los alemanes las habían atrapado porque tenían mala suerte, en tanto que otras seguían todavía en sus casitas, gozando de libertad, porque habían tenido buena suerte.

En nuestro campo de concentración había unas cuantas internadas muy jóvenes, y muchas prácticamente niñas. Se les obligaba a presentarse a las formaciones. Los alemanes les permitían vivir un poco, y aquellas chiquillas de trece o catorce años compartían todas las penalidades de la vida del campo. Pero, sin embargo, podían considerarse como privilegiadas en comparación con las niñas judías de la misma edad, que eran inmediatamente mandadas a las cámaras de gas.

El trato de que se hacía objeto a estas niñas eran increíble. Para castigarlas, se las obligaba a pasarse horas enteras arrodilladas, algunas con la cara vuelta al sol abrasador, otras con piedras sobre la cabeza, y a veces llevando un ladrillo en cada mano. Estas pobres criaturas no eran más que hueso y pellejos, y estaban sucias, muertas de hambre, llenas de andrajos y descalzas. Ofrecían un espectáculo lastimoso.

De cuando en cuando oía sus conversaciones. Hablaban, lo mismo que nosotras, de las cosas que integraban nuestra existencia diaria en el campo: muerte, ejecuciones en la horca y crematorios. Conservaban serenamente y con puntos de vista objetivos, es decir, con el realismo con que otras niñas de su edad podrían hablar de juegos o tareas escolares.

Todavía me acuerdo de aquellas llamadas a filas. ¿Qué razón podía haber para ellas? ¿Por qué se preocupaban tanto por aquellas formaciones los administradores del campo? Su objetivo era indudablemente minar la moral de las prisioneras; pero al mismo tiempo, al tenernos así en el barro, bajo el frío o el calor, precipitaban el trabajo de exterminio que era el verdadero objetivo del campo de concentración.

::   ::   ::   ::

Las "selecciones" se hacían generalmente en aquellas paradas. Asistían a ellas las mujeres de las S.S., Hasse e Irma Griese, o el doctor Mengerle, el doctor Klein y otros jefes nazis. Cada vez, escogían cierto número de internadas, indudablemente con el fin de un posible "translado".

Antes de conocerlos, ya había oído yo hablar a las internadas más antiguas de que el doctor Mengerle e Irma Griese eran los amos del campo y que ambos eran bien parecidos. Pero, a pesar de todo, me quedé verdaderamente sorprendida al ver lo bellos y atractivos que eran.

Sin embargo, había cierta ferocidad en los ojos de Mengerle, que inspiraba poca confianza. Durante las selecciones nunca decía una palabra. Se limitaba a quedarse sentado, silbando entre dientes y señalando con el pulgar bien a la derecha bien a la izquierda, con lo cual indicaba a qué grupo tenían que incorporarse las seleccionadas. Aunque sus decisiones significaban la liquidación y el exterminio, tenía el aire de indiferencia jovial y festiva de un hombre frívolo.

Cuando clavé los ojos en Irma Griese, me pareció que una mujer tan hermosa no podía ser cruel. Porque, verdaderamente, era un "ángel" de ojos azules y cabellera rubia.

De cuando en cuando, se llevaban a algunas prisioneras a las fábricas de industrias de guerra, pero generalmente las seleccionaban sólo para las cámaras de gas. Cada vez retiraban de veinte a cuarenta personas por barraca. Cuando la selección se verificaba en la totalidad del campo, eran enviados a la muerte de quinientos a seiscientos seres humanos.

Las elegidas eran inmediatamente rodeadas por *Stubendiensts*, quienes tenían la obligación, bajo pena de crueles castigos si no lo impedían, de evitar que se escapase nadie. Los hombres y mujeres condenados a muerte eran llevados hacia la entrada principal. Allí los esperaba un camión para transladarlos a las cámaras de gas. Cuando el cupo de la muerte estaba completo, los mandaban a barracas especiales o a los lavabos, donde esperaban horas enteras, y a veces días, a que les llegase el turno de perecer en la cámara de gas. Todo se llevaba a cabo con exactitud y sin el menor indicio de compasión por parte de nuestros amos.

Además de las formaciones, había lo que se llamaba "*Zahlappels*", que se realizaba dentro de la barraca. De repente, el edificio quedaba aislado, y el médico jefe de las S.S., asistido por una doctora que estaba a cargo de las deportadas, y que ella misma era una internada, se presentaban allí y procedían a efectuar selecciones adicionales.

Se mandaba a las mujeres que se despojasen completamente de sus andrajos. Luego, con los brazos en alto, desfilaban ante el doctor Mengerle. No puedo imaginarme qué era lo que le podía interesar en aquellas figuras demacradas. Pero él escogía a sus víctimas. Se las hacía subir a un camión y eran llevadas a otra parte, completamente desnudas como estaban. Todas las veces resultaba este espectáculo tan trágico como humillante. Constituía una humillación no sólo para las pobres sacrificadas, sino para toda la humanidad. Porque aquellos seres desgraciados que eran conducidos al matadero seguían siendo personas humanas... como usted y como yo.

CAPÍTULO VI

El Campamento

Cuando se terminaba la revista, podíamos regresar a nuestras *koias* o irnos a los retretes. Me aproveché de aquella relativa libertad para hacer unas cuantas "excursiones" y enterarme de la organización de aquella vasta sección de la cárcel.

El campamento estaba dividido por la *"Lagerstrasse"*, que era la avenida principal y tenía unos quinientos metros de largo, flanqueaba a ambos lados por diecisiete barracas, con los números pares a la izquierda y los impares a la derecha. Como antes indiqué, estos edificios habían sido construidos originalmente para establos. Ahora uno estaba dedicado a retrete y otro a lavabos. La barraca No. 1 era el depósito de los alimentos. La No. 2 se destinaba a la administración. Aquí estaba la *"Schriebstube"*, oficina en que trabajaban unas diez internadas. Allí también se hallaba la casa de la *"Lageraelteste"*, la soberana sin corona del campo. El título hacía referencia a la mujer que llevaba allí más tiempo, aunque, a decir verdad, no era la "decana" de las deportadas.

En realidad, la *"Lageraelteste"* era una joven maestra de *kindergarten* de una pequeña ciudad checa. Los alemanes la habían elegido para desempeñar aquel cargo, con lo cual le confirieron la autoridad más alta sobre las internadas. La única restricción que había para su libertad era que no se le permitía transponer las alambradas del campo. Por lo demás, reinaba como dueña y señora absoluta de las 30,000 mujeres del campo, y sólo era responsable ante los alemanes. Jamás hubiera podido soñar con tanta autoridad en su ciudad natal.

La corte de la *Lageraelteste* estaba compuesta por la *"Lagerkapo"*, jefa adjunta del campo; por la *"Rapportschreiber"*, jefa de la oficina; y por la *"Arbeitdients"*, jefa de servicios. Cada una de estas dignatarias tenía su habitación independiente, que, aunque no elegante, era un paraíso comparado con las inmundas covachas en que vivían las deportadas corrientes. También las *blocovas* tenían sus pequeños cuartos, arreglados personal y coquetamente, y muchas veces amueblados con divanes y cojines. A cambio de los distintos servicios que proporcionaban a los alemanes, se permitía a las directoras escoger a sus auxiliares de entre las deportadas.

Muchas veces se producían situaciones irónicas. Una *blocova.* que antes fuera criada corriente, escogió para servidumbre personal suya a su antigua ama. Ésta le tenía que limpiar los zapatos y remendar los rasgones.

En nuestra barraca reinaba una jerarquía de rango inferior. La *blocova* estaba en la cumbre. La asistía su *"Vertreterin"*, o representante; y su *"Schreiberin"* o secretaria, cuya tarea concreta consistía en redactar las llamadas a filas y los informes. Además, la ayudaban en el cometido de sus funciones la doctora, cuyas funciones eran totalmente ilusorias, puesto que no había medicinas, y las enfermeras y *"Stubendiensten"*, en número de seis a ocho.

También se escogían entre las prisioneras las policías femeninas del campo. Llevaban vestidos de mezclilla azul. Su misión principal consistía en hacer retirar a cuantos se acercaban demasiado a las alambradas para hablar con las internadas, o para cualquier otra cosa. Cuando llovía, se arrebujaban en mantas, que les daban apariencias espectrales, sobre todo de noche. También teníamos unas cuantas bomberas, basureras y recogedoras de cadáveres.

El personal de la cocina estaba integrado por cuatrocientas mujeres. Para ellas se reservaba parte de la barraca No. 2; ellas también gozaban de determinados privilegios. No comían el alimento corriente, como no fuese por castigo. Ellas se preparaban sus comidas especiales. Para su uso personal retiraban gran parte de la comida destinada a todo el campo, sobre todo las patatas, de las que no vimos jamás un trozo. También se apropiaban generosamente las conservas y la margarina, no sólo para consumirlas, sino como moneda de cambio. Con ellas se podían procurar las indispensables prendas de vestir. La palabra "musulmana", utilizada para describir a los esqueletos vivientes que tanto abundaban en Auschwitz, no podía aplicárseles.

Sin embargo, estas ayudantes de cocina ejecutaban a veces tareas difíciles. Algunas descargaban vagones de madera o leña, carbón y patatas. Otras se pasaban todo el día limpiando o efectuaban verdaderos trabajos de penadas, con los pies casi siempre chapoteando en el agua. Tenían las manos deformadas y los pies cubiertos de eczemas. Cuando se las encontraba robando, se las obligaba a correr dentro del campo durante horas y horas, sin descansar y llevando en las manos pesadas piedras. En el medio de la cabeza se les hacía un corte de pelo en forma de banda de un decímetro de ancho. Los alemanes llamaban a esto "deporte".

Resulta difícil afirmar cuáles eran las internadas a quienes se trataba peor. La mayor parte de nosotras, bien fuésemos presas políticas, raciales o criminales, arrastrábamos una existencia de bestias, llevábamos una vida animal. Pero las judías y las rusas eran tratadas con crueldad. Por el contrario, las presas alemanas, bien fuesen convictas de delitos comunes, o invertidas, o políticas, gozaban de ciertos privilegios. Entre ellas se escogían grandes cantidades de funcionarias del campo; y, fuera cual fuese su obligación, nunca entraban en el grupo de las sometidas a la temible "selección".

::   ::   ::   ::

Dos barracas habían sido convertidas en lavabos. A través de cada una de ellas pasaban dos tubos de metal que llevaban el agua a las llaves, colocadas a poco más de un metro una de otra. Debajo de los tubos había una especie de cubeta para recoger el agua. La mayor parte del tiempo no había agua ninguna.

La daban una o dos veces al día, y durante una o dos horas éramos teóricamente libres para lavarnos. La estancia destinada para ello, que llamaremos "lavabos", era donde, en teoría, debíamos realizar nuestra limpieza personal. Allí nos teníamos que lavar, limpiarnos los dientes y peinarnos el pelo. Sin embargo, era imposible hacerlo, aun cuando había agua.

Todos los días se formaba un verdadero gentío a las puertas del edificio. Aquel rebaño de mujeres sucias y malolientes inspiraba un asco profundo a sus compañeras y hasta a sí mismas. Pero no se crea que nos reuníamos con intención de asearnos, sino con la esperanza de poder beber un poco de agua para calmar nuestra sed constante. ¿De qué valía el que fuésemos allá con propósito de limpiarnos, si no teníamos jabón, ni cepillos de dientes, ni peines?

Además, la preciosa agua nos acrecentaba más la sed. Nuestra ración diaria era ridículamente escasa. Torturadas por la sed, no desaprovechábamos jamás la ocasión que se nos pudiera presentar de cambiar nuestras exiguas porciones de pan o margarina por medio cuartillo de agua. Era preferible pasar hambre que padecer aquel fuego que contantemente abrasaba nuestras gargantas.

El agua que fluía por aquellos tubos roñosos de los lavabos apestaba. Tenía un color sumamente sospechoso y difícilmente podría decirse que fuese potable. Pero no por eso resultaba menos delicioso tragar unas cuantas gotas, aunque estuviésemos expuestas a pagar aquel fugaz alivio con un ataque de disentería o alguna otra enfermedad. Aquella agua era mejor que la de lluvia que se remansaba en los charcos; algunas internadas sorbían el fango como perros, y morían.

Los lavabos podrían proporcionar un campo muy a propósito de observación para un moralista. Algunas veces, había deportadas que podían limpiarse más o menos, a pesar de todas las dificultades. Pero si lo lograban, generalmente les traía malas consecuencias. La mayor parte de las veces no podían encontrar ya su ropa, porque se la habían robado.

El latrocinio y los hurtos se habían convertido dentro del campo de concentración en una verdadera ciencia o arte. La ladrona sabía que su víctima tendría que salir desnuda, con lo cual se exponía a las terribles golpizas de los alemanes. Mujeres había que, habiendo sido antes honradas madres de familia incapaces de robar un alfiler, se convertían en verdaderas rateras, sin sentir por eso el más mínimo remordimiento.

¡Qué precio nos tocaba pagar por medio cuartillo de agua! Sin embargo, ocurría algunas veces que, en el mismo momento en que una se llevaba a los labios el líquido adquirido a tan duras penas, venía otra prisionera y le arrebataba el vaso. ¿Qué podía hacer una? Las leyes no escritas del campo no habían provisto tal agresión. Aquello no aplacaba a las víctimas de nuestra jungla. Acaso los alemanes intentaban infectarnos con sus códigos de moralidad nazi. En la mayor parte de los casos, lo lograban.

::   ::   ::   ::

Había dos fosas destinadas a evacuatorios. Cada una de ellas contaba de una trinchera pavimentada de cerca de un metro de profundidad. Encima había dos especies de cofres, como enormes cajas, de unos 90 centímetros de alto. Cada uno tenía dos agujeros, de los cuales había de servirse nuestra numerosa población. Había unos 300 de estos evacuatorios en el campo.

Tenían que ser limpiados cada día. Generalmente eran preferidos para realizar aquella operación las intelectuales, o sea, las médicas o las maestras.

Durante las horas "libres", el acceso a aquellas letrinas no era más fácil que a los lavabos. Teníamos que darnos de empujones para poder entrar, y, una vez dentro, debíamos esperar a que nos tocase el turno. Si alguien tenía prisa y se saltaba el orden, se exponía a castigos serios. Sin embargo, la precipitación estaba a la orden del día, puesto que había un gran número de prisioneras que padecían enteritis crónica. A esta enfermedad se debía la inmundicia que había alrededor de los evacuatorios. Las afectadas no podían resistir más y hacían sus necesidades junto a las barracas. Si las vigilantes las descubrían, eran golpeadas brutalmente. La falta total de papel era otra dificultad que hacía imposible la higiene personal, por no hablar de la limpieza de las letrinas.

Con frecuencia ocurría que internados de uno y otro sexo se encontraban juntos lado a lado en los lavabos o en los evacuatorios. Había muchos hombres que trabajaban en la reparación de caminos o en otras tareas dentro de los campos de las mujeres. Cuando los lavabos no estaban atestados de gente, se convertían en "salones", sobre todo al mediodía. Algunas se llevaban inclusive allá sus "comidas". Aquello valía para intercambio de noticias, y allí era donde se realizaban la mayor parte de los trastos de mercado negro.

Otro lugar en que nos reuníamos era el rincón destinado a basurero, en él encontrarse muchos objetos preciosos.

Yo estaba necesitando urgentemente un cinturón o algo parecido para sujetarme los pantalones. En el muladar encontré, por pura suerte, tres trozos de cuerda que pude anudar para aquel fin. También encontré un pedazo liso de madera, que pude aguzar en forma de cuchillo.

Aquel mismo día, la fortuna volvió a sonreírme. Una de mis compañeras de *koia* me hizo un regalo regio: dos pedazos de trapo. No necesité estudiar mucho para ver qué podía hacer con ellos. Uno me serviría de cepillo de dientes y el otro de pañuelo. Estaba muy acatarrada y, a pesar de todos mis esfuerzos, nunca aprendí el arte de sonarme la nariz con los dedos. Confieso que envidiaba a mis compañeras que sabían hacerlo.

Como no tenía bolsillos, me sujeté los dos accesorios higiénicos con mi nuevo cinturón, junto al cuchillo de madera. Estas nuevas adquisiciones me llenaron de orgullo. Me parecía haberme convertido en una mujer rica entre las internadas.

NORTEAMERICANOS INSPECCIONAN LOS RECLUSOS ASESINADOS

En una leñera, dos oficiales estadunidenses miran los cadáveres de algunos de los reclusos sacrificados en el campo de concentración de Ohrdruff, quince kilómetros al sur de Gotha. El campo fue capturado por la 4a. División Blindada del Tercer Ejército de Estados Unidos. El mayor John R. Scotti, de Avenida Skillman 64, Brooklyn, N.Y., está a la izquierda (el otro oficial no fue identificado). Esta fotografía fue tomada por Byron H. Rollins, de la Prensa Asociada, miembro del grupo colectivo de fotos fijas de guerra.

LOS JEFES ALIADOS CONTEMPLAN EL LUGAR DE LOS ASESINATOS EN MASA

El General Dwight D. Eisenhower (al centro), Comandante Supremo de los Aliados, contempla los cadáveres de las víctimas rusas y polacas fusiladas por los alemanes en el patio del Campo de Concentración en Ohrdure, Alemania. Con Eisenhower: están el General Omar Bradley, el Teniente-General George Patton y otros Altos Jefes Aliados.

MUERTOS QUE AGUARDAN SEPULTURA, EN UN CAMPAMENTO ALEMÁN.

Algunos soldados norteamericanos examinan a unos cuantos de los 2,700 muertos, trabajadores esclavos, que yacen en terrenos del Campo de Concentración Alemán en Nordhausen, Alemania, y esperan que se les entierre. Los norteamericanos obligaron a los civiles de la ciudad a enterrar a los cadáveres.

PRESENCIAN HORRORES EN EL CAMPO DE LANDSBERG

Landsberg, Alemania. El teniente coronel Ed Seiller, de Louisville, Kentucky en medio de los cadáveres de cientos de prisioneros judíos, quemados vivos por guardias de los S.S. en el Campo de Landsberg, cercano a Munich, mientras se aproximaba la 12a. División Blindada. El teniente coronel Seiller, jefe de la Sección de Gobierno Militar de la División, obligó a 200 civiles alemanes a recorrer el campo y ver sus horrores.

SOLDADOS NORTEAMERICANOS ENCUENTRAN A LAS VÍCTIMAS DE UN CAMPO DE CONCENTRACIÓN ALEMÁN

Los soldados norteamericanos observan a las víctimas en un campo de concentración en Ohrdruff, unos trece kilómetros al sur de Gotha. El campamento fue capturado por las tropas de la 4a. División Blindada, del Tercer Ejército de Estados Unidos. Esta foto, lograda por Byron H. Rollins, fotógrafo de la Prensa Asociada, es la original que fue trasmitida por radio el 9 de abril de 1945.

VICTIMAS EN EL CAMPO DE PRISIONEROS DE DACHAU

Cadáveres de algunas víctimas de los nazis, amontonados contra los muros de un crematorio, en el campo de prisioneros enemigos, en Dachau, Alemania. Los encontraron las tropas del Séptimo Ejército de los Estados Unidos que tomaron el campo. Cientos de cadáveres aguardaban a ser incinerados, según la descripción del Cuerpo de Señales, que acompañaba a la fotografía.

FILAS DE PRISIONEROS MUERTOS QUE SE ENCONTRARON EN ALEMANIA

Aquí están las filas de los prisioneros muertos en Nordhausen, Alemania, cuando los soldados norteamericanos tomaron la ciudad. Los alemanes en la parte posterior llevan los cadáveres para enterrarlos en las trincheras. El comandante del Gobierno Militar Norteamericano ordenó a 600 civiles de la ciudad que se pusieran a trabajar para enterrar a los cadáveres.

LOS CUERPOS PERTENECIENTES A ESTOS CRÁNEOS SIRVIERON PARA LA FABRICACIÓN DE JABÓN
Y ARTÍCULOS DE CUERO

Restos encontrados en el Instituto de Anatomía, después de la fuga de los alemanes.

CAPÍTULO VII

Una Proposición en Auschwitz

Llevaba ya tres semanas en Auschwitz, y todavía no podía creerlo. Vivía como en un sueño, esperando que alguien viniera a despertarme.

Las encarceladas gritaban, se peleaban y se golpeaban. El ruido de sus voces se me antojaba vagamente como el estruendo de una manada de animales. Desde mi *koia*, miraba al interior de la barraca, como si sobre las cosas se tendiese un velo, sumida en mi desventura y en mi apatía.

Sobre este concierto de miseria, llegó de repente a mis oídos una bondadosa voz humana. Me levanté y miré por encima de la *koia*. Era un hombre apuesto de ojos azules, vestido con traje carcelario de rayas, que se inclinaba sobre la tercera ringlera. Me quedé sorprendida al ver allí a un hombre. La nuestra era una barraca de mujeres.

Desde por la mañana había estado preparando los camastros, pero yo me sentía tan aturdida y aletargada que no le había oído martillear. Me miró y me dijo:

—¡Ánimo! ¿Qué le pasa?

Lo miré, pero no contesté. Él se bajó entonces. Vi que era alto. Tenía ojos claros y de un azul radiante. Le habían rapado, naturalmente la cabeza, pero se le notaba que el pelo era oscuro. Sonreía. Aquello me llamó la atención. ¿Cómo podría haber hombre que sonriese en aquel campo? Había encontrado a alguien que no quiso sucumbir a la degradación espiritual.

Siguió hablando y me hizo trabar conversación con él. Me enteré de que era polaco y de que llevaba ya cuatro años en campos de concentración desde la caída de Varsovia. Entre risas, me dijo que era carpintero. A veces limpiaba los evacuatorios o trabajaba con el equipo de caminos.

Desde entonces, fue todos los días a reparar las camas. Charlamos y nos hicimos amigos. Al cabo de cierto tiempo, yo esperaba con impaciencia sus visitas. No me interesaba como hombre, es que era la única voz que tenía sonidos humanos en todo el campo.

A los trabajadores se les permitía una hora libre, generalmente alrededor de las once de la mañana, según el sol. Un día me dijo que lo siguiese cuando se retiró. Le agradecí sinceramente la invitación y me fui con él. Hasta entonces, nunca se me había ocurrido que pudiera salir de la barraca ni un momento siquiera.

Lo seguí pisándole los talones. Por fin, llegamos a un claro en que los trabajadores estaban guisando comida en una fogata. Con gran asombro mío, mi amigo, que se llamaba Tadek, sacó dos patatas, raro tesoro, y las puso a cocer en una olla. Con los ojos iba yo siguiendo cada uno de sus movimientos.

Aquello fue como una escapada traviesa de niños. Tadek me dio una patata. Se sentó frente a mí y empezó a devorar la otra. Aquél fue el primer bocado que pude retener en el estómago. Hasta entonces, había devuelto cuanto me metía en la boca.

Tadek me tenía reservada otra sorpresa. Me regaló un chal.

—Puede usted ponerse esto a la cabeza. Tiene que ser terrible para una mujer verse sin pelo —me dijo.

Me quedé asombrada. Quería darle las gracias, pero no estaba segura de que al abrir la boca no empezase a llorar.

—Queda usted invitada todos los días a mis patatas —continuó—. Y acaso me las arregle para "organizar" algún otro alimento, y quizás hasta ropa.

Se me acercó y, como hablando consigo mismo, me dijo:

—Parece extraño, pero la verdad es que, aunque no tiene usted pelo y está vestida con andrajos, hay algo en usted que me inspira grandes deseos.

Sentí su brazo en torno a mi cintura. Con la otra mano me tocó y empezó a acariciarme el pecho.

Se me desplomó el mundo, hecho pedazos. Le había dicho previamente lo que me había ocurrido... que había perdido a mi familia. ¿No era capaz de comprender los sentimientos que experimentaba? Quería hacer amistad con el ser humano que había dentro de él, pero sin nada carnal.

Luego me enteré de que su estilo de hacer el amor era el más fino que había en Auschwitz. La forma corriente de insinuarse era mucho más cruda y directa. Me quedé en silencio con la cara bañada de lágrimas.

Él se desorientó un poco.

—No llores —murmuró—. Si no quieres ahora, esperaré. Si cambias de manera de pensar, dímelo. Me verás en el trabajo.

Sonó el gong y se fue.

Pero primero añadió a guisa de despedida:

—Entre tanto, podemos hablar, pero no pienses en que te dé comida. No tengo gran cosa, y con lo poco de que dispongo, me las habré de arreglar para conseguirme mujeres. Con esta miseria y nerviosidad, las necesitamos más que en la vida normal. Las mujeres cuestan poco, pero es casi imposible encontrar un lugar donde poder estar seguros. Los alemanes están constantemente al acecho, y si nos pescan, nos cuesta la vida.

Luego se sintió avergonzado.

—Tú no lo comprendes. Siempre tengo frío y hambre. A todas horas me golpean, y nunca sé cuándo me van a descerrajar un tiro. Tú eres todavía una novicia, ya cambiarás. Dentro de unas semanas, lo entenderás.

Tadek siguió entrando todos los días en nuestra barraca con un paquete de alimentos, pero no para mí, sino para otra mujer. Cada vez que pasaba, me ofrecía algo de comida. A veces no cambiábamos siquiera una sola palabra. Me ofrecía el paquete y yo volvía la cabeza a otro lado. Fui adelgazando más y más cada día, y él se sonreía también más sarcásticamente cuando rechazaba sus regalos. Al cabo de unas semanas, apenas tenía fuerza para andar, y me desvanecía frecuentemente al pasar revista. Pero había tomado la decisión de no ceder.

Sin embargo, yo sabía de sobra que no podría resistir más de aquella manera.

Me decidí a ir a los lavabos, donde, según había oído, los hombres se reunían allí durante su hora de descanso y a veces compartían su alimento con las mujeres. Oré porque, al menos, pudiese encontrar una persona que se compadeciese de mí.

Cuando llegué, vi a las presas al acecho de la llegada de los guardianes. Hacían como que estaban trabajando, porque se prohibía rigurosamente a las mujeres entrar cuando los hombres ocupaban los lavabos.

La escena que contemplé en el interior era verdaderamente desalentadora. En el fondo de la inmunda barraca había hombres que estaban bebiendo su sopa en botes sucios de hojalata que habían recogido en el basurero.

El antro estaba abarrotado de gente. Hombres y mujeres

se apretujaban en todos los rincones de la estancia. Las parejas
se apretaban, hablando. Otros estaban sentados contra las paredes en íntimo abrazo. Había unos cuantos que se dedicaban
a transacciones de mercado negro. El hedor de los cuerpos sin
lavar se mezclaba con los olores rancios de los alimentos inmun-
dos y con la humedad general. El aire era irrespirable.

En otra parte del campo se desarrollaba una espectáculo
muy distinto. Acababa de llegar un nuevo envío de deportados.
Los gritos de las mujeres y de los niños, al ser separados en la
primera selección que se verificaba al apearse de los trenes, se
elevaban por encima de las conversaciones en los lavabos. Las
llamaradas de las chimeneas del crematorio eructaban penachos
de humo al cielo.

Apenas había transpuesto el umbral, cuando ya quería echar
a correr y escapar de allí. Pero no pude. Me estaba destrozando
el estómago un dolor voraz que era algo más que simple hambre.

Pegado a la pared, en un rincón, había un viejo que comía
en una lata. Producía horror mirarlo, pero acaso a eso se debie-
se el que se me antojase que podía fiarme de él. No le quedaba
un solo diente en la boca. Tenía la cara marcada de viruelas
y llena de cicatrices. En la cabeza se le veía un esteatoma. Y,
como si fueran pocas todavía las deformaciones que le había
deparado el destino, no tenía más que un ojo.

En el líquido negruzco que había en su lata, flotaban dos
pequeñas patatas. ¡Patatas! Les clavé los ojos con voracidad
según las fue a morder. Pero no podía comer más que la parte
de afuera. El interior estaba todavía crudo y resultaba demasiado duro para sus mandíbulas sin dientes. Lo que no podía comer, lo metía de nuevo en el bote. Se bebió la "sopa" negruzca,
y allí quedaron las patatas.

Miró en torno suyo. ¿Estaría buscando a alguien con quien
poder compartir aquel regalo principesco? Entonces me vio
clavándole los ojos avorazados. Con una sonrisa tan deforme
y horrible que creí volverme loca, me afreció el resto de su
lunch. Eché la garra a su regalo y empecé a comer. De repente,
una mujer se abalanzó contra mí y me arrebató las patatas de
la mano.

—¡Puerco inmundo! —gritó al viejo, que podría tener cincuenta y cinco o sesenta años—. ¿Estás dando la comida a otra?

—¡Vete al infierno! —le contestó él—. Yo hago lo que me da
la gana. Ésta es más joven que tú.

Soltó a la mujer que se me había embestido, la arrojó al
suelo y la pateó. Los gritos de la caída atrajeron a las **demás**

personas que ocupaban los lavabos. Todos ellos, hasta los que estaban amándose muy concentrados, se apelotonaron en derredor. Se me subieron los colores al rostro.

De pronto se acercó Talek.

—¡Cuánto me sorprende verte aquí, Alteza! —exclamó, sonriéndome sarcásticamente—. Has tardado mucho en darte a ver. Has aguantado demasiado. Esto será mejor que las patatas a medio comer que te han dado.

Me ofreció el paquete de comida, como siempre. Nos quedamos mirando el uno al otro. ¡Cómo le aborrecí en aquel momento! Agarré el paquete y se lo tiré a la cara con toda la fuerza que pude. Luego eché a correr. Todavía hoy no soy capaz de recordar cómo regresé.

Pasó bastante tiempo después de aquella última reunión sin que tuviese contacto con Tadek. Pero, aunque no supe nada de él, sí veía a Lilli, la mujer a quien llevaba ahora sus regalos de comida. Cuando, pasando el tiempo, me destinaron a trabajar en la enfermería, mi rival se había convertido en una visitante asidua y regular. Gasté mi ración de pan en comprar para ella en el mercado negro una medicina muy rara y difícil de conseguir. La medicina era para combatir la sífilis.

CAPÍTULO VIII

Soy Condenada a Muerte

Pasaron unos cuantos días interminables. Aquella inactividad obligatoria estaba a punto de volvernos locas. El único trabajo que realizábamos al día era asistir a las formaciones.

Me había quedado más delgada que un esqueleto; era víctima de calenturas y ataques de tos. Siempre estaba sintiendo calofríos. Pesqué un resfriado al comenzar el verano, cuando llovía y el tiempo era fresco. Un día en que me sentí más enferma que otras veces, me cubrí la espalda con un pedazo de una ajada tela de lana que me prestó una vecina. Guiada por mi ejemplo, Magda, una de mis amigas que tenía anginas, se envolvió la garganta con un andrajo. Abrigábamos la esperanza de que la *"Führerin"*, la aborrecible Hasse, no notase nada de particular y de que podríamos quitarnos las prendas que habíamos añadido a nuestra vestimenta, antes de que se nos acercase.

Pero ni aquello siquiera nos dio resultado, porque Hasse advirtió inmediatamente los cambios que habíamos introducido en nuestro vestido. Era una infracción grave de la disciplina. Nos golpeó cuanto le dio la gana, y todavía nos designó para la "selección", porque, por lo visto, no había satisfecho su venganza. De esta manera nos condenaba a muerte por un desgraciado "pecadillo".[1]

Aquel día particular, entre las seleccionadas había unas cuantas docenas de nuestra barraca. Las *"Stubendiensts"* nos acorralaron hacia la salida del campo. Nos ordenaron permane-

---

1) En castellano, en el original.

cer allí y esperar. El camión que nos iba a transladar a la cámara de gas no había llegado todavía.

Durante muchos días, las selecciones, la cámara de gas y las estufas u hornos del crematorio habían sido objeto de largas discusiones en nuestra barraca. Mis compañeras creían que todas aquellas historias no eran más que rumores fantásticos.

A mí ya me constaba que la selección equivalía a la cámara de gas. Había muchas otras que también se habían enterado del secreto, pero era tan difícil metérselo en la cabeza a la mayoría de las mujeres como dar una idea aproximada al lector de las misérrimas condiciones en que se deslizaba nuestra existencia. No estábamos más que a unos centenares de metros de la llamada "panadería", y podíamos percibir el olor dulzón que exhalaba.

En aquella "panadería" quemaban a las personas muertas. Sin embargo, al cabo de meses y meses de internamiento, había todavía en el campo quien estimaba que aquello no era posible.

¿Por qué se negarían a aceptar la verdad? Me lo pregunté numerosas veces. Acaso dudaban porque no querían dar crédito a lo que se les decía. Aun en el momento mismo en que eran conducidas a empujones dentro de la cámara de gas, muchas se negaban a creerlo. Magda era una de esas optimistas.

Con frecuencia me veía yo en compromisos. ¿Qué actitud debería adoptar con respecto a las que no querían creer que existían cámaras de gas y crematorios? ¿Debería dejarlas con su idea de que aquello no eran más que patrañas inventadas, instrumento cruel que manejaban las sádicas *blocovas* para amedrentarnos? ¿No sería mi obligación informar a mis compañeras de cautiverio? Si no lograba meterles en la cabeza la cruda verdad, eran capaces de ofrecerse un día para la primera selección.

Según esperábamos a que llegase el camión, las *Stubendiensts* y las internadas alemanas se cogieron de la mano y formaron un círculo en torno a nosotras. Murmuré al oído de Magda unas palabras sobre que debíamos romper aquel cerco y huir. Ella movió la cabeza en ademán negativo y replicó:

—No, el campo de concentración es tan terrible que, nos lleven adonde nos lleven, siempre saldremos ganando. Yo no me escaparé.

—Insensata —murmuré—. Nos han seleccionado para castigarnos. Sin duda ninguna, nos mandarán a algo peor, eso es evidente. ¿Vienes conmigo?

—¡No!

—Entonces voy a intentar yo sola romper el cerco.

Pero aquello era más fácil decir que hacer. Apenas había pensado mi plan de fuga, cuando varias de las "seleccionadas" empezaron a gritar:

—¡*Stubendienst!* ¡Alguien va a escaparse!

¿Por qué me tracionarían? Indudablemente, ignoraban que iban a ser llevadas al matadero, aunque de sobra sabían que las selecciones no tenían por objeto precisamente mejorar su situación. A pesar de todo, protestaban contra cualquiera que tratase de hurtarse al destino común, porque no tenían el valor ellas de aventurarse a correr un riesgo así.

Se me obligó a permanecer en las filas. Estaba temblando. Trataba de separarme lo más posible de mis compañeras de delante. Mientras me dedicaba a aquellas maniobras, llegó el camión que nos había de transportar a la cámara de gas. Instintivamente, el grupo se echó atrás.

De repente, por no sé que milagro, divisé un palo tirado en el suelo. Un palo era en Auschwitz símbolo de poder y autoridad. Agarré la estaca y me mezclé con un grupo de *Stubendiensts* de otra barraca. Luego me escabullí a toda velocidad hacia las cocinas. Magda, quien mientras tanto había cambiado de parecer, me siguió. Como siempre, había un espeso grupo de prisioneras charlando delante de las cocinas. Con el aire más natural del mundo, empecé a poner los platos en orden. Luego me ofrecí a ayudar a las cargadoras de los peroles de sopa, y así procedí de barraca en barraca hasta que logré llegar a la mía. Magda, quien había hecho exactamente lo que yo, desapareció en otro bloque. No sin dificultades, me cambié de ropa con otra deportada y me escondí en mi *koia*.

Tuve mucho cuidado de no salir para nada hasta la primera revista. Hubo una o dos prisioneras que se quedaron asustadas al verme, pero yo les fui explicando muy tranquila que debían estarme confundiendo con alguna otra compañera, porque a mí no me habían seleccionado, ni mucho menos.

Mi cambio de indumentaria despertó algunas sospechas. Estaba segura de que Hasse no me iba a reconocer entre un total de 40,000 presas. Sin embargo, me pareció conveniente que no me viese en las trazas que tenía antes.

Pero si mi tranquilidad calmó a la mayor parte de mis compañeras, no pasó lo mismo con Irka, la *blocova*. Al siguiente, me despertó al amanecer la *Stubendienst* que la *blocova* tenía como criada personal.

—Irka dice que quiere inmediatamente tus botas, o te denunciará a Hasse.

Traté de protestar.

—Estoy enferma, tengo calentura. Llueve y no tengo en absoluto la más mínima cosa que ponerme en los pies —le contesté.

—No te preocupes tanto por eso —insistió la fiel *Stubendienst*—. Irka te dará un par de zapatos.

—¡Trato hecho!

Por la mañana, recibí dos zapatos pertenecientes a distintos pares, ambos para el pie izquierdo, los dos hechos tiras y casi sin suelas.

Pero no me atreví a quejarme. No había cerrado un mal trato. Seguía viviendo.

CAPÍTULO IX

La Enfermería

Durante semanas y semanas, no hubo medios para atender a los enfermos. No se había organizado hospital ninguno para los servicios médicos, ni disponíamos de productos farmacéuticos. Un buen día, se nos anunció que, por fin, íbamos a tener una enfermería. Pero ocurrió que, una vez más, emplearon una palabra magnífica para describir una realidad irrisoria.

Me nombraron miembro del personal de la enfermería. Cómo pudo suceder tal cosa merece punto y aparte.

Poco después de mi llegada, me hice de todo mi valor para suplicar al doctor Klein, que era el jefe médico de las S.S. del campo, que me permitiese hacer algo para aliviar los padecimientos de mis compañeras. Me rechazó bruscamente, porque estaba prohibido dirigirse a un doctor de las S.S. sin autorización. Sin embargo, al día siguiente, me mandó llamar para comunicarme que a partir de aquel momento iba a quedar a cargo del enlace con los doctores de las distintas barracas. Porque él perdía un tiempo precioso en escuchar la lectura de sus informes mientras giraba sus visitas, y necesitaba ayuda.

Inmediatamente se estableció un nuevo orden de cosas. Todas las internadas que tuviesen algún conocimiento médico deberían presentarse. Muchas se prestaron voluntariamente. Como yo no carecía de experiencia, me destinaron al trabajo de la enfermería.

En la Barraca No. 15, probablemente la que estaba en peores condiciones de todo el campo, iba a instalarse el nuevo servicio. La lluvia se colaba entre los resquicios del techo, y en las paredes se veían enormes boquetes y aberturas. A la derecha y a la izquierda de la entrada había dos pequeñas habitaciones. A una se la llamaba "enfermería", y a la otra "farmacia".

Unas semanas después, se instaló un "hospital" al otro extremo
de la barraca, y quedamos en condiciones de reunir cuatrocientos o quinientos pacientes.

Sin embargo, durante mucho tiempo no dispusimos más
que de las dos pequeñas habitaciones. La única luz que teníamos procedía del pasillo; no había agua corriente, y resultaba
difícil mantener limpio el suelo de madera, aunque lo lavábamos dos veces al día con agua fría. Carentes como estábamos de
agua caliente y desinfectantes, no conseguíamos raer los residuos
de sangre y de pus que quedaban en los intersticios de las
tarimas.

El mobiliario de nuestra enfermería se componía de un
gabinete de farmacia sin anaqueles, una mal parada mesa de
reconocimiento que teníamos que nivelar con ladrillos, y otra
mesa grande que cubrimos con una sábana para colocar en ella
los instrumentos. Poco más era lo que teníamos, y todo en
lamentable estado.

Siempre que íbamos a usar algo, nos veíamos frente al
mismo problema: ¿utilizaríamos los instrumentos sin esterilizar,
o nos pasaríamos sin ellos? Por ejemplo, después de tratar un
forúnculo o un antras, acaso se nos presentase un absceso de
menor gravedad, que teníamos que curar con los mismos instrumentos. Sabíamos que exponíamos a nuestro paciente a una
posible infección. ¿Pero qué podíamos hacer? Fue un verdadero
milagro que nunca tuviésemos un caso de infección grave por
ese motivo. A veces pensábamos que nuestra experiencia echaba
por tierra, acaso, todas las teorías médicas sobre esterilización.

El total de internadas de nuestro campo ascendía a treinta
o cuarenta mil mujeres. ¡Y todo el personal de que disponíamos para nuestra enfermería no pasaba de cinco! Superfluo es
decir que no dábamos abasto con nuestro trabajo.

Nos levantábamos a las cuatro de la madrugada. Las consultas empezaban a las cinco. Las enfermas, que a veces llegaban a mil quinientas al día, tenían que esperar a que les
tocase su turno en filas de a cinco. Se le abrían a uno las
carnes al ver aquellas columnas de mujeres dolientes, vestidas
miserablemente, calándose de pie humildemente bajo la lluvia,
la nieve o el rocío. Muchas veces ocurría que se les agotaban
las últimas energías y se desplomaban a tierra sin sentido como
un témpano más.

Las consultas se sucedían sin interrupción desde el amanecer hasta las tres de la tarde, hora en que nos deteníamos
para descansar un poco. Dedicábamos aquel tiempo a nuestra

comida, si había quedado alguna, y a limpiar el suelo y los instrumentos. Operábamos hasta las ocho de la noche. A veces, teníamos que trabajar también durante la noche. Estábamos literalmente abrumadas por el peso de nuestra tarea. Confinadas a una cabaña, sin la más mínima brisa de aire fresco, sin hacer ejercicio físico y sin gozar del suficiente descanso, no veíamos cuándo podríamos descansar un poco.

Aunque carecíamos de todo, incluso de vendajes, nos entregábamos a nuestro trabajo con fervor, espoleadas por nuestra conciencia de la gran responsabilidad que se nos había confiado. Cuando nos veíamos llegar al límite de la resistencia corporal, nos remojábamos la cara y el cuello con unas cuantas gotas de la preciosa agua. Teníamos que sacrificar aquellas escasas gotas para poder seguir adelante. Pero el esfuerzo incesante nos agotaba.

Cuando había varios partos seguidos y teníamos que pasar la noche sin dormir, nos fatigábamos hasta el extremo de andar dando tumbos como si estuviésemos intoxicadas.

Pero, a pesar de todo, teníamos una enfermería; y estábamos realizando una tarea buena y útil.

Jamás se me olvidará la alegría que experimentaba cuando, después de terminada mi jornada de trabajo diaria en la enfermería, podía irme a la cama por fin. Por primera vez después de muchas semanas, ya no teníamos que dormir en la promiscuidad indescriptible de la *koia,* revolcándonos en su mugre, en sus piojos y en su hedor. Sólo había cinco mujeres trabajadoras en esta dependencia relativamente grande.

Antes de retirarnos, nos permitíamos el lujo de un buen aseo, gracias al cacharro de que disponíamos. El artefacto se iba por dos agujeros y sólo se podía usar si se tapaban con migas de pan... ¿pero qué más daba? Era una palangana de verdad, que se mantenía sobre un pie de verdad. Contenía agua auténtica, y hasta un trozo de jabón, ¡lujo supremo! Bueno, lo que llamaban jabón no era más que una pasta pegajosa de procedencia dudosa y olor asqueroso; pero hacía espuma, aunque no mucha.

Teníamos para las cinco dos mantas. Tirábamos una en el suelo, la que no habíamos sido capaces de limpiar, y nos tapábamos con la otra. En general no podíamos decir que estuviésemos muy cómodas. La primera noche llovió, y el viento soplaba entre los resquicios de las maderas. El destartalado tejado dejaba pasar la lluvia, y tuvimos que cambiarnos muchas

veces, huyendo de los charcos. Sin embargo, después de haber
conocido los horrores de la barraca, aquello era un paraíso.

De día en día fueron mejorando nuestras condiciones de
vida. Teníamos cierta medida de independencia, relativa, claro
está; pero podíamos hablar y éramos libres de ir al evacuatorio
cuando lo necesitábamos. Los que no se han visto nunca pri-
vados de estas pequeñas libertades no son capaces de imaginarse
lo preciosas que pueden llegar a ser.

Pero la situación de nuestra vestimenta siguió lo mismo.
Mientras atendíamos a las enfermas, llevábamos los mismos
harapos que nos servían de camisón, bata y todo. Pero las pobres
enfermas apenas se enteraban, puesto que iban más andrajosas
que mendigas, cuando no llevaban el uniforme carcelario.

Al principio, el personal de la enfermería dormía en la
misma habitación de consulta, sobre el suelo. Puede imaginarse
el lector nuestra alegría, cuando un día, se nos dio todo "un
apartamiento". Cierto, era el viejo urinario de la Barraca No. 12,
pero lo íbamos a tener para nosotras. En el cuarto angosto cabían a duras penas dos estrechas camas de campo. Por tanto,
adoptamos el sistema de ringleras, como las *koias* de las barracas. Con tres de ellas, teníamos seis camastros. Aquello era un
sueño. De allí en adelante, el pequeño dormitorio iba a ser
nuestro domicilio privado. Allí estábamos en casa.

Nos pasábamos muchas noches hablando de las posibilida-
des de nuestra liberación y analizando con comentarios interminables los últimos acontecimientos de la guerra, tal como los
entendíamos. En ocasiones muy contadas, nos llegaba de contra-
bando algún periódico alemán, y estábamos examinando horas
y horas cada una de sus palabras, para sacar una partícula de
verdad de entre todas aquellas mentiras.

Con frecuencia dábamos rienda suelta a la nostalgia, hablando de nuestros seres queridos, o simplemente discutiendo
los torturantes problemas del día, como por ejemplo, si deberíamos o no condenar a muerte a algún recién nacido para salvar a la pobre madre. Hasta llegábamos a recitar a veces poe-
sías para adormecernos en un estado de calma espiritual que
nos permitiese olvidar y escaparnos del horrendo presente.

Los resultados obtenidos en nuestra enfermería distaban
mucho de ser gloriosos. Las condiciones deplorables del campo
de concentración aumentaban sin cesar el número de las dolientes. Sin embargo, nuestros amos se negaron a aumentar el
personal de que podíamos disponer. Con cinco mujeres había
bastante. Podríamos haber dado parte de nuestras medicinas y

vendajes a los médicos de otras barracas, pero los alemanes no nos dejaban.

Naturalmente, no podíamos atender a todos los pacientes, y muchos de ellos se agravaban por tenerlos abandonados, como ocurría, por ejemplo, cuando se trataba de heridas gangrenadas. Aquellas infecciones exhalaban un olor pútrido, y en ellas se multiplicaban rápidamente las larvas. Utilizábamos una enorme jeringa y las desinfectábamos con una solución de permanganato potásico. Pero teníamos que repetir la operación diez o doce veces, y se nos acababa el agua. La consecuencia era que otras pacientes tenían que esperar y seguir sufriendo.

La situación mejoró un poco cuando se instaló el hospital al otro extremo de la barraca. Este espacio estaba reservado para los casos que requerían intervención quirúrgica, pero, cuando había apuros, se curaban toda clase de infecciones. En el hospital cabían de cuatrocientas a quinientas enfermas. Naturalmente, era difícil conseguir ser admitido, por lo cual las que estaban enfermas con frecuencia tenían que esperar días y días a poder ser hospitalizadas. Desde que llegaban, debían abandonar todas sus pertenencias a cambio de una camisa miserable. Aun habían de seguir durmiendo en las *koias* o en jergones duros de paja, pero con sólo una manta para cuatro mujeres. Bien claro está que no podía hablarse siquiera de aislamiento científico.

Pero, a pesar de todo, el peligro más trágico que corrían las enfermas era la amenaza de ser "seleccionadas", porque estaban más expuestas a ello que las que gozaban de buena salud. La selección equivalía a un viaje en línea recta a la cámara de gas o a una inyección de fenol en el corazón. La primera vez que oí hablar del fenol fue cuando me lo explicó el doctor Pasche, que era un miembro de la resistencia.

Cuando los alemanes desencadenaron sus selecciones en masa, resultaba peligroso estar en el hospital. Por eso animábamos a las que no estuviesen demasiado enfermas a que se quedasen en sus barracas. Pero, especialmente al principio, las prisioneras se negaban a creer que la hospitalización pudiera ser utilizada contra ellas como motivo para su viaje a la cámara de gas. Se imaginaban ingenuamente que las seleccionadas en el hospital y en las revistas lo eran para ser transladadas a otros campos de concentración, y que las enfermas eran enviadas a un hospital central.

Antes de estar instalada la enfermería y de quedar yo al servicio del doctor Klein, dije un día a mis compañeras de cautiverio que deberían evitar tener aspecto de enfermas. Aquel mismo día, acompañaba más tarde al doctor Klein en su ronda médica. Era un hombre distinto de los demás S.S. Nunca gritaba y tenía buenas maneras. Una de las enfermas le dijo:

—Le agradecemos su amabilidad, *Herr Oberarzt.*

Y se puso a explicar que había en el campo quienes creían que las enfermas eran enviadas a la cámara de gas.

El doctor Klein fingió quedar muy sorprendido, y con una sonrisa le contestó:

—No tienen ustedes por qué creer todas esas tonterías que corren por aquí. ¿Quién extendió ese rumor?

Me eché a temblar. Precisamente aquella misma mañana, había explicado la verdad a la pobre mujer. Afortunadamente, la *blocova* acudió en mi ayuda. Arrugó las cejas y aplastó literalmente a la charlatana con una mirada de hielo.

La enferma comprendió que se había ido de la boca y se batió inmediatamente en retirada.

—Bueno, la verdad es que yo no sé nada de todo esto —murmuró—. Por ahí dicen las cosas más absurdas.

En otro hospital del campo, en la Sección B-3, había en agosto unas seis mil deportadas, número considerablemente inferior a nuestras treinta y cinco mil. Me refiero al año 1944. Tenían habitaciones aisladas para los casos contagiosos. Como era característico en los campos de concentración, dado lo irracionalmente que estaban organizados, esta sección considerablemente más pequeña disponía de una enfermería diez veces mayor que la nuestra, y tenía quince médicos a su servicio. Sin embargo, las condiciones higiénicas eran allí más lamentables todavía, porque no había letrinas en absoluto, sino únicamente arcas de madera al aire libre, donde las internadas femeninas estaban a la vista de los hombres de las S.S. y de los presos masculinos.

Cuando teníamos casos contagiosos, nos veíamos obligadas a llevar a las pobres mujeres al hospital de aquella sección. Era un problema para nosotras. Si nos quedábamos con las enfermas contagiosas, corríamos el peligro de extender la enfermedad; pero, por otra parte, en cuanto llegaban las pacientes al hospital, corrían el peligro de ser seleccionadas. Sin embargo, las órdenes eran rigurosas, y nos exponíamos a severos castigos si nos quedábamos con los casos contagiosos. Además, el doctor Mengerle hacía frecuentes excursiones por allí y echaba un vistazo para ver cómo seguían las cosas. Ni qué decir tiene, que quebrantábamos las órdenes cuantas veces podíamos.

El traslado de las enfermas contagiosas era un espectáculo lamentable. Tenían fiebres altísimas y estaban cubiertas con sus mantas cuando echaban a andar por la *"Lagerstrasse"*. Las demás cautivas las evitaban como si fuesen leprosas. Algunas de aquellas desgraciadas eran confinadas en el *"Durchgangszimmer"*, o cuarto de paso, que era una habitación de tres metros por cuatro, donde tenían que tenderse en el duro suelo. Aquella era una verdadera antecámara de la muerte.

Las que trasponían aquella puerta, camino a su destrucción, eran inmediatamente borradas de las listas de efectivas y, en consecuencia, no se les daba nada de comer. Así que no les quedaban más que la perspectiva del viaje final.

Día llegaría, pensábamos, en que, por fin, los camiones de la Cruz Roja se presentarían allí y las enfermas serían atendidas. Y así sucedía; pero los supuestos camiones de la "Cruz Roja" recogían a las pacientes y se las llevaban una encima de otra, como sardinas en banasta. Las protestas fueron inútiles. El alemán responsable del transporte cerraba la puerta y se sentaba tranquilamente junto al chofer. El camión emprendía su marcha hacia la cámara de la muerte. Por eso teníamos tanto miedo de mandar al "hospital" los casos contagiosos.

El sistema de administración carecía absolutamente de lógica. Causaba verdadero estupor ver la poca relación que había entre las órdenes distintas que se sucedían unas a otras. Aquello se debía en parte a negligencia. Los alemanes trataban indudablemente de despistar a las presas para disminuir el peligro de una sublevación. Lo mismo ocurría con las selecciones. Durante algún tiempo, eran elegidas automáticamente las que pertenecían a la categoría de enfermas. Pero, de repente, todo cambiaba un buen día, y las que estaban afectadas de la misma enfermedad, como, por ejemplo, difteria, eran sometidas a tratamiento en una habitación aislada y confiadas al cuidado de médicos deportados.

La mayor parte del tiempo, las que padecían de escarlatina estuvieron en gran peligro; pero, sin embargo, ocurría de cuando en cuando que las que contraían tal enfermedad eran atendidas, y algunas hasta se llegaban a curar. Entonces se las devolvía a sus respectivas barracas, y su ejemplo servía para que las demás se convenciesen de que la escarlatina no significaba sentencia de muerte en la cámara de gas. Pero, inmediatamente después, aquella táctica quedaba revocada y era substituída por otra. ¿Cómo podía, por tanto, la gente saber a qué carta quedarse?

Sea de esto lo que fuere, el caso era que muy pocas volvían del hospital de la sección, y éstas no habían entrado en la *Durchgangszimmer,* por lo cual no estaban enteradas de sus condiciones. Aquel "hospital" siguió siendo un espectro de horror para todas. Estaba rodeado de misterio y sombras de muerte.

::   ::   ::   ::

Cierto día, fui testigo en aquel hospital de una escena particularmente patética. Una joven y bella muchacha judía de Hungría, llamada Eva Weiss, que era una de las enfermeras, contrajo la escarlatina atendiendo a sus pacientes. El día que se enteró de que estaba contagiada, los alemanes acababan de abolir las medidas de tolerancia. Como el diagnóstico fue hecho por un médico alemán, la pobre muchacha sabía que era inevitable su translado a la cámara de gas. Pronto llegaría una falsa ambulancia de la cruz roja a recogerla, lo mismo que a las demás enfermas seleccionadas.

Las que sospechaban la verdad estaban al borde de la desesperación. La habitación resonaba con los ecos de los gemidos y de las lamentaciones.

—¡Les aseguro que no tienen por qué alarmarse! —les decía Eva Weiss, quien también procedía de Cluj—. Están ustedes imaginándose cosas aterradoras. Verán, esto es lo que va a pasar: Nos transladarán a un hospital mayor, en el cual nos atenderán mucho mejor que nos atienden aquí. Hasta puedo decirles dónde está localizado el hospital: en el campo de los viejos y de los niños. Las enfermeras son ancianas. Quizás alguna de nosotras encuentre inclusive a su madre. Después de todo, tenemos que pensar en lo afortunadas que somos.

—Siendo enfermera —pensaban las pacientes—, debe estar bien informada.

Y sus palabras las alentaron.

Antes de que se cerrase la puerta de la ambulancia, las demás enfermeras dijeron el último adiós a su camarada Eva. Aquella joven heroína había sabido evitar con su frío valor la tortura de la ansiedad y del terror a las desgraciadas que la acompañaban a la muerte. Es mejor no pensar siquiera en lo que ella sentiría dentro de sí, según caminaba a la cámara de gas.

Naturalmente, fui testigo de centenares de episodios trágicos. Imposible escribir un libro que los relate todos. Pero hubo uno que me emocionó de manera especial.

De una barraca cercana nos trajeron a una joven griega. A pesar de lo demacrada que la había dejado la enfermedad y de ser un esqueleto viviente, conservaba todavía su belleza. No quiso contestar a ninguna de nuestras preguntas y se comportó como muda.

Como nos habíamos especializado principalmente en cirugía, no comprendimos por qué nos la mandaban. Su ficha médica indicaba que no tenía necesidad de intervención quirúrgica.

La sometimos a observación. No tardamos en descubrir que se había cometido una equivocación. Aquella muchacha debía haber sido internada en la sección destinada a enfermas mentales. Casi todo el tiempo estaba sentada, imitando los movimientos precisos de una hilandera. De cuando en cuando, como si la extenuase su trabajo, perdía el sentido, sin que pudiésemos hacerla volver en sí en una o dos horas. Luego movía la cabeza a un lado y a otro, abría los ojos y levantaba los brazos, como para protegerse de golpes imaginarios en la cabeza.

Un día después, la encontramos muerta. Durante la noche había vaciado su jergón de paja para "hilarla". Había desgarrado además su blusa en pequeños jirones para disponer de más cantidad de materia prima que hilar. He visto muchas muertas, pero pocas caras me han conmovido tanto como la de aquella joven griega. Probablemente había estado empleada en trabajos forzados de hilandería. No había logrado con sus esfuerzos más que recibir palos. Sucumbió, y el terror y la desesperación animal acabaron por destruir el equilibrio de su mente.

CAPÍTULO X

Un Nuevo Motivo Para Vivir

A veces, venían también hombres a nuestra enfermería. Generalmente eran internados que trabajaban en los campos de mujeres. Cuando regresaban a sus barracas por la noche, en contraban su enfermería cerrada. No podíamos negarnos a atenderlos, aunque estaba estrictamente *verboten* por los alemanes. Pero sus lesiones procedían de accidentes de trabajo.

Entre ellos llegó un día un francés ya entrado en años, a quien designaré con la inicial "L". La herida que tenía en un pie lo convirtió en visitante asiduo de la enfermería.

L. era una persona encantadora, y lo recibíamos con verdadera alegría. Todos los días nos traía noticias alentadoras de la situación militar y política de Europa. Mientras le curábamos sus lesiones, él calmaba nuestro espíritu atribulado.

Aquel hombre era casi la única fuente de noticias que teníamos. Por lo menos, nos daba información verídica, y no rumores fantasmagóricos. De la actitud de nuestros carceleros no podía sacar conclusión ninguna, porque parecían considerar al campo como institución de carácter permanente. Vista desde Auschwitz-Birkenau, aquella sangrienta guerra se nos hacía muy lejana y casi irreal. La verdad era que no teníamos experiencias de guerra, como no fuesen, muy de tarde en tarde, algunas alarmas aéreas. En cuanto sonaban las sirenas, los valientes S.S. ponían pies en polvorosa a toda velocidad y huían a esconderse en los bosques, deteniéndose exclusivamente para devolvernos a nuestros campos. Cerraban y atrancaban con todo cuidado las puertas: las presas quedaban expuestas al peligro de las bombas, pero los S.S. se escondían.

Como estaba yo pasando entonces por una grave depresión nerviosa, las noticias que nos traía L. eran un verdadero estímu-

Cobardia

lo para mi espíritu. En lo material había mejorado mi situación desde que empezara a trabajar en la enfermería. Pero mi
vida me parecía una carga terrible. Había perdido a mis padres
y a mis hijos, y no sabía una palabra de mi marido, que era la
única persona cuya existencia me sostenía en el mundo de los
vivos. Estaba mentalmente al borde del suicidio. Mis compañeras notaban a ojos vistos que me estaba demacrando día a día.

L. me llamó aparte en cierta ocasión y me reprendió:

—No tiene usted derecho a destrozar su vida. Aunque esta
existencia no represente atractivo ninguno personal para usted,
no tiene más remedio que seguir adelante, aunque sólo sea
para aliviar los sufrimientos de las personas que hay a su alrededor. El puesto en que está se presta perfectamente a rendir
servicios muy valiosos.

Me miró con ojos penetrantes y continuó:

—Naturalmente, esto también tiene sus peligros. ¿Pero no
hay acaso peligro en nuestra vida toda, mientras sigamos aquí?
¿No es el peligro el pan nuestro de cada día? Lo esencial es
que tengamos un objetivo, una ilusión. —> *La meta* I

Entonces me tocó a mí mirarle cara a cara hasta el fondo
de los ojos.

—Me pongo a su servicio —le contesté—. ¿Qué debo hacer?

—Puede hacernos dos favores a todos —replicó—. En primer
lugar, puede divulgar con cuidado todas las noticias que yo le
traigo. Esto es de vital importancia para mantener alto el espíritu de nuestras prisioneras. ¿No le parece?

El correr "falsos rumores" estaba prohibido por los alemanes bajo pena de muerte. ¿Pero qué más daba morir? Yo ni
siquiera pensaba en ello.

—En segundo lugar —prosiguió—, el trabajo que usted desem-
peña la convierte en la mujer ideal para hacer de oficina de
correos. Empezarán a traerle cartas y paquetes. Usted las en-
tregará según las instrucciones que se le den. Y no diga una
palabra a nadie, ni siquiera a sus mejores amigas. Porque si la
sorprenden, la someterán a interrogatorio, y no queremos que
haya testigo ninguno contra usted. ¡No todos son capaces de
tolerar el tormento! ¿Se cree usted lo suficientemente fuerte
para aguantar sus torturas?

Me quedé en silencio. ¿Sería posible que hubiese más padecimientos todavía?

—Procuraré ser fuerte.

Se quedó pensando, y añadió:

—Otra cosa. Tenemos que observar cuanto ocurre aquí.

Porque más adelante escribiremos todo lo que hemos visto.
Cuando termine la guerra, el mundo tiene que enterarse de
esto. Debe hacerse pública la verdad.
A partir de aquel momento, tuve ya un motivo para vivir.
Era miembro del movimiento de resistencia.
Después de aquella entrevista, tuve ocasión de verme con
otros elementos de la "resistencia". Limitábamos nuestras relaciones a nuestro trabajo, y ni siquiera nos preguntamos cómo
nos llamábamos. Se hacía así por precaución obligatoria, para
evitar traicionarnos recíprocamente en caso de que nos arresta-
sen y sometiesen a tortura.
A través de estos nuevos contactos, me enteré por fin de los
detalles más concretos sobre la cámara de gas y los crematorios.

::   ::   ::   ::

Al principio, los condenados a muerte de Birkenau eran
fusilados en el bosque de Braezinsky o ejecutados por gas en la
infame casa blanca del campo de concentración. Los cadáveres
eran incinerados en una fosa. Después de 1941, se pusieron en
servicio cuatro crematorios, con lo que aumentó considerablemente el "rendimiento" de esta inmensa planta exterminadora.
En los primeros tiempos, judíos y no judíos eran enviados
por igual al crematorio, sin favoritismo ninguno. A partir de
junio de 1943, la cámara de gas y los crematorios estaban reser-
vados exclusivamente a los judíos y gitanos. Como no fuese por
error o por algún castigo especial, los arios no eran mandados
allá. Pero, generalmente, éstos eran ejecutados por fusilamiento,
horca o inyecciones de veneno.
De las cuatro unidades destinadas a crematorio que había
en Birkenau, dos eran enormes y consumían un número extraordinario de cadáveres. Las otras dos eran más pequeñas. Cada
unidad constaba de un horno, un gran vestíbulo y una cámara
de gas.
Por encima de cada unidad se erguía una alta chimenea,
que generalmente estaba alimentada por nueve hogueras. Los
cuatro hornos de Birkenau eran calentados por un total de
treinta hogueras o fogatas. Cada horno tenía sus grandes bocas.
Esto es, había 120 bocas, en cada una de las cuales cabían al
mismo tiempo tres cadáveres. Esto quería decir que podían
destruirse 360 cadáveres en cada operación. Aquello no era más
que el comienzo de la "Meta de Producción" nazi.
A trescientos sesenta cadáveres cada media hora, que era

el tiempo necesario para reducir a cenizas la carne humana, salían 720 por hora, o sea, 17,280 cadáveres cada veinticuatro horas. Y conste que los hornos funcionaban con asesina eficiencia día y noche.

Sin embargo, esto no era todo. Debe recordarse además las fosas de la muerte, en que se podían destruir otros 8,000 cadáveres diariamente. En números redondos, venían a cremarse al día unos 24,000 cadáveres. Admirable récord de producción... que deja muy en alto el pabellón de la industria alemana.

Estando todavía en el campo de concentración, logré hacerme con estadísticas detalladas del número de convoyes que llegaron a Auschwitz-Birkenau en 1942 y 1943. Hoy los Aliados conocen el número exacto de tales contingentes, porque estas cifras fueron declaradas por los testigos muchas veces en el curso de los procesos contra los criminales de guerra. Voy a citar sólo unos cuantos ejemplos.

En febrero de 1943, llegaban a Birkenau dos o tres trenes diarios. Cada uno de ellos arrastraba de treinta a cincuenta vagones. En estos transportes llegaban una gran proporción de judíos, pero también otros numerosos enemigos políticos del régimen nazi, a saber, prisioneros políticos de todas nacionalidades, criminales ordinarios y un número considerable de prisioneros de guerra rusos. Sin embargo, la especialidad suprema de Auschwitz-Birkenau era el exterminio de los judíos de Europa, quienes constituían el elemento indeseable entre todos, según la doctrina nazi. Cientos de miles de israelitas eran quemados en los crematorios.

A veces había tal exceso de trabajo en los mismos, que no daban abasto en una jornada diaria para desembarazarse de los cadáveres acumulados. Entonces tenían que quemarlos en las "fosas de la muerte". Eran trincheras de más de cincuenta metros de largo por cuatro de ancho. Estaban provistas de un sistema muy hábil de drenaje para dar salida a la grasa humana.

Hubo además una temporada en que los trenes llegaban todavía en mayor número. El año 1943, fueron transportados cuarenta y siete mil judíos griegos a Birkenau. De ellos fueron ejecutados inmediatamente treinta y nueve mil. Los demás fueron internados, pero murieron como moscas, porque no pudieron adaptarse al clima. Los griegos y los italianos fueron quienes sucumbieron en mayor número al frío y a las privaciones, probablemente porque eran los peor alimentados y los más depauperados de cuantos llegaban. El año 1944, tocó el turno a los judíos húngaros, y más de medio millón fueron exterminados.

Tengo las cifras correspondientes únicamente a los meses de mayo, junio y julio de 1944. El doctor Pasche, médico francés del *Sonderkommando* en el crematorio, me proporcionó los datos que publico a continuación, y conste que estaba en un puesto en que podía perfectamente enterarse de las estadísticas de exterminación:

Mayo, 1944	360,000
Junio, 1944	512,000
Del 1 al 26 de julio, 1944	442,000
	1.314,000

En menos de un trimestre los alemanes habían liquidado a más de 1.300,000 personas en Auschwitz-Birkenau.

::   ::   ::   ::

Tuve muchas oportunidades para presenciar la llegada de los transportes de prisioneros. Un día se me mandó, en compañía de otras tres internadas, a buscar mantas para la enfermería.

En el momento en que llegábamos a la estación, entraba en vías un transporte. Los vagones de ganado estaban siendo vaciados de los seres humanos golpeados y enclenques que habían hecho el viaje juntos, a base de ciento por cada vagón. De aquella espesa y desgraciada turba, surgían gritos desgarrados en todos los idiomas de Europa, en francés, rumano, polaco, checo, holandés, griego, español, italiano... vaya usted a saber cuántos más.

—¡Agua! ¡Agua! ¡Algo que beber!

Cuando llegué yo como ellos, lo había visto todo a través de una nube de incredulidad, y no podía dar cuenta de los detalles; apenas era posible dar crédito a lo que se veía. Pero, pasado el tiempo, había aprendido a interpretarlo todo. Reconocí a ciertos jefes de las S.S. Identifiqué al infame Kramer, a quien los periódicos habían de denominar "la bestia de Belsen", cuya poderosa silueta dominaba la escena. Su máscara de hielo bajo el pelo espeso vigilaba a los deportados con expresión viva y penetrante. Me sentí fascinada al mirarlo, como quien clava los ojos en una cobra. Jamás olvidaré la tenue sonrisa de satisfacción al ver aquella masa humana tan completamente reducida y entregada a su voluntad.

Mientras eran desembarcados los prisioneros, la orquesta del campo, integrada por internados vestidos de pijamas rayados, interpretaba aires alegres para dar la bienvenida a los recién llegados. La cámara de gas esperaba, pero las víctimas tenían que ser tranquilizadas primero. Las mismas selecciones que se realizaban en la estación eran efectuadas generalmente al compás de lánguidos tangos, de números de jazz y de baladas populares.

A un lado esperaban la primera selección. Los viejos, enfermos y niños de menos de doce o catorce años eran destacados a la izquierda y el resto a la derecha. La izquierda quería decir la cámara de gas y el crematorio de Birkenau; la derecha, detención temporal en Auschwitz.

Todo tenía que llevarse a cabo "como era debido" en aquella lúgubre ceremonia. Las mismas tropas de las S.S. observaban escrupulosamente las reglas del juego. Tenían interés en evitar incidentes. Con aquella táctica, unos cuantos guardianes se bastaban para mantener el orden entre los millares de condenados.

Las separaciones daban pie a dramáticos episodios, pero los nazis sabían llevar la cosa a la perfección. Cuando una joven se empeñaba en no querer separarse de su madre anciana, muchas veces transigían y mandaban a la deportada unirse con la persona de quien no querían apartarse. Así, ambas pasaban al grupo de la izquierda, en línea recta hacia la muerte.

Luego, siempre a los compases de la música —no podía menos de recordar al Pied Piper de la leyenda—, los dos cortejos empezaban su procesión. En el interim, los internados de servicio habían reunido todos los equipajes. Los deportados seguían creyendo que se iban a encontrar con sus pertenencias cuando llegasen a su destino.

Otros internados colocaban a los enfermos en las ambulancias de la Cruz Roja. Los trataban con delicadeza hasta que las columnas se perdían de vista, pero en seguida, la conducta de aquellos esclavos de las S.S. cambiaba completamente. Con verdadera brutalidad, empujaban a los enfermos a los camiones de la basura, como si fuesen sacos de patatas, porque las ambulancias ya estaban abarrotadas. Así trataban a sus compañeros de infortunio. En cuanto todo el mundo había encajado a empellones en su sitio, el camión salía en dirección a los crematorios, entre los gemidos y gritos de pavor de los pobres presos.

Gracias a la prueba directa que me conseguí a través del doctor Pasche y de otros miembros de la resistencia, puedo reconstruir las últimas horas de los que eran formados a la izquierda.

Al compás de los aires cautivadores interpretados por los internados músicos, cuyos ojos estaban arrasados de lágrimas, el cortejo de los condenados partía hacia Birkenau. Afortunadamente, no tenían idea de la suerte que les estaba deparada. Al ver el grupo de construcciones de ladrillo rojo que se divisaban adelante, suponían que era un hospital. Las tropas de las S.S. que los escoltaban se conducían con irreprochable "corrección". No eran tan finos cuando trataban con los seleccionados del campo, a los cuales no hacía falta manejar con guante blanco; pero a los recién llegados había que tratarlos con toda finura hasta el fin.

Los condenados eran conducidos a un largo viaducto subterráneo, llamado "Local B", que se parecía al pasillo de un establecimiento de baños. Podían acomodarse allí hasta dos mil personas. El "Director de los Baños", de blusa blanca, repartía toallas y jabón... un detalle más de aquella inmensa farsa. Entonces los prisioneros se quitaban la ropa y dejaban todos sus objetos en una enorme mesa. Bajo los ganchos para colgar las prendas había placas que decían en todos los idiomas europeos: "Si desea usted recoger sus efectos al salir, tome nota, por favor, del número de su percha".

El "baño" para el cual estaban siendo preparados los condenados, no era más que la cámara de gas, que caía a la derecha de aquel vasto pasillo o vestíbulo. Esta dependencia estaba equipada con muchas duchas, a cuya vista cobraban confianza los deportados. Pero los aparatos no funcionaban, ni salía agua de los grifos.

En cuanto los condenados llenaban la baja y angosta cámara de gas, los alemanes acababan con su farsa. Se quitaban las caretas. Ya no eran necesarias las precauciones. Las víctimas no estaban en condiciones de escapar ni de ofrecer la menor resistencia.

Había ocasiones en que los condenados a muerte retrocedían al llegar a la puerta, como avisados por un sexto sentido. Los alemanes los empujaban brutalmente, sin tener inconveniente en disparar sus pistolas sobre la masa. La estancia se atascaba con el mayor número posible de deportados. Cuando quedaban fuera uno o dos niños, se les tiraba por encima de las cabezas de los adultos. Luego la pesada puerta se cerraba como la losa de una cripta.

Dentro de la cámara de gas se desarrollaban horribles escenas, aunque es mucho de dudar que aquella pobre gente sospechase ni siquiera entonces. Los alemanes no abrían inmediatamente el gas. Esperaban. Porque los expertos habían visto que era necesario que subiese primero la temperatura de la habitación unos cuantos grados. El calor animal emanado del rebaño humano facilitaba la acción del gas.

A medida que subía el calor, el aire se hacía pestilente. Muchos condenados murieron según tengo entendido, antes de que se abriesen las espitas del gas.

En el techo de la cámara había un boquete cuadrado, enrejillado y cubierto con un cristal. Cuando llegaba la hora, un guardián de las S.S., provisto de una careta antigás abría el hueco y soltaba un cilindro de "Cyclone-B", gas preparado en Dessau a base de hidrato de cianuro.

Se decía que el Cyclone-B tenía un efecto devastador. Pero no siempre ocurría así, probablemente porque los alemanes querían hacer economías debido al número elevado de hombres y mujeres que había que liquidar. Además, quizás algunos condenados opusiesen gran resistencia orgánica. En todo caso, había muchas veces sobrevivientes; pero los alemanes no tenían entrañas: respirando todavía, se llevaban a los moribundos al crematorio y se los empujaba a los hornos.

Según el testimonio de antiguos internados de Birkenau, muchas personalidades destacadas del nacismo, políticos y otros, estaban presentes cuando se inauguraron el crematorio y las cámaras de gas. Se dice que expresaron su admiración por la capacidad funcional de aquella enorme planta exterminadora. El mismo día de la inauguración, fueron sacrificados doce mil judíos polacos, lo cual no era gran cosa para el Moloch nazi.

::   ::   ::   ::

Los alemanes dejaban con vida cada vez a unos cuantos millares de deportados, pero únicamente con el objeto de facilitar el exterminio de millones de otros. A estas víctimas las obligaban a desempeñar los "trabajos sucios". Eran parte del *"Sonderkommando"*. De tres a cuatrocientos atendían cada crematorio. Su tarea consistía en empujar a los condenados al interior de la cámara de gas y, después de efectuado el asesinato en masa, debían abrir las puertas y sacar los cadáveres. Eran preferidos los médicos y dentistas para ciertas operaciones, los últimos, por ejemplo, para rescatar las dentaduras postizas de los cadáveres y aprovechar los metales preciosos de que estaban hechas. Además, los miembros del *Sonderkommando* tenían que cortar el pelo a las víctimas, lo cual suponía otra ganancia para la economía nacional socialista.

El doctor Pasche, a quien se le había destinado al *Sonderkommando*, me facilitó los datos de la rutina diaria del personal del crematorio. Porque, por extraño que parezca —y ésta no era la única circunstancia extraña y paradójica que había en los campos de concentración— los alemanes tenían un médico especial para atender a los esclavos de la planta exterminadora. El doctor Pasche desempeñaba un puesto activo en el movimiento de resistencia, llevando las estadísticas diarias a riesgo de su vida. Comunicaba los datos que obtenía únicamente a los pocos de quienes podía estar totalmente seguro, con la esperanza de que algún día, dichas cifras fuesen conocidas del mundo entero. El doctor Pasche no se hacía ninguna ilusión respecto a la suerte que le esperaba. Y, en efecto, fue "liquidado" mucho antes de la liberación de Auschwitz.

De los informes de los testigos visuales, podemos imaginarnos el espectáculo que ofrecía la cámara de gas cuando se cerraban las puertas. Entre las torturas de sus sufrimientos, los condenados trataban de treparse uno encima de otro. Durante su agonía, había quienes clavaban las uñas en la carne de sus vecinos. Por regla general, los cadáveres estaban tan apretados y entremezclados que era imposible separarlos. Los técnicos alemanes inventaron unas pértigas provistas de ganchos en su extremo, que se clavaban en la carne de los cadáveres para extraerlos.

Una vez fuera de la cámara de gas, los cadáveres eran transportados al crematorio. Ya he dicho anteriormente que no era raro que hubiese todavía algunas víctimas con vida. Pero se les trataba como cadáveres y eran introducidos en los hornos con los muertos.

Con un montacargas se levantaban los cadáveres y se metían en los hornos. Pero primero se les catalogaba metódicamente. Los niños iban por delante, para que sirviesen de tizones; luego, llegaba su turno a los cadáveres depauperados, y, finalmente, a los más corpulentos.

Mientras tanto, el servicio de recuperación funcionaba sin descanso. Los dentistas sacaban a los cadáveres las dentaduras metálicas, los puentes, las coronas y las placas. Otros oficiales del *Sonderkommando* recogían los anillos, porque, a pesar de todo el control que tan rigurosamente se llevaba, había internados que se quedaban con ellos. Naturalmente, los alemanes no querían perder nada de valor.

Los Superhombres Nórdicos sabían aprovecharlo todo. En envases inmensos se recogía la grasa humana, que se había derretido a altas temperaturas. No tenía nada de extraño que el jabón del campo oliese de manera tan peculiar. ¡Ni hay por qué asombrarse de que los internados sospechasen a veces del aspecto de algunos pedazos de salchichón!

Hasta las mismas cenizas de los cadáveres eran utilizadas para abonos de las granjas de labor y de los jardines aledaños. El "exceso" era arrojado al Vístula. Las aguas de este río se llevaron los restos de millares de pobres prisioneros.

El trabajo del *Sonderkommando* era, indudablemente, el más penoso y repugnante. Había dos turnos de doce horas cada uno. Este personal vivía en barrio aparte del campo, y tenía rigurosamente prohibido el contacto con los demás presos. A veces, a guisa de castigo, no se les permitía siquiera volver al campo, sino que tenían que vivir en el mismo edificio de los crematorios. ¡Allí les sobraba calor, pero qué lugar más horrendo para comer y dormir!

La vida de los miembros del *Sonderkommando* era verdaderamente infernal. Muchos de ellos se volvieron locos. Con frecuencia se veía a un marido a quien obligaban a quemar a su misma mujer; a un padre que hacía otro tanto con sus hijos; a un hijo, con sus padres; y a un hermano, con su hermana.

Al cabo de tres o cuatro meses en aquel infierno, los trabajadores del *Sonderkommando* veían llegar su turno. Los alemanes lo tenían previsto así. Perecían en la cámara de gas y luego eran quemados por los que habían venido a ocupar sus puestos. La planta exterminadora no podía dejar de producir, aunque cambiase el personal.

Entonces tuve ya dos motivos para seguir viviendo: uno era trabajar por el movimiento de resistencia y ayudar cuanto tiempo pudiese mantenerme sobre mis pies; el segundo era soñar y rezar porque llegase el día en que fuese libre y pudiese decir al mundo entero: "¡Esto es lo que vi con mis propios ojos! ¡No podemos consentir que vuelva a repetirse!"

CAPÍTULO XI

"Canadá"

Teníamos en Auschwitz-Birkenau un edificio que no sé por qué se llamaba "Canadá". Dentro de sus muros se almacenaban las ropas y demás pertenencias quitadas a los deportados cuando llegaban a la estación, o cuando se iban a duchar, o en el vestíbulo del crematorio.

El "Canadá" contenía una riqueza considerable, porque los alemanes habían animado a los deportados a que se llevasen sus objetos de valor. ¿No habían anunciado acaso en muchas ciudades ocupadas que no era "contra las ordenanzas" llevarse los efectos personales consigo? Esta invitación indirecta resultó mucho más eficaz que si hubiesen indicado directamente a las víctimas que se llevasen sus joyas. En realidad muchos deportados se llevaban cuanto podían, con la esperanza de ganarse algunos favores a cambio de sus objetos de valor.

En los equipajes se encontraban un poco de todo: tabaco, chamarras de piel, jamón ahumado y hasta máquinas de coser. ¡Qué cosecha tan magnífica para el servicio de recuperación del campo!

En el Canadá había especialistas dedicados exclusivamente a descoser forros y despegar suelas con objeto de hallar tesoros ocultos. El sistema debió dar a los alemanes buenos resultados, porque encargaron de la tarea a un contingente considerable de energía humana, integrado por cerca de mil doscientos hombres y dos mil mujeres. Todas las semanas, salían de Auschwitz para Alemania uno o más trenes atiborrados de productos procedentes del servicio de recuperación.

A los numerosos objetos quitados a los deportados o sustraídos de sus equipajes, se añadía el pelo de las víctimas, procedente de los rapados de vivos y cadáveres. Entre los artículos almacenados en el Canadá que más dolorosamente me impresionaron, había una fila de coches de niño, que me trajeron al pensamiento a todos los desgraciados párvulos que los alemanes habían ejecutado. Otra sección emocionante era la destinada a los zapatos de niños y juguetes, que siempre estaba bien abastecida.

Pertenecer al personal del Canadá o estar asociado con sus comandos constituía un gran privilegio para los cautivos. Estos "empleados" tenían numerosas oportunidades de robar, y, a pesar de las amenazas de castigos severos, las aprovechaban cuanto podían. Pero aquellas ordenanzas no rezaban con los oficiales alemanes, los cuales hacían numerosos viajes de inspección al Canadá y se llevaban unos cuantos diamantes como recuerdo en una cámara fotográfica, o una pitillera.

Muchos comandos robaban con la esperanza de poder comprar su libertad. Gracias a los sobornos de este tipo, ocurrieron muchas fugas mientras estuve en el campo. Generalmente no se salían con la suya. Los alemanes aceptaban de mil amores cuanto se les ofrecía, pero en lugar de facilitarles la huída, les complacía más abatir a tiros a sus clientes.

Los objetos robados del Canadá se negociaban después en el mercado negro.

::   ::   ::   ::

Pese a las feroces medidas disciplinarias, teníamos un mercado negro muy activo. Los precios se fijaban de conformidad con la escasez de los artículos, lo pobre de las raciones, y, naturalmente, en proporción con los riesgos que suponía conseguir el artículo en cuestión.

Por tanto, no debe extrañarse nadie de que una libra de Margarina costase 250 marcos de oro, o sea cerca de 100 dólares; un kilo de mantequilla, 500 marcos; un kilo de carne, 1,000 marcos. Un cigarrillo costaba 7 marcos, pero el precio de una fumada estaba sometido a fluctuaciones.

Claro está, sólo unos cuantos podían permitirse esos lujos. Sólo los escrupulosos empleados o trabajadores del Canadá disponían de medios. Tenían que establecer contacto con los que trabajaban fuera del campo o con los mismos guardianes, para poder cambiar sus objetos de valor por dinero o artículos raros. En estos dobles cambios, perdían mucho. A veces, una joya de gran valor se cambiaba por una botella de vino ordinario.

También contribuía al tráfico el personal de la cocina. Ellos eran igualmente de los privilegiados, en comparación con un

Civiles alemanes son obligados a desfilar ante los cadáveres de 30 mujeres judías, obligadas a morir de inanición por las tropas de los S.S. alemanes, en una marcha de 300 kilómetros a través de Checoslovaquia. Los cuerpos, enterrados en fosas poco profundas en Volary, Checoslovaquia, fueron exhumados por civiles alemanes, bajo instrucciones de médicos de la 5a. División de Infantería del Tercer Ejército de Estados Unidos. Los cadáveres serían colocados en ataúdes y vueltos a sepultar en el cementerio de Volary.

LAS MUJERES ALEMANAS DESCARGAN A LAS VÍCTIMAS DE BELSEN PARA ENTERRARLAS.

Las mujeres nazis descargan los cadáveres de las víctimas, del Campo de Concentración, en Belsen, Alemania, de\ unos camiones en que se les transportaba a la fosa común. El hambre y las enfermedades mataron a cientos de los muchos miles que estaban prisioneros en el Campo. Los soldados británicos, con rifles, permanecen sobre la tierra que servirá para cubrir la hueso comunal. (Ésta es una fotografía oficial británica).

Fotografía suministrada por Olga Lengyel.
Autora de LOS HORNOS DE HITLER.

Algunos de los supervivientes de Auschwitz.

Civil ejecutado de un balazo en la nuca.

PANTALLA DE LAMPARA, HECHA CON PIEL HUMANA

Campo de Concentración de Buchenwald.

**LOS NAZIS CARGAN EN CAMIONES A LAS VÍCTIMAS
DE BELSEN PARA SER ENTERRADAS.**

Unas tropas S.S. Nazis que fueron capturadas, cargan en camiones, para
enterrarlas, a sus víctimas del Campamento de Concentración en Belsen,
Alemania, que fue tomado por tropas del Segundo Ejército Británico. Al
fondo, los guardias británicos están listos con sus fusiles. Cientos murieron
de hambre y enfermedades en el campo, que alojaba a miles de prisioneros. (Esta fotografía británica es oficial).

EL GRUPO DE EISENHOWER CONTEMPLA
DIRECTAMENTE LAS ATROCIDADES

El General Dwight D. Eisenhower, Comandante Supremo de los Aliados
(tercero de la derecha, al frente), y un grupo de altos oficiales del Ejército
Norteamericano, contemplan los cadáveres achicharrados de los prisioneros
que quemaron en el campo de concentración de Gotha, Alemania. En el
grupo se pueden identificar al General Omar N. Bradley, General en Jefe
del 12avo. Ejército (a la derecha de Eisenhower), y el Teniente-General
George S. Patton, General en Jefe del 3er. Ejército (extrema derecha de
la fila de enfrente)

LOS HORRORES DE DACHAU DESCUBIERTOS

Alemania. Escenas como ésta recibieron a las tropas de Estados Unidos en Dachau, el más infame de los campos nazis de concentración, que liberaron los norteamericanos en su avance victorioso a través de Alemania. Miles de cadáveres víctimas de inanición estaban amontonados casi hasta el techo de cobertizos esperando a ser incinerados y miles de supervivientes enloquecieron de alegría, al ver que los soldados norteamericanos irrumpían en su campo de prisioneros. Tres miembros de los cuerpos médicos examinan aquí los cadáveres que yacen en un furgón. Habían sido evacuados de otros campos y estaban consignados al crematorio.

prisionero común. Se comía mejor en la cocina. Además, todos los que trabajaban allí podían conseguirse ropas mejores, gracias al cambio por otros objetos, o sea, al sistema de comercio por trueque. Los alimentos robados los cambiaban por zapatos o chaquetas viejas. Todas las tardes, entre las cinco y las siete, funcionaba fuera de las barracas un concurrido mercado negro.

Este tipo de tráfico en especie era resultado natural de las condiciones locales en que vivíamos. Era difícil sustraerse a él. Yo pagué la ración de pan de ocho días por una prenda que necesitaba para hacerme una blusa de enfermera. Pero además hube de sacrificar tres sopas para que me la cosiesen. Alimento o vestido era el eterno dilema en que nos encontrábamos.

:: :: :: ::

El mercado negro me lleva de la mano a tratar del "Campo Checo", el cual fue, durante muchos meses, una fuente abundante de ropa. Después de unas breves negociaciones, las internadas de nuestro campo tiraban sus raciones de margarina o de pan por encima de la almabrada de púas, al campo checo. Las checas, en cambio, nos arrojaban prendas de vestir. El negocio era muy peligroso. Si pasaba por allí algún guardián, podría descerrajarnos un tiro. O también, la ropa recibida podría quedarse enganchada en los alambres. Pero, como dice el refrán, "El que no se arriesga no cruza la mar".

¿A qué se debía el que las checas fuesen más ricas que nosotras en prendas de vestir? La razón era posiblemente un simple capricho o desorden de la administración, o acaso, según se rumoraba, la intervención eficaz de personajes influyentes de Checoslovaquia. A principios del verano de 1943, a uno de los transportes checos le ahorraron todas las formalidades de rigor; no hubo selecciones, ni confiscación de equipajes, ni cortes de pelo. Además, los hombres quedaron exentos de trabajos forzados y las familias permanecieron juntas, privilegio inaudito en Birkenau. Para sus pequeños, establecieron una especie de escuela.

Los checos eran los únicos que recibían regularmente paquetes de sus familias, por lo menos durante cierto tiempo. Aprovechaban los permisos oficiales que se les concedían para solicitar toda clase de pertenencias útiles, sobre todo lana para tejer, con la que se confeccionaban prendas de abrigo, bien para su uso personal bien para el mercado negro.

Pero aquella situación de privilegio iba a durar poco tiem-

po. Al cabo de seis meses, el trato de favor se acabó. Un día,
los checos se enteraron de que los alemanes estaban preparán-
dose para liquidarlos. Inmediatamente tomaron el acuerdo de
sublevarse. Pero la sedición fue un fracaso. En el último momento fue envenenado el jefe, que era un antiguo profesor de
Praga. Se hizo cargo de la situación el *Lageraelteste,* un criminal
empedernido y bestial. La noche siguiente se distribuyeron entre los checos más tarjetas postales para que informasen a sus
parientes cercanos que estaban bien y para que les pidiesen más
paquetes de diferentes artículos. Pocas horas después, fueron
exterminados todos, viejos y jóvenes, enfermos y sanos.

No se perdió tiempo en transportar allá a otros checos para
que llenasen su campo.

Tuve ocasión de comunicarme con el contingente del tren
segundo. Estos checos fueron también objeto de un trato de
favor, a excepción del alimento, que era abominable. Como
animalillos hambrientos, sus hijitos vagaban junto a la alambrada, esperando que alguien les tirase algún resto de comida
o un pedazo de pan.

Un buen día corrió la voz de que estaban siendo liquidados
los integrantes del segundo grupo de checos. Primero se llevaron a los hombres, luego a las mujeres jóvenes. Los que quedaron, es decir, los niños y los viejos, no se forjaron ilusiones.
Empezaron a cambiar cuanto tenían por un mendrugo de pan
o margarina. Por lo menos, querían hartarse antes de morir.

Aquella tarde, un muchacho checo, que estaba enamorado
de una *Vertreterin* joven de nuestro campo, le dijo adiós a
través de la alambrada de púas que nos separaba de ellos. Sabía
cómo iba a terminar el día para él.

—Cuando veas las primeras llamaradas del crematorio al
amanecer —le dijo—, tómalo como mi saludo para ti.

La chica se desmayó. Él se la quedó mirando desde el otro
lado de la alambrada con los ojos bañados de lágrimas. Nosotras
la ayudamos a levantarse.

—Amada mía —continuó diciéndole él—. Tengo un diaman-
te que quería dártelo de regalo. Lo robé mientras trabajaba en
el Canadá. Pero ahora voy a tratar de cambiarlo porque me den
ocasión de poder pasar a tu campo y estar contigo antes de morir.

No sé cómo se las arreglaría, pero el caso es que lo consiguió, y el muchacho se presentó. Todo el mundo sabía que se
aproximaba el fin del campo checo. Podría ser cosa de un día
más, acaso de unas cuantas horas solamente. La *blocova* dejó a
la joven pareja a solas en su habitación. Las demás internadas

se plantaron por la parte de afuera para vigilar, que no se presentase de repente algún alemán.

Mientras se llevaba a cabo la revista rutinaria de la tarde, los checos fueron obligados a entregar su calzado. Aquélla era una señal inequívoca.

Ya entrada la noche, llegaron al campo numerosos camiones de basura. Cuantos quedaban todavía en el campo checo tuvieron que treparse a ellos. Algunos oponían resistencia, pero los guardianes los golpeaban a palos o los atravesaban con sus pértigas de ganchos.

Pegadas a las paredes de nuestra enfermería, presenciábamos nosotras la horrible escena. La pequeña *Vertreterin* vio cómo metían a empellones a su novio checo en el vagón. La alborada nos sorprendió temblando delante de la pared; acababan de arrancar los últimos camiones. Nuestros ojos seguían la trayectoria del humo que eructaban los crematorios... Eran los restos de nuestros pobres vecinos.

Durante la noche se le quedó casi completamente blanco el pelo a la joven *Vertreterin*.

Los primeros rayos del sol revelaron, esparcidos por el suelo del campo checo, unos cuantos objetos abandonados: un rebojo de pan, una muñeca de trapo y algunas prendas de vestir. Aquello fue todo lo que quedó de la aldea checa de ocho mil almas, que tan corta vida habían tenido.

CAPÍTULO XII

El Depósito de Cadáveres

Aunque mi trabajo estaba en la enfermería, durante algún tiempo tuve que transladar también los cadáveres del hospital. Por si esto fuera poco, habíamos de limpiar los cuerpos, tarea horrible, porque se trataba de nuestras antiguas pacientes; y además, nuestro suministro de agua para lavar a los vivos era muy limitado, cuánto más para limpiar a los muertos. Cuando terminábamos el trabajo, teníamos que arrojar los muertos a un montón de cadáveres putrefactos. Y luego, no contábamos con nada con qué desinfectarnos, o lavarnos siquiera las manos.

Hacíamos el trabajo entre dos. Tendíamos los cadáveres en unas parihuelas y, bajo la vigilancia de los alemanes, los transladábamos al depósito, que estaba a media hora de camino del hospital. Habría sido una tarea laboriosa para hombres sanos. Para nosotras, resultaba agotadora. Los guardianes no nos dejaban un solo momento para respirar; pero la inhumanidad estaba a la orden del día en Birkenau.

A la entrada del depósito, dejábamos las parihuelas en el suelo y cargábamos el cadáver al interior. No hacíamos más que amontonarlo sobre los demás. Sudábamos copiosamente, pero no nos atrevíamos a limpiarnos la cara con las manos contaminadas.

De entre todos los horripilantes trabajos que tuve que realizar, éste fue el que me dejó recuerdos más macabros. No quiero seguir describiendo cómo teníamos que tropezarnos con los montones de cadáveres en putrefacción, muchos de los cuales pertenecían a personas que habían muerto de enfermedades terribles. Todavía no me explico de dónde pude sacar fuerzas necesarias para seguir realizando aquellas tareas. No me desmayé siquiera una vez, como ocurría a tantas compañeras mías.

Durante mucho tiempo estuvo ayudándome a transportar los cadáveres una muchacha que había sido estudiante en Varsovia. Nos golpeaban con mucha frecuencia, porque los alemanes nos acusaban de no desempeñar con diligencia nuestro trabajo y de realizar a paso lento aquella "marcha funeral". Nos gritaban:

—¡Lleven más aprisa esos *Scheiss-Stucke*!

Así llamaban a los cadáveres. Y mientras nos urgían a caminar más rápidamente, nos molían a golpes.

La joven polaca estaba dominada por un único sentimiento... el amor a su madre. Era el tema principal de sus conversaciones. Cuando hablaba de ella, me decía confidencialmente:

—Está escondida en las montañas. Los alemanes no serán capaces de encontrarla jamás.

Pero un día, según penetrábamos en el depósito de cadáveres, rompió a reir en carcajadas histéricas. Tuve que sacarla de allí antes de que la agarrasen los alemanes.

Entre los cadáveres, acababa de descubrir el cuerpo de su querida madre, a la que creía tan segura.

De la vista de los cadáveres apilados en el depósito, podíamos deducir qué tipo de deformaciones físicas producía a los internados la vida del campo de concentración. Había ocasiones en que ya al cabo de poco tiempo, muchos prisioneros parecían esqueletos. Habían perdido el 50 ó 60 por ciento de su peso original y habían mermado de talla. Parecerá increíble, pero la verdad es que no pesaban realmente más de treinta o treinta y tantos kilos. Por la misma causa, a saber, la alimentación defectuosa, a otros se les hinchaba anormalmente el cuerpo.

En las mujeres, la obesidad era muchas veces provocada por dificultades o trastornos menstruales. Después de haber sido liberado Auschwitz, un profesor de Moscú, que había realizado muchas observaciones durante las autopsias en las investigaciones, sacó la conclusión de que el noventa por ciento de las internadas acusaban un positivo debilitamiento o secamiento de los ovarios. La dismenorrea era casi un fenómeno general allí.

No es éste el momento apropiado para dar explicaciones científicas, pero sí debo añadir que uno de los factores que contribuían a ello era la angustia constante en que vivíamos.

El misterioso polvo químico con que los alemanes adobaban nuestra alimentación era probablemente una de las causas de que se nos interrumpiese la menstruación. No he logrado personalmente conseguir la prueba que necesitaba para demostrar que los alemanes diluían en nuestra comida substancias químicas para retardar y debilitar nuestras reacciones sexuales. Pero, sea de ello lo que fuere, la *Lageraelteste,* las *blocovas* y las *Stubendients,* lo mismo que las empleadas de la cocina, ninguna de las cuales comía la alimentación ordinaria del campo, estaban libres, en su mayor parte de desarreglos menstruales.

Pero, la verdad es que tengo buenas razones para creer que los alemanes nos envenenaban con su polvo misterioso. Una vez hablé de ello con una presa que trabajaba en la cocina. Me confirmó que tenían la orden de mezclar dicha substancia con todos los alimentos que nos daban.

—Por lo que más quieras, dame un poco de ese polvo —le supliqué—. Si salgo algún día de aquí, voy a exhibir otra prueba contra ellos.

—No lo tengo —me contestó—. La mujer de las S.S. lo mezcla personalmente con la comida que se cocina. A nadie más se permite acercarse a dicho polvo.

Era pasmoso ver cómo cambiaba en unas cuantas semanas el aspecto físico de las internadas en el campo de concentración. Perdían vitalidad, y sus movimientos se hacían lentos y apáticos; andaban con los talones hacia adentro. En invierno, sus músculos aductores se contraían por el frío, acentuando más aún su traza anormal.

En muchos casos, las cautivas daban muestras de trastornos mentales. Perdían la memoria y la capacidad de concentrarse. Se pasaban largas horas mirando al vacío, sin dar la menor señal de vida. Finalmente, terminaban por hacerse totalmente indiferentes a su sino, y se dejaban llevar a la cámara de gas en un estado de indiferencia casi absoluta. Este embotamiento facilitaba, claro está, las cosas a los alemanes.

::   ::   ::   ::

Nunca supe si sería mejor abrir zanjas junto al crematorio o trabajar en la estación del ferrocarril, de la que teníamos que recoger todas las inmundicias dejadas por el último convoy.

Metíamos la basura en grandes bolsas. Eran periódicos de todos los países, latas vacías de sardinas, botellas rotas, juguetes, cucharas. A veces teníamos que cargar las piezas de equipaje de la estación hasta el Canadá, donde se apilaban en verdaderas montañas. Mi obligación era llevar las bolsas a las presas encargadas de aquella misión, quienes las iban clasificando: tiraban las camisas al montón de camisas, los juguetes en otro montón, y los desperdicios con la basura.

A veces teníamos que abrir una inservible caja de cartón, atada con una cuerda. Había ocasiones en que nos encontrábamos con maletas caras, de cuero. En Birkenau se daban cita la riqueza y la pobreza de toda Europa.

De cuando en cuando encontrábamos en las cajas de cartón unas cuantas galletas rancias envueltas en papel de periódico. Algunas deportadas se habían llevado carne molida; el olor pútrido llenaba la habitación. Pero hasta aquellas galletas secas y aquellas hamburguesas pasadas nos despertaban el apetito.

Cuando cavábamos cerca del crematorio, oíamos los últimos gritos de los que eran conducidos al interior de la cámara de gas. Cuando trabajábamos junto a la estación del ferrocarril, era para nosotras una tortura escuchar lo que decían las pobres personas ingenuas que acababan de llegar. Al salir del tren, se acusaba en sus caras una expresión de alivio. Parecían decir:

—Hemos padecido mucho en el viaje, pero ya, gracias a Dios, hemos llegado.

El espectáculo que ofrecían al ayudarse mutuamente a arreglarse un pañuelo o a abrochar a una nena el abrigo, me recordaba mi llegada al campo y el desengaño que hube de sufrir después.

¿Cómo podía hacer para que no cometiesen las mismas equivocaciones que yo cometí? Ya estaban desfilando por delante de la mesa oficial para su primer selección. Procuré acercarme a las mujeres según iban pasando, y les susurré al oído:

—Díganles que su hijo tiene más de doce años... Que no vaya a decir su hija que está enferma... Mande a su hijo que se presente muy derecho... Digan siempre que gozan de perfecta salud...

La hilera seguía avanzando hacia la mesa.

Las mujeres me miraban sorprendidas y me preguntaban:

—¿Por qué?

Luego se quedaban con los ojos clavados en mí, como si quisieran decir:

—¿Pero qué se propone esta mujer sucia? Tiene que estar loca.

No, no eran capaces de comprender la importancia de lo que yo les estaba indicando. En sus ojos había una mueca de desprecio. ¿Qué les iban a enseñar unas mujerzuelas vestidas de andrajos? Ni les pasaba siquiera por la cabeza que a ellas también iba a ocurrirles otro tanto, que ellas también iban a verse cubiertas de harapos. Y así se iba repitiendo la tragedia constantemente. En su afán por evitar a sus pequeños los trabajos forzados, mentían en cuanto a la edad que tenían y los mandaban, sin saberlo, a la cámara de gas.

En medio de aquel caos, los alemanes vociferaban, los prisioneros murmuraban, y se llevaba a cabo su separación en dos grupos: ¡a la derecha y a la izquierda!... ¡Vida o muerte!

:: :: :: ::

Seguía todavía observando los transportes cuando vi, con gran asombro, que salían cuatro hombres de las filas, vestidos con trajes deportivos. Eran rubios y esbeltos, aunque su apostura había quedado un poco abatida a causa del largo viaje. Los guardianes trataron de empujarlos hacia atrás, pero ellos insistieron en que querían hablar con el "comandante".

Uno de los oficiales alemanes que estaba por allí observó lo que pasaba e hizo una seña a los soldados para que dejasen acercarse a los hombres. Yo estaba a unos diez metros, pero oí lo que decían en voz alta. ¡Cuál no sería mi sorpresa al notar que hablaban en inglés!

Indudablemente, el oficial alemán los entendía, pero después de haber cambiado las primeras palabras, les indicó que debían hablar en alemán. Uno de ellos logró construir unas cuantas frases quebradas, en alemán, hablando por el grupo e interpretándoselas. Se referían a otro campo del cual habían sido transladados, e insistían en que los alemanes no tenían derecho a sacarlos de allí.

El oficial estaba positivamente divertido.

—¿Que no tenemos derecho? —les dijo con una sonrisa sarcástica.

—Claro que no lo tienen —replicó el intérprete, vestido deportivamente—. ¡Nosotros no somos judíos!

—¿Y qué tiene que ver que no sean ustedes judíos? Eso no me interesa. ¡Ustedes son americanos! —repuso el alemán.

—¡Le exijo que nos trate según las normas del Derecho Internacional!

—Como quiera —le contestó el oficial con toda amabilidad—. Vamos a mandar directamente su petición al Gobierno americano. Si tienen ustedes un poco de paciencia, a lo mejor se las llevamos a Washington personalmente.

—Transladen a esos caballeros al Campo Americano —ordenó otro oficial.

Los soldados se pusieron firmes con sus rifles y saludaron al oficial con el "Heil" de rigor. Luego se llevaron al pequeño grupo hacia el bosque, distante unos cincuenta metros de allí.

Momentos después, oíamos varias detonaciones. Pero las detonaciones eran tan corrientes en Birkenau, que ni siquiera nos llamaron la atención.

Mientras tanto, la música seguía sonando y las columnas de deportados marchando hacia la muerte.

Semanas después, me tocó separar el equipaje "reclamado" de la estación del ferrocarril. Encontré una porción de maletas que parecían lo mismo. Todas ellas contenían camisas con etiquetas norteamericanas, raquetas de tenis, suéters, cámaras fotográficas y retratos de parejas con niños.

Inclusive, hallamos en una maleta varios discos de gramófono. Un viejo internado, loco por la música, colocó rápidamente uno de estos discos, en el fonógrafo portátil que hallamos en el equipaje. Oímos una hermosa y clara voz que cantaba un villancico de Navidad. Aquello nos conmovió. Las demás presas interrumpieron su trabajo y se pusieron a escuchar.

Un centinela alemán, que indudablemente había oído la música, se abalanzó al interior de la habitación. Pegó una patada al tocadiscos y machacó el disco. Cuando recogimos los pedazos, leí el título. Habíamos estado escuchando el villancico "Noche de Paz", cantado por Bing Crosby. Durante unos momentos, el artista norteamericano nos había ayudado a olvidar Auschwitz.

Me puse a tirar las fotografías al montón de la basura, como mandaban las ordenanzas. Pero, de repente, una foto me llamó la atención.

"He visto estas caras en alguna parte", pensé.

Y entonces recordé... Eran los americanos de la estación.

—¿Dónde está el campo americano? —pregunté a la vieja prisionera.

—No seas estúpida —me contestó de mal humor—. Pero, ¿no ves que no hay tal campo americano?

—Es que he oído que hay uno —insistí.

—Como quieras... El campo de los norteamericanos está en el mismo lugar que el de los viejos y el de los niños.

—Entonces, ¿mataron a aquellos americanos? —le pregunté—. ¿Será posible?

Ella sonrió burlonamente.

—Los norteamericanos —me explicó— no son más que combustible para los crematorios. A los ojos de los alemanes no son sino enemigos, lo mismo que nosotras. Eso de matar nunca fue un problema para los alemanes. Se los llevan al bosque y los ejecutan. Ése es el campo americano.

CAPÍTULO XIII

El "Angel de la Muerte" Contra el "Gran Seleccionador"

Aquel día debí morir. Ni siquiera cuando fui "seleccionada" estuve tan cerca de la muerte. Cuando pienso en ello, me considero muerta, y me imagino que estoy regresando del otro mundo.

Si Irma Griese hubiese sido menos curiosa, yo había perecido. Pero, por lo visto, estaba demasiado interesada en averiguar por qué el doctor Fritz Klein, médico de las S.S. encargado del campo de mujeres de Auschwitz y después de Bergen-Belsen, había creado un puesto expresamente para mí, aunque estaba convertida en una piltrafa humana, rapada la cabeza, sucia, harapienta, y con dos zapatos de hombre, que no pertenecían al mismo par, en los pies. Gracias a que quería enterarse, me salvé de morir.

Por aquel entonces, las "selecciones" eran llevadas a cabo por las más altas jerarquías femeninas del campo, Hasse e Irma Griese. Los lunes, miércoles y sábados, duraban las revistas desde el amanecer hasta que expiraba la tarde, hora en que tenían ya completa su cuota de víctimas.

Cuando aquellas dos mujeres se presentaban a la entrada del campo, las internadas, quienes ya sabían lo que les esperaba, se echaban a temblar.

La hermosa Irma Griese se adelantaba hacia las prisioneras con su andar ondulante y sus caderas en movimiento. Los ojos de las cuarenta mil desventuradas mujeres, mudas e inmóviles, se clavaban en ella. Era de estatura mediana, estaba elegantemente ataviada y tenía el cabello impecablemente arreglado.

El terror mortal inspirado por su presencia la complacía indudablemente y la deleitaba. Porque aquella muchacha de veintidós años carecía en absoluto de entrañas. Con mano segura escogía a sus víctimas, no sólo de entre las sanas, sino de entre las enfermas, débiles e incapacitadas. Las que, a pesar de su hambre y penalidades, seguían manifestando un poco de su belleza física anterior eran las primeras en ser seleccionadas. Constituían los blancos especiales de la atención de Irma Griese.

Durante las "selecciones", el "ángel rubio de Belsen", como más adelante había que llamarla la prensa, manejaba con liberalidad su látigo. Sacudía fustazos adonde se le antojaba, y a nosotras no nos tocaba más que aguantar lo mejor que pudiésemos. Nuestras contorsiones de dolor y la sangre que derramábamos la hacían sonreir. ¡Qué dentadura más impecable tenía! ¡Sus dientes parecían perlas!

Cierto día de junio del año 1944, eran empujadas a los lavabos 315 mujeres "seleccionadas". Ya las pobres desventuradas habían sido molidas a puntapiés y latigazos en el gran vestíbulo. Luego Irma Griese mandó a los guardianes de las S.S. que claveteasen la puerta. Así fue de sencillo.

Antes de ser enviadas a la cámara de gas, debían pasar revista ante el doctor Klein. Pero él las hizo esperar tres días. Durante aquel tiempo, las mujeres condenadas tuvieron que vivir apretujadas y tiradas sobre el pavimento de cemento sin comida ni bebida ni excusados. Eran seres humanos, ¿pero a quién le importaban?

Mis compañeras sabían que yo solía acompañar al doctor Klein en sus visitas médicas. Me suplicaron que me lo llevase hacia los lavabos para rescatar de allí a algunas pobres desgraciadas. Otras me rogaron que intercediese por la vida de alguna amiga, de su madre, o de su hermana.

El día que el doctor Klein iba a llegar, sentí que se me subía el corazón a la garganta, porque allí notaba su palpitar. Me había decidido a arrancar de las garras de la muerte a unas cuantas de aquellas criaturas por lo menos, costara lo que costase.

—*Herr Oberarzt* —le dije, temblando de pies a cabeza, cuando comenzamos nuestra ronda—, indudablemente, ha debido haber alguna equivocación en las últimas selecciones. Han encerrado en los lavabos a algunas prisioneras que no están enfermas. Acaso no valga la pena mandarlas al "hospital".

Hice como que no sabía nada de la existencia de la cámara de gas.

—Pero usted no tiene medicinas —me contestó el doctor Klein—. Además su directora hizo la selección personalmente. Poco es lo que puedo yo hacer ahora.

Esto ocurrió antes de que en nuestro campo hubiese hospital ni enfermería ninguna, y no me atreví a proponerle que cuidásemos nosotras mismas a las enfermeras. ¡Teníamos doctoras internadas en cada barraca, pero carecíamos de medicinas!

Decidí lisonjear un poco al doctor Klein.

—Estas pobres mujeres ya no tienen a nadie ni nada en el mundo —insistí—. No tienen hogar ni familia. Pero a algunas todavía les vive la madre, o una hermana, o un hijo en el campo. Yo le suplico, doctor, que no se las separe. ¡Piense usted en su hermana o en su madre, si la tiene!

El doctor Klein no me contestó. Le había hablado mientras nos dirigíamos a los lavabos. Ya habíamos llegado. Con una sola y breve palabra de mando, los centinelas de las S.S. forzaron la puerta claveteada. Entramos.

Allí estaban las 315 mujeres, que habían permanecido encerradas en aquel lugar tres días y tres noches. Muchas habían muerto ya. Otras, que ya no podían tenerse en pie, estaban sentadas en cuclillas sobre los cadáveres. Había más todavía, verdaderos esqueletos vivos, que se encontraban demasiado débiles para levantarse. Encerradas, como habían estado, durante tres días, ahora parpadeaban al ver la luz y se llevaban las manos a la cara.

Gritaban:

—¡No hemos tenido nada que comer en tres días! ¡Nosotras no estamos enfermas! ¡No queremos ir al hospital!

El doctor Klein, quien generalmente estaba sereno y era el único alemán de Auschwitz que no vociferaba jamás, perdió los estribos. Su cara se le enrojeció y de repente se puso a gritar:

—¿Qué pasa en esta barraca? ¿Es que no quieren trabajar ya? ¿Quieren mandar a todo el mundo al hospital? ¡Yo les voy a enseñar lo que es bueno, ya verán! ¡Salgan de aquí! ¡Son ustedes un hato de haraganas!

Me estremecí al presenciar aquella explosión de cólera. Luego, al verle cómo se llevaba hacia la salida a algunas de las más fuertes, comprendí.

—Mire, doctor, aquí hay otra supuesta inválida —le dije, señalando con el dedo a una joven, que era matemática insigne.

—¡Salga de aquí! No quiero volverla a ver —voceó el doctor Klein.

Más tarde, los siniestros camiones de la muerte se presentaron para llevarse otras 284 víctimas a la cámara de gas. Aquel día, salvamos a treinta y una de una muerte segura. Todo, gracias a que el doctor Klein tuvo un raro gesto de humanidad... para ser un miembro de las S.S.

El siguiente domingo, fuimos castigadas nosotras. No recuerdo por qué, pero no era la primera vez que pasábamos un domingo entero delante de las barracas de rodillas y en el barro, porque había llovido por la mañana.

Llevábamos hincadas una eternidad. El tiempo parecía haberse detenido. La lluvia volvió a caer de nuevo. Teníamos que seguir de rodillas, inmóviles, y con los brazos levantados hacia el cielo. Una esquirla de vidrio me había cortado la rodilla derecha, pero no me atrevía a rebullirme, de miedo a que me aplicasen otro castigo.

De pronto, alguien me llamó. Era el doctor Klein. Me levanté y corrí hacia la puerta del campo, donde estaba esperándome.

—Nunca había venido al campo en domingo —declaró—, pero como ayer le prometí traerle medicinas para sus inválidas, no he querido dejarlo de cumplir. Aquí las tiene, le he traído numerosas muestras.

Según extendía la mano para hacerme cargo de la gran caja de cartón, sentí una mano en el hombro. Me volví. Era Irma Griese... ¡armada de su látigo!

—¿Qué está usted haciendo aquí, pucrca? —me gritó—. ¿No sabe que no puede abandonar la formación?

—Es que la llamé yo —le contestó el doctor Klein por mí.

—No tiene derecho a hacer tal cosa, *Herr Oberarzt*. Hoy es domingo, y aquí no pinta usted nada.

—¿Y se atreve a prohibirme venir?

—¿Por qué no? —le contestó Griese con una sonrisa burlona—. Tengo perfecto derecho a hacerlo. No se olvide, doctor, que soy yo la que da órdenes aquí.

—Podrá ser, pero a mí no —replicó él—. Soy el médico jefe y tengo derecho de venir cuando me parezca oportuno.

La bella Irma Griese se mordió los labios, pero no se dio por vencida. Desfogó su cólera sobre mí.

—¡A su sitio, inmediatamente, bicho inmundo! —chilló.

—No, todavía no —se opuso Klein con toda tranquilidad.

—No se meta en esto, *Herr Oberarzt*. Ya hace mucho tiempo que la conducta de usted ha sido de lo más raro. Puso en libertad a algunas enfermas que estaban encerradas en los lavabos. Se presenta en el campo los domingos, aparentemente para traer medicinas, pero en realidad para inmiscuirse en asuntos que no son de su competencia. Ha contravenido usted mis órdenes, y tendrá que responder por ello.

—Yo asumo la responsabilidad de todo. Soy mayor médico de las S.S.

—Pues le advierto, *Oberarzt*, que está usted realizando un juego peligroso.

—Eso es cosa mía. No se preocupe por mí. Venga —añadió, dirigiéndose a mí—, sígame.

Me hizo una seña, como si Irma Griese no existiese para nada.

Echamos a andar por la *Lagerstrasse,* entre las dos filas de barracas. El rubio "ángel de la muerte" se quedó plantada, como si hubiese echado raíces en la tierra, pero temblando de rabia.

Todo el mundo sabía en el campo lo rencorosa y vengativa que era Irma Griese. Mi situación era de lo más delicada. Traté de esconderme, pero fue inútil. ¿Dónde podía esconderse una persona en Auschwitz?

Dos horas después de que me dejó el doctor Klein, me encontraba de pie sobre la gran piel de lobo que servía de alfombra a la oficina de Irma Griese. Preveía lo que me tenía reservado. Alguien tenía que pagar por la humillación de que había sido víctima. Y ese alguien era yo. Menos mal si me mataban de repente, sin someterme a torturas horrendas. Ya sabía lo que eran capaces de hacer aquellas verdugos sin piedad.

—¿Quién es usted? ¿Dónde conoció al doctor Klein? ¿En que idioma hablan ustedes dos? —me preguntó Irma Griese sin tomar aliento y echando chispas por los ojos.

—El *Oberarzt* procede de la misma región que yo, de Transilvania, y le hablo en mi lengua nativa —le contesté—. Lo conocí aquí, en el campo. Soy estudiante de medicina.

—¡Vaya, vaya! ¿Se puede saber cómo se llama usted? —inquirió Irma Griese.

Aquella sí que era una pregunta desconcertante en Auschwitz-Birkenau, donde no éramos más que números, ni mujeres siquiera.

Entre tanto, aquel diablo rubio se había levantado de su asiento.

—De ahora en adelante le prohibo acompañar al doctor Klein en sus visitas médicas. Si se dirige él a usted, no le contestará. Si la manda llamar, no irá. ¿Comprendido? Y ahora, contésteme: ¿Por qué me desobedeció? ¿Cómo no volvió a la revista cuando se lo ordené?

—Pertenezco al personal de la Enfermería. Creí que tenía que obedecer al doctor Klein.

—¿Conque eso era lo que creía usted? ¡Pues a mí es a quien tiene que obedecer, a mí sola!

Con lentitud calculada, sacó un revólver de su mesa y avanzó hacia mí. Formábamos un rudo contraste: yo, con la cabeza rapada, andrajosa, sucia, empapada de lluvia, y ella con el pelo magníficamente peinado y cuidado, con su belleza deslumbradora y su maquillaje perfecto. El impecable vestido hecho a la medida realzaba su esbelta figura.

—¡Puerca! —silbó entre dientes.

Me aparté, encogida, del cañón frío de su revólver cuando me lo pasó por la sien izquierda. Sentí su cálido aliento.

—Conque tienes miedo, ¿no?

De pronto, descargó la culata de su arma sobre mi cabeza, una y otra y otra vez. Me golpeó la cara con el puño, una y otra vez.

Probé el sabor de mi sangre. Me tropecé y fui a caer sobre la piel de lobo.

Cuando abrí los ojos, estaba tirada en el barro, bajo la lluvia, que seguía cayendo. La campana del campamento tañía, llamando a otra "selección". Herida, cubierta de sangre, me levanté y corrí hacia mi barraca para no faltar a la formación.

Al volverme, vi a Irma Griese que venía del *Führerstube*, látigo en mano, para designar el nuevo grupo que iría a cebar la cámara de gas. Por qué no me "seleccionó", o me pegó un tiro, o me mató de alguna otra perversa manera, es algo que no sabré nunca.

CAPÍTULO XIV

"Organización"

—Tenemos que resistir —susurró el día que llegó un viejo internado, que estaba trabajando en la carretera de nuestro campo—. Nos acababan de rapar la cabeza y temblábamos bajo nuestros harapos, esperando a que las ambulancias nos permitiesen pasar. Y para resistir —añadió—, no hay más que una cosa: organizar.

Durante los largos días que siguieron, me pregunté muchas veces qué significaría aquella palabra, "organizar". ¿Qué había que organizar? Me llevó bastante tiempo todavía comprender el verdadero sentido de "organización". Fui atando cabos sueltos. El consejo del viejo picapedrero, más las recomendaciones de otras internadas, me dieron la respuesta. "Si no quieres morir de hambre, no te queda más que un remedio: robar".

De pronto lo entendí: "Organizar" significaba robar.

Lo que sucedió después vino a confirmar mi interpretación. Sin embargo, el vocablo "organizar" contenía un matiz que no calé durante algún tiempo. Quería decir robar, pero robar a expensas de los alemanes. De aquella manera, el robo se convertía en una acción noble y hasta beneficiosa para las deportadas. Cuando las empleadas del Canadá o de la *"Bekleidungs-kammer"* robaban prendas de abrigo para sus camaradas deficientemente vestidas, no cometían un hurto común: aquello era un acto de solidaridad social. Cuanto más quitaba una a los alemanes para mandarlos a las barracas del campo con objeto de que lo usasen las internadas, en lugar de que lo despachasen a Alemania, tanto más se ayudaba a la causa.

En consecuencia, las palabras "robar" y "organizar" no eran totalmente sinónimas.

Pero, desgraciadamente, no era fácil trazar la línea divisoria. Muchas veces ocurre que el hombre habla con orgullo de sus acciones menos nobles. Y el vocablo "organización" se utilizaba muchas veces para cubrir hurtos y raterías bajas.

—Me has quitado la ración de pan —se quejaba a lo mejor una internada—. ¡Esto es un robo!

—Oh, lo siento —replicaba entonces la acusada—, no sabía que era tuyo. Y no me hables de robo... ¡Esto no es más que "organización"!

Así ocurría. Parapetadas tras esa palabra, algunas prisioneras hurtaban a sus vecinas sus miserables raciones, acuciadas por el hambre. Muchas que andaban mal vestidas, se robaban los míseros harapos de otras en los lavabos.

Sin embargo, en aquella caldera hirviente de Auschwitz-Birkenau, las barreras sociales se derrumbaban y los prejuicios de clase se desvanecían. Había campesinas sencillas y sin educación que realizaban verdaderas maravillas de "organización", dando prueba de magnífico desinterés, en tanto que otras mujeres de mundo, cuya moralidad nunca había sido puesta en tela de juicio, se dedicaban a la "organización" en detrimento de sus camaradas. Sus acciones acaso no tuviesen consecuencias graves, pero no por eso dejaban de ser menos significativas.

En septiembre de 1944, nuestro amigo L. logró "organizar" cinco cucharas. Las cedió generosamente a miembros del personal de la enfermería que lo habían atendido. Yo no sabía cómo expresar mi alegría cuando recibí aquel objeto tan sencillo y corriente en la vida civilizada. Durante meses y meses había estado comiendo sin cuchara ni tenedor, teniendo que sorber o lamer como un perro la comida de la cazuela, igual que todas. Por eso, la cuchara me hizo muy feliz.

Imagínese cuál sería mi disgusto, cuando, unos cuantos días después, desapareció. Realicé una investigación a fondo y descubrí la verdad: la ladrona era nada menos que la esposa de uno de los industriales más ricos de Hungría, una multimillonaria, que estaba acostumbrada a lujos verdaderamente fabulosos. En Birkenau, donde sólo los seres humanos dotados de moral excepcional podían seguir siendo buenos y honrados, la exmillonaria demostró no estar suficientemente dotada de ese sentido de moralidad.

Este incidente me alarmó por el porvenir de estas internadas si algún día salían vivas de los campos de concentración. Sin embargo, de momento, teníamos que hacer lo que pudiésemos para vivir cada día.

LOS HORNOS DE HITLER

Llevaba ya varias semanas en la enfermería cuando una amiga me dijo que una prisionera de la Barraca No. 9, llamada Malika estaba vendiendo material de lana a cambio de pan y margarina. Yo estaba necesitando urgentemente una chaqueta de lana. No tenía pan ni margarina, pero sí una amiga a la cual se lo podía pedir prestado.

Malika era policía femenina, cuya función consistía en blandir el palo para separar a las internadas de la alambradas de púas. Muchas deportadas trataban de comunicarse con las del campo checo. Obligación de Malika era impedir el mercado en especie.

Cumplía con su deber a conciencia. Durante las horas en que estaba de servicio, nadie podía negociar con las checas. Bueno, nadie, menos la misma Malika. Ejercía un monopolio completo. Aquella antigua vendedora de frutas se convirtió en la primera "mujer de negocios" del campo.

La amiga que me dio la información quería comprar también una blusa blanca, para lo cual me acompañó a la Barraca No. 9. Malika no estaba allí. Esperamos.

Habíamos destinado la ración del día a la compra de la ropa, con lo cual estábamos torturadas por el hambre. De la barraca nos llegaban aromas que nos proporcionaban el suplicio de Tántalo. La "Califactorka", o sea, la criada de la blacova, estaba preparando un plato de "plazki" para su ama. Para las presas como nosotras, el plazki era una especie de sueño inasequible. Consistía en algo así como un pastel de patatas rallada y migas de pan, frito en margarina. Sólo las blacovas y algunas otras empleadas podían permitirse aquel lujo, y eso de cuando en cuando nada más. No pudimos menos de mirar con voracidad a la sartén. ¡Cómo suspiramos al percibir aquella fragancia tentadora!

La Califactorka nos hizo una seña.

—Quiero hacer un trato con ustedes —dijo en voz baja—. Tráiganme unas cuantas tabletas de aspirina y yo les daré un trozo de plazki. Me duele mucho el oído, y no quiero esperar en la cola de la enfermería.

Mi amiga me llevó aparte. Comprendí la batalla que se estaba librando en su interior. Tenía dos tabletas de aspirina. La aspirina escaseaba mucho en el campo, y cada tableta representaba un tesoro. ¿Teníamos derecho a comerciar con ellas en provecho personal? Luchamos con nuestra conciencia mientras el aroma del plazki nos torturaba.

Mi amiga llegó por fin a una decisión.

—Como la *Califactorka* tiene dolor de oídos, de todos modos recibiría la aspirina en la enfermería. Lo único que tenemos que hacer es ahorrarle el tiempo que se había de pasar en
la cola. No creo que sea un crimen dársela ahora. ¿No te parece?

Tuve la debilidad de acceder. Sin embargo, en nuestro corazón sabíamos que no había derecho a aquello. Porque las
medicinas estaban tan escasas en la enfermería que teníamos que
reservar la aspirina para casos más graves que un simple dolor
de oídos. Aun guardando la cola, era dudoso que la *Califactorka*
recibiese una tableta. Pero eso no hacía al caso: habíamos abu-
sado en beneficio propio del puesto que ocupábamos en el
campo. En circunstancias normales, dudo que tanto mi amiga
como yo hubiésemos caído tan bajo. Pero estábamos en Birkenau-Auschwitz, y nos moríamos de hambre.

Con sumo cuidado, mi amiga deslizó las dos tabletas de
aspirina para que las cogiese la *Califactorka*. Ella a su vez, partió
un *plazki* en dos con sus sucias manos y nos lo pasó furtiva-
mente.

Miré de reojo a mi amiga. Las dos estábamos rojas de
vergüenza.

CAPÍTULO XV

Nacimientos Malditos

El problema más angustioso que teníamos al atender a nuestras compañeras era el que nos planteaban los alumbramientos. En cuanto nos llevaban a la enfermería a un recién nacido, tanto la madre como la criatura eran mandadas a la cámara de gas. Así lo habían dispuesto nuestros amos. Sólo cuando el bebé no tenía probabilidades de seguir viviendo o cuando nacía muerto, se perdonaba la vida a la madre y se la permitía regresar a la barraca. La consecuencia que sacábamos de aquel hecho era muy sencilla. Los alemanes no querían que viviesen los recién nacidos; si vivían, también las madres tenían que morir.

Las cinco sobre las cuales recaía la responsabilidad de ayudar a nacer a estos niños y sacarlos al mundo —al mundo de Birkenau-Auschwitz— sentíamos el peso de aquella conclusión monstruosa, que desafiaba todas las leyes humanas y morales. El que careciese además de sentido desde el punto de vista médico no importaba de momento. ¡Cuántas noches pasamos en vela, pensando una y otra vez en este trágico dilema y dándole vueltas en la cabeza! Al llegar la mañana, las madres y sus criaturas iban a morir.

Un día, nos pareció que habíamos venido comportándonos con debilidad desde hacía bastante tiempo. Por lo menos, teníamos que salvar a las madres. Para ello, nuestro plan sería simular que los niños habían nacido muertos. Pero, aún así, había que tomar muchas precauciones, porque si los alemanes llegaban a sospecharlo, también nosotras iríamos a parar a la cámara de gas... y, probablemente, a la cámara de tortura primero.

Cuando se nos comunicaba que alguna mujer había empe-

zado a sentir dolores de parto durante el día, no llevábamos
a la paciente a la enfermería. La extendíamos sobre una manta
en una de las *koias* de abajo, en presencia de sus compañeras.

Cuando los dolores le comenzaban de noche, nos aventurá-
bamos a transladar a la mujer a la enfermería, porque al amparo
de la oscuridad, podíamos proceder con relativa seguridad. En
la *koia* casi nunca estábamos en condiciones de hacer a la paciente un reconocimiento regular. En la enfermería teníamos
nuestra mesa de reconocimiento. Es verdad que carecíamos de
antisépticos y que había un enorme peligro de infección, porque era la misma habitación en que curábamos heridas puru-
lentas.

Pero, desgraciadamente, al recién nacido no le podía tocar
otra suerte. Después de tomar todo género de precauciones,
cerrábamos con pinzas la nariz del infante y cuando abría la
boca para respirar, le suministrábamos una dosis de un producto mortal. Hubiese sido más rápido ponerle una inyección,
pero podría dejar huellas, y no nos atrevíamos a inspirar sospechas a los alemanes.

Colocábamos al niño muerto en la misma caja en que nos
lo habían traído de la barraca, si el parto había ocurrido allí.
Por lo que hacía a la administración del campo, aquello pasaría
como el nacimiento de un niño muerto.

Y así fue como los alemanes nos convirtieron también a
nosotras en asesinas. Hasta hoy mismo, me persigue el recuerdo
de aquellos nenes asesinados. Nuestros hijos habían perecido en
las cámaras de gas y cremados en los hornos de Birkenau, pero
nosotras disponíamos de las vidas de otros antes de que pudiesen
emitir su primer vagido con sus minúsculos pulmones.

Con frecuencia me pongo a reflexionar qué destino espe-
raría a aquellas criaturas, asfixiadas en el mismo umbral de la
vida. ¿Quién sabe? A lo mejor matamos a un Pasteur, a un
Mozart, a un Einstein. Pero, aunque aquellos niños hubiesen
estados destinados a pasar una vida oscura, nuestros crímenes
no dejaban de ser menos terribles. La única compensación y
consuelo que nos quedaba era que gracias a aquellos asesinatos,
salvamos la vida de las madres. Sin nuestra intervención, hubiesen sido víctimas de males peores, puesto que los hubiesen
echado vivos en los hornos de los crematorios.

Sin embargo, procuro en vano aquietar mi conciencia. Sigo
viendo a aquellos infantes salir del vientre de su madre. Todavía siento el calor de sus cuerpecitos en mis manos. No salgo

de mi asombro al ver lo bajo que aquellos alemanes nos hicieron caer.

:: :: :: ::

Nuestros amos no esperaban a que los nacimientos se impusiesen en Auschwitz. De cuando en cuando —porque todas las medidas que se adoptaban eran intermitentes sin excepción y estaban sujetas a cambios caprichosos— mandaban a todas las mujeres en estado a la cámara de gas.

Generalmente, las embarazadas que llegaban en transportes judíos eran colocadas inmediatamente a la izquierda cuando se las seleccionaba en la estación. Las mujeres solían llevar varios vestidos, uno encima del otro, con la esperanza de poder conservarlos. Por eso, aun los casos bien definidos de embarazo eran difíciles de descubrir antes de que las deportadas fuesen obligadas a desnudarse. Además, no podían fiarse totalmente del control preliminar para determinar los embarazos recientes.

Aun dentro del campo, no era fácil definir quiénes eran las mujeres que estaban esperando familia. Porque corrió el rumor de que era extraordinariamente peligroso estar embarazada. Las que llegaban en tal estado se ocultaban, consecuentemente, donde podían, y para eso contaban con la cooperación activa de sus compañeras.

Por increíble que parezca, algunas lograban ocultar su condición hasta el último momento, y los partos se efectuaban en secreto en las barracas. Jamás olvidaré mientras viva aquella mañana en que, durante la revista, en medio del silencio mortal que reinaba entre millares de deportadas, surgió un grito penetrante. Una mujer sintió inesperadamente en aquellos momentos los primeros dolores del parto. No hace falta describir lo que ocurrió a aquella pobre desventurada.

No tardaron muchos los alemanes en advertir que en los trenes sucesivos, era extraordinariamente bajo el número de embarazos que consignaban los informes. Decidieron tomar medidas más enérgicas, de tal manera que no les quedase ninguna duda en cuanto a ese punto.

Los médicos de barraca, quienes tenían la obligación de dar cuenta de las embarazadas, recibieron órdenes rigurosas. Sin embargo, más de una vez vi yo a los médicos desafiar todos los peligros y certificar que una determinada mujer no estaba en estado, cuando sabían positivamente que era falso. El doctor G. asistía al infame doctor Mengerle, director médico del campo, y negó todos los casos de embarazo que podían ser discutidos. Más tarde, la enfermería del campo se consiguió no sé cómo un productor farmacéutico que, por medio de una inyección, provocaba partos prematuros. ¿Qué podíamos hacer nosotras?

Siempre que era posible, los médicos apelaban a este procedimiento, que, indudablemente, constituía un horror menos torturante para la madre.

Sin embargo, el número de embarazos siguió increíblemente bajo, y los alemanes emplearon para salir de dudas sus añagazas habituales. Anunciaron que las mujeres en estado, aun las judías que todavía seguían con vida, iban a ser tratadas con especial consideración. Se les permitiría no asistir a las revistas, recibirían una ración mayor de pan y de sopa, y podrían dormir en una barraca especial. Por último, se les hizo promesa de que serían transladadas a un hospital en cuanto les llegase la hora.

—El campo no es una maternidad —proclamaba el doctor Mengerle.

Esta declaración, trágicamente verdadera, parecía ofrecer grandes esperanzas a muchas de aquellas desgraciadas mujeres.

—¿Por qué había nadie de creer lo que los alemanes afirmaban? ¿Cómo es que se fiaban de sus declaraciones? En primer lugar, porque muchas no conocieron nunca los horrores finales, hasta que era demasiado tarde para podérselo comunicar a sus compañeras. En segundo lugar, porque no había ser humano capaz de sospechar hasta dónde podían llegar aquellos hombres, cuáles eran los planes que diariamente elaboraban, y cuál de ellos formaba parte de su proyecto de conquista universal.

El doctor Mengerle no perdió una sola ocasión de hacer a las mujeres preguntas indiscretas e indebidas. No ocultaba la diversión que le producía enterarse de que alguna de las embarazadas no había visto a su marido soldado durante muchos meses.

En cierta ocasión asedió a preguntas a una muchacha de quince años, cuyo estado se relacionaba sin duda con su llegada al campamento, con la cual coincidía cronológicamente. La interrogó detenidamente e insistió en enterarse de los detalles más íntimos. Cuando, por fin, quedó satisfecha su curiosidad, la mandó con el primer rebaño de seleccionadas.

El campo no era una maternidad. Sólo era la antecámara del Infierno.

CAPÍTULO XVI

Algunos Detalles de la Vida Detrás de las Alambradas

Hacia fines de noviembre de 1944, disminuyó un poco la vigilancia alemana. Especialmente nos satisfizo la desaparición de los centinelas alemanes, que previamente montaban guardia a lo largo de las alambradas. Ahora, los hombres y las mujeres de los campos contiguos tenían libertad relativa para intercambiar unas cuantas palabras a través de los vallados.

El espectáculo era para no olvidarlo jamás. Las parejas estaban separadas por una alambrada cargada de electricidad, cuyo contacto era mortal, por ligero que fuese. Se quedaban con las rodillas clavadas en la nieve a la sombra de los crematorios, y hacían "planes" para el futuro, comunicándose los últimos rumores.

Si, por lo menos, aquellas reuniones estuviesen autorizadas y, por tanto, careciesen de peligro... Pero tales citas estaban prohibidas todavía. El respiro fue temporal y nada más. Lo único que hacía falta, como ocurrió hasta el fin, era que un guardián de las S.S. rompiese el fuego contra el grupo. A veces había algún centinela perverso o sádico, que esperaba media hora, y hasta una, adrede, a que las parejas aumentasen en número. Entonces, un tiro sobre el grupo no sería munición derrochada en balde.

Pero los internados no prestaban atención a tal amenaza. La naturaleza humana puede acostumbrarse a todo, aun a la presencia constante de la muerte. Por un momento de gusto eran capaces de arrostrar cualquier peligro. ¡Eran tan raros los gustos y valía tan poco la vida en Auschiwitz-Birkenau!

Cierta tarde de domingo, fue conducida a la enfermería una bonita muchacha húngara, de veinte años aproximadamente. Estaba herida de un tiro en los ojos. Me enteré de que había trabado relaciones con un prisionero francés estudiante, que había sido arrestado como miembro de la resistencia. Se habían visto de un lado y otro de la valla de púas y se habían enamorado. Aquel día, le dio a un centinela por divertirse, disparando su arma sobre el grupo. La bala se le había alojado a la chica en el ojo derecho.

Tenía la cara cubierta de sangre, y la desventurada nos rogaba que le dijésemos si recuperaría la vista.

—Si no voy a poder volver a ver a Georges, ¿para qué quiero vivir? ¡No quiero quedarme ciega!

La llevamos al Campo F, donde fue operada. Había que sacarle el ojo derecho, y el izquierdo corría también peligro. No podíamos decirle tal cosa. Por el contrario, le aseguramos que todo estaría bien otra vez dentro de unos cuatro meses.

Una hora más tarde, otro grupo se reunía frente a las alambradas. Todo el mundo había olvidado el incidente.

Aquellos alambres de púas eran el auténtico símbolo de nuestra cautividad. Pero también tenían poder para darnos la libertad. Todas las mañanas encontraban los trabajadores cadáveres contorsionados, que se habían quedado adheridos a los cables de alta tensión. De aquella manera lograron muchos poner fin a sus torturas. Había un equipo especial dedicado a arrancar los cadáveres de las alambradas con pértigas provistas de ganchos. El espectáculo de aquellos cuerpos contrahechos nos producía sentimientos encontrados. Nos daba lástima, porque aquellas muertes eran verdaderamente horribles; pero, por otra parte, no dejábamos de envidiarlos. Habían tenido valor suficiente para quitarse una vida, que ya no merecía siquiera el nombre de tal.

:: :: :: ::

Corrían en los campos de Auschwitz-Birkenau, y más tarde, en todas partes, numerosas historias sobre el tatuaje de los prisioneros. Algunos creían que todos los cautivos eran tatuados en cuanto llegaban. Otros suponían que el tatuaje significaba que no iban a ser enviados a la cámara de gas, o que, cuando menos, era necesaria una autorización especial de Berlín para ejecutar a un internado o internada que hubiese sido marcado con el tatuaje. En nuestro mismo campo, había muchas que estaban seguras de ello.

Lo que pasaba en realidad era que, como en tantos otros asuntos, no había regla fija. A veces, todos los deportados eran tatuados en cuanto llegaban al campo de concentración. Pero se volvía a abrir la mano más tarde, y no se tatuaba a ninguno de los internados corrientes durante varios meses.

Los destinados a Birkenau eran mandados a sus respectivos campos sin número de matrícula. Indudablemente, tales formalidades resultaban superfluas para los mismos alemanes, porque aquella pobre gente no iba a servir más que de combustible para los crematorios.

En cuanto a los tatuajes que se hacían a las deportadas, la cosa daba que pensar. Cuantas tenían algo de responsabilidad, las *blocovas* y otras empleadas de inferior categoría, así como las que trabajaban en los hospitales, eran tatuadas. Ya no se las consideraba como *"Haftling"*, sino como *"Schutzhaftling"* o sea, prisioneras protegidas. En la *Schreibstube* se les entregaban tarjetas individuales con sus nombres y otros datos. En caso de muerte natural, en aquella ficha figuraba toda la información personal. En caso de ser ejecutadas, se añadían las iniciales "S B", que significaba *"Sonderbehandlung"*, o sea, trato especial. Las personas no tatuadas carecían de registro de muerte en los ficheros. No eran más que números en las estadísticas de "producción" de la planta exterminadora.

La operación del tatuaje era llevada a cabo por deportados que prestaban servicios en el *"Politische Buro"* (Oficina Política). Utilizaban punzones aguzados de metal. Inscribían el número de registro del interesado o interesada en la piel del brazo, de la espalda o del pecho. La tinta que inyectaban bajo la epidermis era indeleble.

Cuando moría una persona tatuada, su número de registro quedaba disponible para otro deportado, porque los alemanes, no sé por qué, jamás pasaban del número 200,000. Cuando llegaban a él, empezaban otra serie. Los deportados raciales tenían un triángulo o una Estrella de David al lado de su número.

El tatuaje era doloroso cuando se aplicaba, y siempre iba seguido de inflamación. Es imposible describir el efecto que aquella marca ejercía sobre el espíritu del individuo. Una mujer tatuada se imaginaba que había acabado para siempre su vida, que ya no era más que un número.

Yo era la número "25,403". Todavía lo llevo en el brazo izquierdo y me acompañará a la tumba.

::   ::   ::   ::

El tatuaje no era el único procedimiento para estigmatizar a los deportados. Los alemanes nos marcaban con otros signos visibles, que indicaban nuestra nacionalidad o categoría. Sobre la ropa, encima del corazón, llevábamos una insignia triangular en un pedazo de tela blanca. La letra P significaba polaco; la R, ruso. La marca "N.N." (*Nacht und Nebel*) significaba que el que la llevaba estaba condenado a muerte. Estas palabras, que significaban "noche y niebla" se habían tomado de una organización secreta holandesa. En el campo, no teníamos idea de lo que aquellas dos enes querían decir. Yo me enteré por los miembros del movimiento de resistencia.

Había numerosos prisioneros de guerra polacos y rusos, pero también estaba representado en la grey de cautivos el ejército francés. Entre los distinguidos figuraban el teniente coronel Robert Blum, Caballero de la Legión de Honor y jefe del movimiento de resistencia en la región de Grenoble; el capitán René Dreyfus, Caballero de la Legión de Honor y sobrino de Alfred Dreyfus; y el general médico Job, quien fue ejecutado a pesar de sus setenta y seis años, lo mismo que el coronel y el capitán.

Entre los "sin nombre" de Birkenau-Auschwitz, encontramos prisioneros que, antes de su cautiverio se llamaban Genevieve De Gaulle y Daniel Casanova, ambos miembros importantes del movimiento de resistencia francés.

El color de la insignia variaba según la categoría del internado. Los "asociados", o sea, los saboteadores, las prostitutas, y cualquiera que intentase rehuir el trabajo, llevaban un triángulo negro. El triángulo verde estaba reservado a los criminales comunes. También había triángulos de color rosa y violeta, pero eran raros. El primero servía para indicar a los homosexuales; el segundo, a los miembros de la secta, *"Bibelforschers"*. El uniforme de los internados judíos estaba marcado con una lista roja en la espalda, y su triángulo adornado con una tira amarilla. En Birkenau, aquellas insignias equivalían a tarjetas de identidad.

Bueno es decir de paso que la gente que había en el campo era principalmente cristiana, más bien que judía, como pudieran suponer muchos lectores occidentales. En realidad, la población de Auschwitz estaba integrada por un 80 por ciento de cristianos. La razón es obvia. La mayor parte de los judíos eran mandados inmediatamente a las cámaras de gas y a los crematorios. De los sucesos a que me refiero en este libro fueron víctimas católicos, protestantes y ortodoxos griegos, así como cualquiera que, lo mismo que los judíos, fueran considerados por los amos alemanes como sacrificables.

:: :: :: ::

En Birkenau había muchas monjas y sacerdotes, sobre todo de Polonia. Algunos habían sido miembros del movimiento de resistencia, o colaborado con él. Otros habían sido detenidos por denuncias, o acaso, sencillamente, porque sí.

Las prácticas religiosas estaban prohibidas en el campo bajo pena de muerte inmediata. Los alemanes consideraban a todos los eclesiásticos como seres que estaban de más, y les asignaban las tareas más difíciles. La verdad es que las torturas y humillaciones a que se sometía a los sacerdotes eran, con frecuencia, más horribles que ninguna otra de las que vi allí. Los clérigos eran utilizados para distintos experimentos, entre ellos la castración.

En 1944 llegó a Auschwitz un gran número de sacerdotes. Se los hizo pasar por las formalidades de rigor, el baño, el corte de pelo y los registros. Los alemanes les quitaron sus libros de rezo, sus crucifijos y otros objetos religiosos, y les dieron andrajos carcelarios rayados. Con gran extrañeza de los prisioneros empleados, a los sacerdotes no se les mandó tatuar. Pero los alemanes no hacían nada sin malicia. Aun antes de que los sacerdotes hubiesen entrado en los "baños", ya la administración había dado órdenes de que fuesen muertos aquella misma tarde.

A fines de septiembre, un ministro protestante de Inglaterra y L. recibieron la orden de vaciar una enorme trinchera que estaba llena de agua.

—¡Ustedes son las Potencias Aliadas, y el agua de la zanja es la fuerza alemana! —gritó el guardián de las S.S.—. ¡Vacíenla!

Aquellos dos hombres estuvieron cargando cubetas de agua durante varias horas, jadeando bajo el látigo, porque los alemanes que los vigilaban se entretenían en azotarlos y en reírse de ellos. El agua conservó su mismo nivel. La zanja estaba alimentada por un manantial. Tal era el humor alemán.

En el hospital, pude conocer a muchas monjas deportadas. Una se hizo amiga íntima mía. Desde la caída de Polonia, le había tocado pasar por varias cárceles, y en el decurso de los interrogatorios, la habían maltratado y golpeado muchas veces. Los alemanes jamás pudieron acusarla de crimen o delito concreto de ningún género. Si hubiese sido así, acaso la habrían condenado a un periodo de cárcel, con lo cual su vida hubiese sido más fácil que la que le tocó en el campo.

En Birkenau fue víctima de increíbles humillaciones. Cuando le arrebataron su hábito religioso, a los guardias alemanes se les ocurrió vestirse con él. Y para llevar la broma adelante, se pusieron a ejecutar danzas obscenas en su presencia. Se la obligó a desfilar desnuda ante las tropas de las S.S. Deporte alemán.

Los alemanes hicieron una gran colección de hábitos de monja y se los dieron a las mujeres de sus lupanares.

Las Hermanas internadas en nuestro campo llevaban la misma existencia que nosotras. Sus más duras privaciones procedían de las restricciones en su vida religiosa: allí no había misa, ni confesión, ni sacramentos.

Una monja de unos treinta años fue trasladada a nuestro hospital después de haberse sometido a experimentos de rayos X. A pesar del dolor que le produjeron aquellas experiencias, se comportó con gran valor. Rezaba todo el día en silencio y no pedía nada. Cuando le preguntábamos qué tal se sentía, nos contestaba:

—Gracias. Hay muchos que padecen mucho más que yo.

Sus sonrisas pacientes constituían para nosotros una tortura, pero también un aliento. Comprendíamos los sufrimientos horribles que estaba pasando. Y lo peor era que no podíamos hacer nada para aliviárselos.

Cuando la registraron al llegar, protestó firmemente al arrebatársele el rosario y las estampas piadosas. Los alemanes la habían golpeado, le arrancaron aquellos sagrados objetos de las manos y los pisotearon.

Pero aun entonces, tuvo el valor de declarar:

—No hay nación que pueda existir sin Dios.

Los alemanes podrían haberla matado al principio, pero sabían que la muerte era llevadera en comparación con los otros métodos que utilizaban. Por eso prefirieron mandarla a la estación experimental. De allí fue trasladada a nuestro hospital. Al cabo de unos cuantos días, los alemanes anunciaron su translado a otro campo de concentración.

Pasaron unas horas, poco menos que desesperadas, mientras aguardábamos a que viniesen a recogerla. Estábamos nerviosas, y algunas hasta llorábamos. Pero la religiosa no perdió en ningún momento la expresión beatífica de su semblante.

—No se apesadumbren por mí —dijo—. Me voy a mi Señor. Pero debemos despedirnos primero. Recemos.

En silencio, las demás mujeres, fuesen protestantes, católicas o judías, rezaron con ella. Hasta las que habían perdido la fe se unieron a nosotras para consolarla en sus últimas horas. Estábamos todavía en oración, cuando llegaron los alemanes con su camión de la muerte.

Los sacerdotes y las monjas del campo habían acreditado que poseían verdadera presencia de ánimo y energía. Pocas veces se encontraban seres humanos así, como no fuesen los deportados que estaban animados por la fe en un ideal. Además de los clérigos, los miembros activos del movimiento de resistencia eran los únicos que tenían espíritu elevado, juntamente con los comunistas militantes.

Muchos de los eclesiásticos fueron ejecutados poco después de su llegada. Con frecuencia ocurría que los que escapaban a la primera selección sucumbían víctima de las enfermedades. Los demás eran conducidos a la muerte con diabólico aparato. En realidad, puede decirse que las monjas y los sacerdotes de los países martirizados pagaron un fuerte tributo a los alemanes.

::   ::   ::   ::

En el Campo D, destinado exclusivamente a hombres, había una barraca reservada a niños varones. Una tarde se reunieron los pequeños por orden de las S.S. para pasarles revista y proceder a una selección. No sé cómo era que habían sobrevivido a la selección inicial realizada en cuanto llegaron, o acaso no se había verificado ninguna hasta entonces. El procedimiento que empleaban era espeluznante. Tendían una cuerda a determinada altura, y todos los que pasaban por debajo de aquella talla, automáticamente eran apartados para la cámara de gas. De cien niños, sólo sobrevivieron cinco o seis.

Cuando caía la tarde, los internados adultos se quedaban mirando, estupefactos, cómo arrancaban hacia Birkenau veinte camiones cargados con aquellos niños desnudos y tiritando de frío. A medida que pasaban los camiones, los pequeños gritaban sus nombres para que sus padres lo supiesen.

La mayor parte de los pequeños condenados a muerte sabían cuál era el sino que les esperaba. Por eso era sorprendente ver su calma. Parecía como si el campo de concentración les hubiese dado una madurez precoz, porque aceptaron la noticia con más *sang froid* que los adultos, más fuertes que ellos.

Un prisionero me dijo que estuvo en la barraca de los niños cuando esperaban los camiones. Se habían sentado en el suelo, con los ojos muy abiertos y en silencio.

Entonces preguntó a uno de ellos:

—Bueno, ¿cómo estás, Janeck?

Con gesto pensativo, el niño le contestó:

—Todo es tan malo aquí, que forzosamente "lo de allí" será mejor. No tengo miedo.

Hablé a un muchacho de doce años del campo checo, que andaba a lo largo de la almbrada de púas, buscando algo que comer. Después de conversar con él unos minutos, le dije:

—Karli, ¿sabes que eres demasiado listo?

—Sí —me respondió—, sé que soy muy listo, pero también sé que nunca tendré oportunidad de ser más listo. Eso es lo trágico.

Circuló por el campo la historia del valor con que se comportó un muchachillo antes de subir al camión que lo iba a conducir a la cámara de gas.

—No llores, Pista —dijo a otro pequeño húngaro—. ¿No has visto cómo mataron a nuestros abuelos, a nuestros padres, a nuestras madres y a nuestras hermanas? Pues ahora nos toca a nosotros.

Antes de penetrar en el transporte, se volvió al soldado de las S.S. con expresión sombría y añadió:

—Pero hay una cosa que me da mucho gusto. Y es que tú también vas a caer pronto.

Aquella tarde, según limpiaba la letrina del hospital, me vi ayudada por un grupo de muchachos de quince o dieciséis años, procedentes del Campo D. Eran los únicos supervivientes de la liquidación en masa. Nos dijeron confidencialmente que los miembros del *Sonderkommando,* aunque endurecidos ya por los asesinatos que les habían obligado a cometer, se habían indignado tanto, que dejaron escapar, a riesgo de su propia vida, a unas cuantas de las víctimas. Estos niños se habían reunido con sus camaradas. Cuánto tiempo gozarían de su libertad sin que lo advirtiesen los alemanes, era difícil de asegurar.

Una vez más, las madres de nuestro campo pasaron una noche sin pegar los ojos. ¿Cómo iban a poder conciliar el sueño, si estaban obsesionadas eternamente por el miedo de que sus hijos hubiesen sido liquidados en el Campo D? Había entre ellas muchas que se negaban a creer que ya habían exterminado a sus hijos, el mismo día en que llegaron.

El Campo E, era el hogar de los gitanos. La mayor parte de sus ocho mil ocupantes eran bohemios, transladados de Alemania. Pero también había unos cuantos de Hungría, Checoslovaquia, Polonia, y hasta de Francia. Durante algún tiempo, sus condiciones de vida eran mejores que en los demás campos. En efecto, estaban vestidos casi pasablemente, mientras que nosotras parecíamos espantajos. Su alimento era comestible, y disfrutaban de distintas libertades prohibidas a los demás prisioneros. De cuando en cuando abusaban de aquellos privilegios, y cuando tenían ocasión, explotaban a los otros deportados, cosa que divertía a los alemanes.

Pero un día cambió todo aquello. Las autoridades habían tomado una decisión.

El primero de agosto, el médico jefe alemán reunió a todos los doctores internados en el Campo E, y les hizo firmar un papel en el cual se afirmaba que se habían declarado graves epidemias de tifus, escarlatina, etcétera en el Campo E.

Uno de los médicos tuvo el valor de advertir al alemán que eran relativamente escasos los enfermos que había en aquel campo, y que no se había declarado caso ninguno contagioso.

El doctor jefe de las S.S. replicó irónicamente:

—Ya que manifiesta usted un interés tan positivo por la suerte de estos internados, va a seguirlos a su nueva casa.

Por "su nueva casa" entendía, naturalmente, el crematorio.

Unas horas después, llegaron los camiones. La partida de los gitanos fue acompañada de diversos incidentes. Sospechando lo que se maquinaba, unos cuantos gitanos intentaron esconderse sobre el tejado, en los lavabos y en las zanjas. Pero se los cazó uno a uno.

No se me puede olvidar el grito de una madre gitana de Hungría. Ya no se acordaba de que la muerte esperaba a todos ellos. Sólo pensaba en su hijo, cuando imploraba:

—¡No me lleven a mi hijito! ¿No ven ustedes que está enfermo?

Las voces de las S.S. y el llanto de los niños despertó a los ocupantes de los campos circunvecinos. Ellos fueron los testigos horrorizados de la partida de los camiones. Aquella misma noche, grandes llamaradas rojas subían de las chimeneas del crematorio. ¿Qué crimen habían cometido los gitanos? Es que constituían una minoría, lo cual era suficiente para condenarlos a muerte.

El exterminio de los judíos —polacos, lituanos, franceses, etcétera— se llevaba a cabo por grupos nacionales. La liquidación de los judíos húngaros se verificó el verano de 1944. Aquella liquidación en masa no tenía precedentes en los anales de Birkenau. En julio de 1944, los cinco hornos del crematorio, la misteriosa "casa blanca" y la zanja de la muerte funcionaron a toda su capacidad.

Llegaban diariamente diez transportes. No había suficientes trabajadores para transladar todo el equipaje, por lo cual era amontonado en pilas enormes y que quedaba allí días y días, en la estación.

Se mandó un cupo más de *Sonderkommandos*, pero todavía no fue bastante. No menos de cuatrocientos griegos de los transportes de Corfú y Atenas fueron incorporados al *Sonderkommando*. Entonces ocurrió algo verdaderamente extraordinario. Aquellos cuatrocientos deportados demostraron que, a pesar de las alambradas y de los látigos, no eran esclavos sino seres humanos. Con dignidad admirable, los griegos se negaron a matar a los húngaros. Declararon que preferían morir antes. Y así sucedió, desgraciadamente. Los alemanes en seguida satisficieron su gusto. ¡Pero qué demostración de valor y de carácter dieron aquellos campesinos griegos! ¡Lástima que el mundo no conozca más pormenores respecto de aquellos hombres!

Como había tantos seres humanos a quienes liquidar, los medios de exterminación estaban totalmente ocupados. Debían dedicarse más edificios a cámaras de gas. Se excavaron grandes zanjas, se atestaron de cadáveres y se le scubrió de leña. No había tiempo que perder. Muchos desventurados que no habían acabado de morir en la cámara de gas fueron arrojados también a las zanjas y quemados juntamente con los demás. Tal era la eficiencia alemana.

Este exterminio en masa fue emprendido con la complicidad activa del gobierno húngaro amigo de los alemanes. Así ocurrió que Hungría fue la única nación que envió comisiones oficiales a los campos para llegar a un acuerdo con la administración sobre las proporciones y rapidez de las deportaciones. Las autoridades fascistas de Budapest cooperaron, haciendo escoltar a sus deportados por policías húngaros, medida que no adoptó ningún otro gobierno europeo, por muy colaboracionista que fuese.

La llegada de los policías húngaros a Auschwitz, de la que fui testigo, dio pie a una escena increíble. Los deportados húngaros que habían llegado en trenes anteriores se pusieron a gritar jubilosamente cuando vieron aquellos uniformes. Se sentían tan nostálgicos de su patria, que se lanzaron hacia las alambradas y daban muestras de su regocijo y entusiasmo cantando y sollozando, hasta que terminaron por entonar a coro unánime su himno nacional. ¿Creían acaso que la policía venía a rescatarlos?

Aquello resultó una tragicomedia, porque los recién llegados a quienes aclamaban con tal fervor habían ido a entregar a sus mismos camaradas a los soldados de las S.S. De no haber intervenido los guardianes y centinelas del campo, aquellos patriotas hubiesen estrechado entre sus brazos a sus queridos paisanos.

Unos cuantos latigazos y algunos disparos de revólver separaron a los pobres prisioneros de los policías, cuyos cascos, adornados con plumas de gallo, les habían recordado las llanuras húngaras y las lozanas colinas de Buda, que se reflejaban en las aguas brillantes del Danubio.

CAPÍTULO XVII

Los Métodos y su Insensatez

Auschwitz era un campo de trabajo, pero Birkenau era un campo de exterminación. Sin embargo, había unos cuantos comandos de trabajo en Birkenau, destinados a distintas tareas manuales. A mí se me obligaba a participar en el trabajo de muchos de aquellos grupos de cuando en cuando.

En primer lugar estaba el *"Esskommando"*, integrado por los que transportaban la comida. Después de la lista de la mañana, me iba a la cocina con mis compañeras para hacerme cargo de los peroles de alimentos. Teníamos que cargarlos hasta el hospital, que estaba casi a un kilómetro. Por lo menos, era un trabajo útil, y lo único que se podía decir de él era que resultaba fatigoso.

Pero había algunas tareas totalmente inútiles. Estábamos seguras de que había sido algún loco quien las había ideado, con el objeto de volver locos a todos los demás. Por ejemplo, se nos ordenaba transladar a mano un montón de piedras de un lugar a otro. Cada internada debía llenar hasta el borde dos cubetas. Renqueábamos con ellas varios centenares de metros y las vaciábamos. Teníamos que llevar a cabo aquella tarea estúpida, con todo cuidado. En cuanto había desaparecido el montón de piedras, respirábamos a nuestras anchas, con la esperanza de que ahora nos obligarían a hacer algo más puesto en razón. Pero puede imaginarse el lector lo que sentíamos cuando se nos mandaba volver a coger las piedras y cargarlas otra vez hasta su lugar de origen. No cabía duda: nuestros amos querían repetir en nosotros el clásico tormento de Sísifo.

En ocasiones, teníamos que cargar ladrillos y hasta barro, en lugar de piedras. Estas tareas no tenían, por lo visto, más

que un objeto: quebrantar nuestra resistencia física y moral, y
hacernos candidatas para las "selecciones".

Una vez se me ordenó incorporarme al *"Scheisskommando"*,
o sea, al equipo encargado de limpiar los evacuatorios. Provistas de dos cubetas, llegábamos todas las mañanas al pozo que
había detrás del hospital. Sacábamos a calderadas el excremen-
to y lo cargábamos hasta otro pozo, situado a unos cuantos
centenares de metros. El trabajo continuaba todo el día. Por
fin, muertas de asco y de repugnancia, nos lavábamos lo mejor
que podíamos y nos íbamos a la cama, con la certeza de que
al día siguiente tendríamos que repetir la faena.

El olor que despedía mi compañera de trabajo, que dormía
junto a mí, me mareaba literalmente. Yo debía producirle a
ella el mismo efecto.

También teníamos que atender al cieno. Auschwitz-Birkenau estaba situado en un terreno pantanoso, del cual no
desaparecía jamás el fango. Era un enemigo ladino y poderoso.
Nos calaba el calzado y la ropa, y hasta se nos filtraba a través
de las suelas, las cuales se dilataban y se hacían pesadas para
nuestros hinchados pies. Cuando llovía, el campo se convertía
en un océano de barro, paralizando la circulación y haciendo
increíblemente difícil cualquier tarea. El lodo y el crematorio
eran nuestras mayores obsesiones.

Había algunos comandos que trabajaban fuera del campo. Constituían el *"Aussenkommando"*. Salían a primeras horas
de la mañana, cualquiera que fuera el tiempo que hiciese. Los
pertenecientes a estos grupos tenían que realizar su trabajo con
el estómago vacío, sin comida ninguna, como no fuese el líquido amarillento al que los cocineros llamaban té o café
según se les antojaba. La salida de estas prisioneras, algunas
de ellas vestidas con harapos de trajes de noche y otras con
pijamas de tela rayada, y calzadas con botas de madera o de
pares distintos, era un espectáculo patético. A pesar de que
daban diente con diente y tiritaban bajo el frío de la alborada,
las obligaban a cantar según marchaban. Tenían las mejillas
húmedas de lágrimas. ¡Qué satisfacción podía sentir nadie en
cantar en Auschwitz! Pero no tenían más remedio que marchar marcando el paso y sin separarse de las filas, porque los
feroces perros policías de las S.S., amaestrados por el sistema
alemán, se abalanzaban a las gargantas de quienes se separasen
de la columna o se quedasen rezagadas.

El trabajo en los campos era agotador. Nuestros supervisores nos vigilaban constantemente, procurando que no tu-

viésemos un solo momento de reposo para recobrar el aliento. Las reacias eran invariablemente golpeadas con látigos y garrotes.

Si, agotadas ya todas las energías corporales, desfallecía alguna presa, se le daba un palo para que reviviese. Si aquello no bastaba, se le machacaba al pie de la letra el cráneo con una porra o a patadas. Ya no tendría que presentarse a la hora de la revista.

El desmayarse era un fenómeno sumamente común, porque en los comandos siempre figuraban personas enfermas. Vi a mujeres aquejadas de pulmonía, caminando fatigosamente entre doce y trece kilómetros, que era la distancia del campo al lugar de trabajo, para después cavar todo el día, con objeto de no ser enviadas al hospital. Sabían perfectamente que el hospital no era más que la antecámara del crematorio.

Además, aun las que querían ingresar en el hospital no siempre podían hacerlo. Para ser admitidas, debían tener fiebre muy alta. Se comprende fácilmente cómo morían como moscas las internadas durante los meses húmedos y fríos.

Cierto día, cuando abandonábamos el trabajo en los campos labrantíos, un S.S. armado de su látigo nos detuvo para preguntar a una "Musulmana".

—¡Cuánto tiempo llevas aquí! —le gritó.

—Seis meses —contestó la pobre mujer.

En su vida civil había sido maestra, pero no se atrevía a levantar los ojos al S.S., quien antes había sido su peluquero.

—Tenemos que castigarte —declaró bruscamente el alemán—. No tienes sentido de la disciplina. Una prisionera "correcta" se hubiese muerto hace ya tres meses. Estás retrasada tres meses, marrana miserable.

Y, sin más, empezó a darle latigazos hasta que la dejó sin sentido.

Cuando alguna internada se desmayaba, bien por exceso de trabajo, bien por las palizas que le daban las S.S., teníamos la misión especial de cargar con ella hasta el campo. Porque era absolutamente imperativo que la columna estuviese completa en la última revista. Tales eran las reglas.

Nuestra procesión funeral era recibida en el campo por la orquesta de presas, que entonaban alegres canciones a la entrada. Las ordenanzas disponían que debía prevalecer el espíritu de alegría hasta el fin de la jornada.

::   ::   ::   ::

De cuando en cuando, los alemanes desinfectaban nuestro

campo. Si tal medida fuese ejecutada de manera racional, habría contribuido a mejorar nuestras condiciones higiénicas. Pero, como todas las cosas de Auschwitz-Birkenau, la desinfección era llevada a cabo en plan de broma y sólo contribuía a aumentar el índice de mortalidad. Indudablemente, aquello era parte de sus intenciones.

La desinfección empezaba aislando cuatro o cinco barracas. Teníamos que presentarnos por barracas en los lavabos. Se llevaban las prendas de vestir y el calzado que habíamos adquirido a costa de grandes privaciones, y los colocaban en una estufa fumigadora, mientras pasábamos nosotros por debajo de la ducha.

La operación duraba sólo un minuto, lo cual no era suficiente para efectuar la debida limpieza, ni mucho menos. Después, tras habernos espolvoreado con desinfectante la cabeza y las partes del cuerpo cubiertas de vello, nos llevaban hasta la salida. Las que tenían piojos volvían a ser rapadas.

Pero, después de abandonar los lavabos, teníamos que alinearnos fuera, completamente desnudas, fuera cual fuese la estación o el tiempo. Esperábamos a que la fila estuviese perfectamente formada, aunque muchas veces aquello llevaba más de una hora. Si pescábamos una pulmonía, allá nosotras.

Titiritando, volvíamos por fin a nuestras barracas. Las que estaban esperando entrar en calor se convencían una vez más de que Birkenau no era lugar para forjarse ilusiones optimistas. Porque mientras habíamos estado fuera, nos habían quitado las mantas. No teníamos más remedio que esperar a que nos las devolviesen. A la administración no le preocupaba aquello gran cosa, ni se daba mucha prisa. En consecuencia, nosotros teníamos que seguir titiritando sobre las tablas desnudas de las *koias*.

Por fin, nos devolvían la ropa. Pero aún allí nos esperaba un desengaño. Porque nunca nos devolvían todo lo que habíamos dejado. Así ocurrió, por ejemplo, cuando cierto día fueron desinfectadas mil cuatrocientas mujeres: sólo devolvieron las ropas de mil doscientas. Las doscientas desventuradas mujeres cuya vestimenta había desaparecido no tenían más remedio que dedicarse a la "organización". Y mientras esperaban, sólo disponían de unas cuantas mantas para calentarse.

Como ya he mencionado anteriormente, tocábamos a diez mujeres por manta, debido a lo cual, se producían reyertas entre las que tenían que compartirse. Además, todas se creían con derecho a llevársela durante el día.

Las mujeres que no disponían de ropa ni podían conseguirse mantas, tenían que acudir a la revista completamente desnudas. Era imposible quedarse en las barracas y no asistir a la formación.

Los centinelas de las S.S. sabían por qué se presentaban desnudas nuestras compañeras de cautiverio, pero, no obstante, siempre molían a palos a aquellas "traidoras" que tenían tan poca vergüenza. Y, por otra parte, la administración siempre liquidaba primero a las que estaban desnudas.

Hacíamos cuanto podíamos por ayudar a aquellas pobres criaturas, pero el caso era que disponíamos de poca ropa para regalar. Una mujer se quitaba su fondo, otra daba unos pantalones, y alguna otra entregaba su brasier. Una internada no tuvo otra cosa que ponerse durante varios días que una blusa que sólo le cubría los brazos y los hombros.

En aquella tribulación, L. nos prestó servicios valiosísimos. Su amigo del almacén de ropas, "organizaba" tres o cuatro blusas cada día, y otros tantos pantalones. Pero por muy activa que fuese la "organización", no resultaba suficiente para cubrir nuestras necesidades.

Las barracas estaban visiblemente menos abarrotadas después de cada desinfección. Los cadáveres eran colocados detrás de las barracas, para regocijo de las ratas, quienes eran, indudablemente, los inquilinos más felices de Auschwitz-Birkenau. Aquellos roedores que engordaban con la carne muerta de nuestras desgraciadas compañeras, se sentían tan en su casa que, por mucho que hiciésemos, no lográbamos ahuyentarlas de las barracas. No nos tenían miedo, por el contrario, debían considerarse las verdaderas dueñas de todo aquello.

::   ::   ::   ::

Mi cautiverio, como el de otras muchas internadas, estuvo caracterizado por diversos "cambios de residencia". Tuve que transladarme a tres diferentes campos, y mi trabajo fue cambiado innumerables veces. La mayor parte de las veces estuve trabajando en los servicios de sanidad, en la enfermería o en el hospital; pero también me encargaban otras tareas de servicio, como la limpieza de las letrinas y las faenas de los campos de labor. Un simple capricho de la *blocova*, o una evacuación imprevista era suficiente para cambiar mi situación de cabo a rabo. A fines del otoño de 1944, estaba en el equipo de letrinas, y sólo por pura suerte puede regresar poco después al hospital.

A principios de diciembre de 1944, sólo quedaban dos

campos de mujeres. Los demás habían sido evacuados, o sus ocupantes exterminadas. Tales fueron el B-2, que era un campo de trabajo y el E, anteriormente ocupado por los gitanos, y que actualmente comprendía los bloques del hospital.

Las internadas del B-2 trabajaban en los telares donde se manufacturaban las mechas de los detonadores. Las condiciones que allí imperaban eran miserables. Las trabajadoras pasaban el día en bloques atestados de montones de lana sucia, de uno a dos metros de alto. Al menor movimiento, se levantaban torbellinos de polvo que se pegaban a las ventanillas de la nariz y ahogaban los pulmones. Sin agua, no había ni que soñar siquiera en lavarse. No tenía, por tanto, nada de extraño que el hospital estuviese lleno de internadas procedentes del B-2.

Dos veces a la semana, eran llevadas al Campo E las enfermas de los telares. Las que ya no podían andar siquiera eran conducidas en camiones o carretillas, el resto caminaban a gatas o se iban apoyando unas a otras. No pude menos de pensar en los cojos que ayudan a los ciegos.

Por no sé qué estúpido motivo, había una regla que disponía que los enfermos, por graves que estuviesen, tenían que pasar primero por la ducha para poder ser hospitalizados. Muchas veces se desmayaban. En algunas ocasiones, nos atrevíamos a saltarnos a la torera aquella regla inhumana y nos llevábamos a las pacientes directamente al hospital.

Como siempre estaba lleno, las condiciones que en él reinaban eran poco menos que intolerables. La alimentación defectuosa y las epidemias producían el 30 por ciento del número total de internadas que se nos presentaban. Muchas veces, dos, tres y hasta cuatro pacientes tenían que compartir el mismo lecho. Apretadas las unas contra las otras, padecían no sólo los sufrimientos propios, sino los de sus vecinas. En lugar de curarse, una paciente podía contraer cualquier nueva enfermedad en el hospital. Como el espacio era sumamente reducido, resultaba imposible evitar los contagios.

Aquel horrendo lugar brindaba, eso sí, un terreno abundante para observar la patología de la nutrición defectuosa. Los fenómenos más comunes eran los edemas, los flemones, los panadizos, esa variedad de diarrea persistente que los alemanes llamaban "Durchfall", la forunculosis, las manifestaciones extremas de avitaminosis y, finalmente, las pulmonías. También teníamos casos contagiosos de difteria, escarlatina y tifus, que era propagado por millones de piojos extendidos por todo el campo.

Se libraba una guerra a muerte entre los piojos y las presas, pero generalmente vencían los parásitos. Aquellas desinfecciones ridículas no asustaban a nuestros adversarios, ni disponíamos del tiempo y de la fuerza necesaria para luchar contra un enemigo que se multiplicaba en tan terribles proporciones. Todas estábamos infectadas: las que trabajaban en los comandos, las que se quedaban en las barracas, y las que prestábamos servicios en el hospital. Los piojos pululaban por todas partes: en la ropa, en las *koias,* en nuestras cabezas, en las barbas y en las cejas. Hasta en los vendajes de los enfermos, que cubrían su piel, se metían. A veces pensaba que si seguíamos mucho más tiempo en el campo, todas acabaríamos por perecer, víctimas de las ratas y de los piojos, que serían los únicos supervivientes.

En los últimos meses de nuestra estancia en el Campo E, se notó alguna mejora. La *Lagerälteste* (la pequeña Orli) declaró guerra sin cuartel a los piojos. Quitaba la ropa a las internadas y prefería que se muriesen de frío antes de dejar multiplicarse a los parásitos.

Las que trabajábamos en el hospital nos considerábamos relativamente privilegiadas en nuestra lucha contra aquellos insectos. Había menos en nuestro dormitorio, y además contábamos con nuestra preciosa palangana agujerada. Por otra parte, no nos atrevíamos a abandonar el campo a los parásitos, porque estábamos constantemente expuestas a su invasión, y a cada reconocimiento que hacíamos, las enfermas nos los pasaban en abundancia. Teníamos sesiones diarias de despiojamiento, y constantemente estábamos aconsejando a las enfermas que hiciesen otro tanto. Si hubiésemos sido más y nuestro equipo reuniese mejores condiciones y fuese más abundante, los piojos no nos habrían plagado. Pero nos considerábamos vencidas, y aquello nos producía una profunda pena.

No había espectáculo más consolador que el que ofrecían las mujeres que se afanaban por la noche en limpiarse a fondo. Se pasaban de una a otra el único cepillo de que podían disponer, con la firme determinación de acabar con la suciedad y los piojos. Aquélla era la única manera que teníamos de luchar contra los parásitos, contra nuestros carceleros y contra cualquier fuerza que tratase de hacernos sus víctimas.

::   ::   ::   ::

Todas las internadas de Auschwitz-Birkenau alimentaban

un único sueño: *huir.* Las deportadas entraban a centenares de millares en los campos, pero el número de las que lograban salir de allí por propia voluntad era minúsculo. Durante todo el tiempo que estuve presa, no supe más que de tres o cuatro fugas que saliesen bien. Pero aun en aquellos casos, los resultados no eran completamente seguros.

El sistema alemán era aterradoramente eficaz. A los centinelas se les gratificaba por cazar a prisioneros fugitivos. En primer lugar, estaba la alambrada provista de púas y cargada de alta tensión. Luego venían los "Miradores", o sea, los perros de fuera, que estaban especialmente enseñados a perseguir y a batir a los fugitivos. Además, en el momento en que se echaba de menos a alguien, se adoptaban una serie de medidas estrictas. La sirena empezaba a pitar. Cuando oíamos su temeroso vibrar atravesando el aire, sabíamos lo que quería decir: alguien había intentado escaparse. Temblábamos y rezábamos por el éxito de la atrevida mujer.

Nuestros sentimientos iban mezclados de egoísmo, porque abrigábamos la esperanza de que quien lograra escapar de aquel infierno diría al mundo lo que estaba ocurriendo en Birkenau, y acaso viniese alguien en auxilio nuestro, por fin. ¡Si los Aliados lograsen volar el crematorio!... Quizás se hubiese disminuído la rapidez del exterminio.

Pero la persecución empezaba sin perder un solo instante. Por la noche, poderosos reflectores registraban las áreas circunvecinas, y patrullas acompañadas de perros policías recorrían los contornos. Desgraciadamente, el fugitivo o la fugitiva no podían contar siquiera con la ayuda de los nativos. Tres o cuatro días de hambre y de sed bastaban generalmente para acabar con los que, por algún milagro, lograban evadirse de la persecución. Naturalmente, no les convenía a los huídos penetrar en ningún poblado para buscar alimento hasta que habían cambiado sus andrajos por un vestido menos notorio.

No había, virtualmente, posibilidad de escapar sin la cooperación de los guardianes. Algunas deportadas que llevaban allí mucho tiempo y se habían conseguido oro o piedras preciosas en el Canadá, lograron sobornar a algún centinela. Hubo quien se consiguió un uniforme de S.S. Pero ni aquellas mismas precauciones podían garantizar su éxito.

En el verano de 1944, un polaco ario que trabajaba en la sección B-3 consiguió hacerse con dos equipos de las S.S., uno para él y el otro para una judía de Polonia, de quien estaba enamorado. Ambos llevaban allí mucho tiempo. Se fugaron de Birkenau atravesando Auschwitz, y llegaron al pueblo de este nombre. Allí pasaron dos semanas felices, que fueron para ellos una verdadera luna de miel después de tantos años de cautiverio. Se consideraban tan seguros con sus uniformes de las S.S. que se confiaron y empezaron a vagar por las calles de la aldea. Un oficial de las S.S. observó algo raro en el aspecto de la mujer, e inmediatamente les pidió su documentación. Naturalmente, ambos fueron detenidos.

Estaba dispuesto que los fugitivos devueltos al campo de concentración debían sufrir un castigo ejemplar en presencia de todos los prisioneros. En primer lugar, se les obligó a recorrer el campo llevando un pasquín en que se consignaba el crimen por el que habían sido sentenciados. Luego se los ahorcaba en medio del campo o se los mandaba a la cámara de gas.

El trabajador polaco y su compañera dieron muestras de gran valor. ¡Delante de la muchedumbre de los presos, la muchacha se negó terminantemente a llevar el pasquín!

Los alemanes reaccionaron como centellas. Un guardián de las S.S. la golpeó brutalmente. Luego ocurrió algo verdaderamente increíble. Aquella muchacha puso a contribución todas las fuerzas que tenía... ¡y sacudió un puñetazo en plena cara a su verdugo!

Un murmullo de asombro corrió por el gentío de prisioneros. ¡Había alguien que se atrevía a contestar a los golpes con golpes! Ciegos de rabia, los alemanes se lanzaron contra la muchacha. Un diluvio de palos y puntapiés se abatió sobre ella. Quedó con la cara ensangrentada y con las extremidades rotas.

En un gesto triunfal, el jefe de las S.S. izó sobre su cuerpo el rótulo que se había negado a portar. Apareció en seguida un camión para llevársela. La tiraron dentro como si fuese un saco de harina. Pero todavía aquella muchacha medio muerta, con un ojo aplastado y la cara hinchada, se incorporó y gritó:

—¡Valor, amigos! ¡Ya las pagarán éstos! ¡La hora de la libertad está cerca!

Dos alemanes saltaron al vehículo, pisoteándola. Consiguieron el silencio que deseaban, pero todavía seguían dándole de puntapiés cuando arrancó el camión.

Poco tiempo después, estaba yo haciendo una inspección de la enfermería durante la hora de descanso. Con gran sorpresa mía, vi que entró Tadek, el joven polaco de ojos azules a que me he referido anteriormente. Pero ya no era el mismo

Tadek que me había hecho proposiciones en los lavabos tres meses antes. Se había convertido en una criatura derrotada, flaca, enclenque y débil.

Sin saludarme, se sentó. De repente me dijo:

—Estoy planeando fugarme mañana. Todo está listo ya. No he pensado en otra cosa durante todos estos años. A lo mejor salgo con bien, pero es más probable que me agarren y me apiolen a tiros. La verdad, no me importa. Ya no puedo aguantar más.

Hizo una pausa.

—Antes de marcharme —continuó—, quiero decirle que cuando me insinué a usted, no estaba enfermo. Antes de la guerra, era profesor de la universidad de Varsovia. Si sale usted alguna vez de este campo de concentración, búsqueme allí y yo la buscaré en Transilvania.

Hablaba pronunciando clara y precisamente cada palabra, y añadió:

—Bueno, de todos modos, no es posible que me odie usted más de lo que yo mismo me aborrezco y detesto.

Se dirigió a la puerta, pero de repente se volvió. Sorprendí en sus ojos la misma expresión de humanidad que me pareció haber observado en su voz hacía tanto tiempo.

Unos días después, los compañeros de Tadek que estaban trabajando en nuestro campo me dijeron que se había fugado con su hermano más joven. Lograron burlar a todos los guardianes y habían llegado hasta "la tierra de nadie", a cerca de dos kilómetros de las líneas rusas. Estaban sufriendo terriblemente por la sed, puesto que no habían tomado un sorbo de agua en cuarenta y ocho horas. Cuando pasaron junto a una fuente Tadek se detuvo. Su hermano siguió adelante.

Estaba Tadek aplacando su sed cuando lo divisó una patrulla alemana. Fue detenido. Al caer en la cuenta de que todo estaba perdido para él, evitó la dirección en que se había ido su hermano por temor de que los descubriesen. El hermano logró ponerse a salvo, pero Tadek fue devuelto al campo y encerrado en un calabozo en forma de fosa.

Estas fosas eran celdas de castigo hundidas en la tierra. No tenían aire libre ni luz, y eran tan angostas que los prisioneros tenían que quedarse de pie toda la noche. Durante el día, eran sacados para destinarlos a las más repugnantes faenas, a base de reducción de raciones. En tres días, no comió más que seis onzas y media de pan; eso fue todo.

Al cabo de tres o cuatro días, los hombres más vigorosos

se entregaban. Tadek aguantó aquel trato muchas semanas. Cuando por fin lo sentenciaron a muerte, ya no quedaba nada de aquel ser humano a quien conociera yo en otros tiempos.

:: :: :: ::

Según iban replegándose las fronteras del Gran Reich bajo los golpes de los Aliados, los alemanes revacuaban los campos de concentración amenazados por aquellos avances. Por este motivo, los ocupantes de numerosos campos eran transladados a Auschwitz. Cuando a éste le llegara su turno, sería evacuado y llevado al interior del Reich.

Los internados del campo polaco de Brassov fueron los primeros en ser transladados a Auschwitz. Los recién llegados quedaron asignados al B-2, o sea al antiguo Campo Checo. Perdieron gran parte de sus compañeros durante el viaje. Muchas mujeres "voluntarias" habían sido confinadas en Brassov. Algunas se ganaban bastante bien la vida y utilizaban a sus compañeras de cautiverio para que les lavasen la ropa, cosiesen sus prendas e hiciesen la limpieza de sus cosas.

Con las escasas monedas que recibían de las "voluntarias", las internadas compraban en la cantina alimentos suplementarios para mejorar un poco su suerte. No es que hubiese allí maravillas que adquirir, pero aquel pequeño mercado era muy apreciado. Además, Brassov había sido un campo de trabajo dedicado a producir tejidos e hilados, y no un campo de exterminación. Aquellas prisioneras no sabían nada de los crematorios. Allí los alemanes utilizaban sus ametralaldoras para ejecutar en masa a los rusos, polacos y franceses en los bosques vecinos.

La evacuación de Brassov se llevó a cabo precipitadamente. Se llamó a revista en medio del día. Las cautivas fueron transladadas a los vagones del ferrocarril, donde se las apilaba como si fuesen animales. Las que habían estado trabajando fuera del campo se vieron favorecidas por la fortuna. Al volver aquella tarde, fueron recibidas amablemente por las tropas soviéticas que acababan de ocupar la comarca.

Entre las evacuadas a Auschwitz a causa de las operaciones militares, había un gran contingente de judías procedentes del *ghetto* de Lodz. Gracias a una doctora polaca, puede formarme una idea exacta de la vida en aquella ciudad durante su ocupación.

El *ghetto* estaba rodeado de una gran trinchera llena de

agua, del otro lado de la cual montaban guardia los soldados
alemanes con ametralladoras. Dentro del terreno cercado, las
judías podían circular libremente a determinadas horas, pero
la mayor parte del tiempo tenían que trabajar para la *Wehrmacht*. Confeccionaban uniformes de las S.S. y les bordaban los
cuellos con la famosa calavera. Sus enfermas eran atendidas por
sus propias médicas. La comida era abominable en el *ghetto,* y
el índice de mortalidad considerablemente elevado.

La evacuación de este *ghetto* fue realizado también por
sorpresa. Una vez más los alemanes apelaron a sus métodos
hipócritas para ahorrar energía humana. Agarraron a un gran
número de hombres y se los llevaron a la estación. Cuando las
madres y esposas en su desesperación quisieron enterarse de
qué había sido de ellos, se les dijo que se habían ido a trabajar
en Alemania, y que las mujeres podían acompañarlos. No hace
falta describir una vez más cómo las mujeres judías de Lodz
y sus hijos se abalanzaron a la estación, llevándose cuanto tenían
de precioso. Los alemanes filmaron aquella escena para contra-
decir en los noticiarios de cine los rumores de que coacciona-
ban a la gente.

Los hombres, mujeres y niños del *ghetto* de Lodz estaban
ahora en campos de liquidación, principalmente en Birkenau.
Tuve que curar a muchos de aquellos seres humanos en la
enfermería. Estaban en lamentables condiciones físicas, y su
espíritu y moral había quedado por los suelos. De todas las
enfermas puedo decir que eran las más delicadas y menos capaces de resistir el dolor; luego venían las griegas, las italianas, las
yugoslavas, las holandesas, las húngaras y las rumanas. Las
más estoicas eran, por lo menos según pude apreciar yo, las francesas y las rusas.

::   ::   ::   ::

No sólo llegaban prisioneros del Este. También recibíamos
grandes contingentes de elementos de la resistencia, valientes
que habían aguantado hasta el último momento y otros "indeseables" del Oeste. En septiembre de 1944, llegaron muchos
belgas antes de que se liberasen los Países Bajos. También
hubo judíos procedentes de Teresienstadt. En los trenes diarios de deportación llegaban griegos e italianos. Los últimos
habían pasado algún tiempo en las cárceles de la península;
pero, a medida que avanzaban los Aliados las prisiones eran
vaciadas y sus ocupantes mandados a Birkenau. Tenían ya la
moral por los suelos, y la mayor parte eran viejos que no lo-

graban adaptarse a las condiciones del campo de concentración. Abundaban entre ellos los suicidas.

La llegada de aquellos contingentes produjo cambios dentro del campo. Más que nunca, Birkenau se convirtió en una Torre de Babel, en la que se hablaba toda índole de idiomas y se practicaban las costumbres más diferentes. El único elemento "estable" eran los antiguos *"Schutzhaftling"*, o sea, los empleados del campo, que oprimían cruelmente a los recién llegados. Eran verdaderamente los criados dóciles del Estado Alemán.

Birkenau recibió también prisioneros de los cercanos campos de trabajo, que ya no servían para la máquina de guerra alemana. De Auschwitz-Birkenau solían mandarse los presos más robustos a la región de Ravensbruck, donde había muchas fábricas de armamentos. Los que caían enfermos eran devueltos so pretexto de que necesitaban atención médica. Pero, en realidad, se los debilitaba y desalentaba, hasta el extremo de que ya no tenían deseos de vivir.

Los cadáveres de los ejecutados en los campos de concentración vecinos eran también mandados a Birkenau. Los hornos de nuestros crematorios estaban atendiendo indudablemente a una vasta región. La preferencia que sentían los alemanes por la incineración no se debía, ni mucho menos, a consideraciones higiénicas; les ahorraba los entierros y les permitía llevar a cabo mucho mejor la recuperación de materiales valiosos.

¡Había trenes que llegaban a Birkenau... procedentes de Birkenau! Un día se anunció que iba a formarse un tren de presos con destino a Alemania para trabajar en fábricas. Todo ello se llevó a cabo como si fuese un acontecimiento de cada día. Los deportados abordaron los camiones sin que se les hostigase ni molestase demasiado. El tren empezó a moverse, ejecutó unas cuantas maniobras, partió de la estación y se perdió a lo lejos con destino desconocido. Al cabo de unas horas, regresaba el mismo tren con los mismos pasajeros a Birkenau, y los deportados fueron llevados directamente al crematorio.

¿A qué se debía el que los alemanes apelasen a maniobras tan complicadas? ¿Se efectuó aquella operación de acuerdo con un plan, o fue más bien resultado de una confusión administrativa? Sea de ello lo que fuere, el caso es que lo que he referido es rigurosamente cierto en todos sus detalles.

Otro día, arrancó también un tren de deportados "para trabajar en una fábrica alemana". Días después, el servicio de desinfección del campo entregó una cantidad considerable de

ropa, que no era sino las pertenencias de nuestros desaparecidos
compañeros. Habían salido no para Alemania, sino para el otro
mundo. Nadie supo dónde ni en qué circunstancias fueron ejecutados aquellos pobres prisioneros.

::   ::   ::   ::

A pesar de las llegadas en masa de prisioneros, su número
seguía disminuyendo. Una de las razones era que después del
otoño de 1944 muchos fueron transladados a las fábricas para
substituir a los obreros alemanes que habían sido enviados al
frente. Los criminales alemanes del campo de concentración,
quienes llevaban el triángulo verde, recibieron la libertad a
condición de pelear contra los enemigos del Reich. La mayoría
de las S.S. salieron hacia el frente; los que quedaron eran más
que nada inválidos, para quienes el servicio en Auschwitz constituía una cura de reposo después de haber combatido.

Las selecciones mermaban también nuestras vidas. Cierta
horrible tarde de lluvia, llegó a la enfermería un destacamento
de S.S. Empleando tácticas violentas, según tenían por costumbre, hicieron reunir a sesenta mujeres enfermas bajo el portal
del hospital. Se ordenó a las pacientes que arrojasen todas sus
posesiones en un montón, inclusive sus menguadas raciones diarias y sus camisas de hospital. Para recoger a este grupo de
desventuradas mujeres, no se utilizaron vehículos a motor sino
carretillas de basura.

El cortejo empezó a moverse bajo una lluvia persistente y
chapoteando en medio del océano de barro que cubría el suelo
de Birkenau. No se oyó un solo grito entre las víctimas. Se
despidieron de nosotras con un gesto de resignación que parecía
anunciarnos: "hoy nos toca a nosotras, mañana será el turno
de ustedes".

Una hora después, volvían los carros de basura de los
crematorios... sólo que vacíos.

Birkenau estaba en proceso de liquidación a grande escala,
porque la administración se había hecho cargo de que iba a ser
necesario evacuar el campo ante el avance ruso. Los mismos
crematorios debían ser destruidos para dejar las menos huellas
posibles.

Sin embargo, la liquidación seguía siendo llevada a cabo
lenta y metódicamente. Los *Sonderhommandos* recibieron órdenes de destruir un horno cada vez. Todos los demás seguían
funcionando, y algunos estaban abrasando todavía cadáveres en
diciembre de 1944.

Continuaban llegando nuevos trenes, pero los deportados
eran seleccionados en la estación para ser mandados directamente a la cámara de gas, mientras los demás eran transladados
al interior de Alemania. Sin embargo, en algunos casos, se exter-
minaban trenes enteros de prisioneros al llegar a Birkenau. A
qué capricho se debía aquello, es cosa que ignoro.

Por entonces, mis obligaciones me hacían dar una vuelta
de vez en cuando por la estación. Cierto día vi, en unión de
unas cuantas compañeras, un tren atestado de civiles rusos, a
los que los alemanes, por lo visto, se habían llevado en su
retirada. Las puertas de los vagones estaban abiertas. Dentro,
los niños lloraban y los viejos refunfuñaban, mientras unos
cuantos jóvenes fanfarroneaban y entonaban canciones rusas. Al
vernos, las mujeres se asomaban a la portezuela, suplicándonos
un poco de agua o un pedazo de pan.

—*Woda... khleb.*

Estas dos palabras las identificaban como rusas. Había-
moslas oído tantas veces, que sabíamos cómo se decía "pan y
agua" en todos los idiomas de Europa.

Nos preguntaban dónde estaban. No eran capaces de sospechar que acababan de llegar al fin de su viaje.

En otro tren, niños procedentes de orfanatorios y escuelas
católicas, acompañados de monjas, llegaban de Polonia. Los alemanes abrieron las puertas de los vagones para que se bajaran
sus ocupantes, pero poco después vino una nueva orden prohi
biendo el descenso de los pasajeros y cerraron las puertas de
los vagones violentamente, dejando un pequeño espacio abierto.
Los guardias alemanes, armados, se alinearon frente a los vagones. Durante el tiempo que las puertas estuvieron abiertas, pudimos ver que los pasajeros eran niños de distintas edades,
aproximadamente desde un año hasta dieciséis. Venían apilados
materialmente dentro de los vagones. Muchos de ellos se veían
tristes y terriblemente agotados. Un gran número de los niños
estaban gravemente enfermos. Seguramente llevaban mucho
tiempo encerrados en esos vagones.

Los niños estaban sedientos y hambrientos; los que tenían
fuerza para hacerlo, lastimosamente pedían agua y comida. Muchos de ellos se encontraban muy excitados y desesperados. Las
Hermanas trataban de calmarlos lo mejor que podían. A los
más pequeños, los llevaban en sus brazos. Pero no les podían
proporcionar comida ni agua, pues habían carecido de esto
desde hacía algún tiempo.

Una de las monjas vino a la puerta y por el espacio abierto

le rogó a un guardia que le trajera una cubeta con agua para
los niños. Pero el alemán ignoró su petición, y con un movimiento obsceno, rasgó las vestiduras de la monja. Los soldados
alineados frente a los trenes hacían mofa de la monja y de las
trágicas escenas que se desarrollaban dentro de los vagones.

—¿Ustedes quieren agua? —preguntaban y para divertirse
más, burlonamente ofrecían sus cantimploras a los niños. Los
delgados brazos de los niños se extendían con ansia a través de
la abertura de los vagones, para agarrar el agua, pero antes que
pudieran alcanzarla, los alemanes les golpearon las manos con
sus bayonetas. Los niños daban tremendos gritos de dolor al
recibir los golpes. Pero su sed era tan grande, que cada vez que
les ofrecían de nuevo las cantimploras, ellos volvían a tratar
de alcanzarlas olvidándose que en lugar de recibir agua, iban a
ser golpeados.

Grandemente indignada por estas crueles escenas, una de
las Hermanas pidió a los soldados que dejaran en paz a los
niños. En respuesta a su petición, recibió un fuerte golpe en la
cabeza con la culata de una pistola. Pronto, grandes cantidades
de sangre comenzaron a manar de la cabeza de la Hermana. El
brutal soldado que la golpeó probablemente le había fracturado
el cráneo. Pero debe haber tenido un valor sobrehumano, pues
ella no cayó, y permaneció erguida en silencio. A la vista de la
sangre, los niños enloquecieron de pánico. Sus gritos y llantos
desesperados llenaban el aire de la estación y llegaban hasta
los campos. Pero estos gritos eran familiares en Auschwitz o en
Birkenau. Los prisioneros los oíamos con el corazón destrozado,
pero no podíamos hacer nada para ayudarles. Los alemanes permanecían siempre indiferentes a los lamentos de los niños, aunque sabían bien que los conducirían directamente de la estación a su muerte. Los llantos en el campo eran el preludio del
sacrificio que ofrecían a su dios, Wotan.

Regresé al campo sumamente deprimida. Como ocurría casi
siempre que llegaba un nuevo contingente de prisioneros a la
estación, se los confinó en sus respectivas barracas. Solamente
los miembros del personal de la enfermería tenían derecho a
circular. Mi blusa blanca equivalía a una placa temporal de
salvoconducto.

Al día siguiente volví a la estación. No había nadie en las
portezuelas de los vagones, los cuales habían sido vaciados durante la noche. Nadie había visto a los rusos, ni a las monjas,
ni a los niños dentro del campo. En los días siguientes llegaron
otros trenes, y la suerte de sus ocupantes debió ser la misma.

No podía quitarme de la cabeza una idea. Bajo la vigilancia de los guardianes, fui llevada al Campo F.K.L., con un grupo de internadas. Junto a la estación tuvimos que detenernos para dejar pasar a una columna de prisioneros. Eran polacos de clase media, a juzgar por su traza y su ropa. Reconocí entre ellos a algunos ferroviarios, trabajadores de tránsito rápido, empleados de correos, monjas y estudiantes. No marchaban, por lo visto, tan aprisa como querían los centinelas, por lo cual éstos los apaleaban o les daban latigazos y culatazos de revólver.

De pronto, un hombre como de sesenta años, vestido con uniforme de cartero, perdió el equilibrio y se cayó. Un joven de cerca de dieciocho años le ayudó a levantarse. El viejo se estaba incorporando cuando llegó un S.S. y le descerrajó a sangre fría un tiro de revólver.

Yo estaba a menos de tres metros con mis compañeras.

No soy capaz de describir la expresión del agonizante cuando fijó los ojos en el joven que había tratado de ayudarle. Ni tengo palabras para expresar la desesperación y el dolor que había en la voz del joven, cuando exclamó:

—¡Oh, padre!

Mientras tanto, el asesino sacó del bolso un encendedor y se puso a prender un cigarrillo. Trató de protegerlo cuidadosamente del viento. Pero la brisa era demasiado fuerte, y tuvo que hacer varios intentos. No cabía duda de que le resultaba mucho más sencillo matar a un ser humano que encender un cigarro. Por fin, se prendió, y se echó otra vez el encendedor al bolso bajo el capote. Sólo entonces vio al joven que sollozaba sobre el cadáver de su padre agonizante.

—¡Weiter gehen! (Sigan!) —gritó el S.S.

Como el joven no pareció oir la voz de mando, le descargó su látigo. Fue uno, dos, tres golpes furiosos. El muchacho se levantó con una mueca de dolor, mirando por última vez a su padre que moría. Bajo los golpes, volvió a situarse en la columna, que se dirigía entre latigazos y denuestos al bosque de Birkenau.

CAPÍTULO XVIII

Nuestras Vidas Privadas

Durante seis meses estuve compartiendo el angosto espacio de la Habitación 13 con cinco personas. La doctora "G." era, según creo, la más interesante de mis compañeras. Había sido médica en Transilvania, y no quería aceptar, hasta el extremo de que era positivamente peligroso para ella, el hecho de que ya no vivía su existencia anterior a los días de Auschwitz. Todas las tardes nos contaba que la *blocova* la había invitado a tomar el té, y describía aquello como si fuese uno de los tés elegantes de sociedad que conociera antes de la guerra.

Nosotras sabíamos lo que había sido el "té social" de que nos hablaba. ¿Qué clase de té podría nadie tener en aquel lugar? Pero la doctora insistía en pintarnos de color de rosa la escena y cuando se refería a su persona. Así vivía en un mundo aparte de fantasía, que ella misma se había creado.

Mi segunda compañera era una muchacha rubia yugoeslava. Se las echaba de médica, pero todas las de la enfermería sabíamos de sobra que no había nada de aquello. Lo más, podía haber estudiado el primer año de medicina. No se atrevía a aplicar un vendaje, y tenía mucho miedo a que los alemanes descubriesen que había mentido, porque terminaría en el crematorio, como les había ocurrido a otras que declararon falsamente ser médicas.

En cuanto caía en sus manos un libro de vulgarización que tratase de medicina, se ponía a estudiarlo vorazmente. No teníamos verdaderos libros de medicina. Los únicos de que podíamos disponer eran folletos de uso familiar, en que se daban "consejos médicos". La verdad era que los conocimientos elementales que poseía pudieran acaso bastarle en un ambiente en que el debido trato médico era imposible. Más tarde se la destinó al hospital de enfermedades contagiosas. Allí podía haber hecho mucho daño, porque no sabía distinguir las enfermedades. Pues bien, ella era la médica *jefe* de nuestro hospital, y *teníamos* que obedecer sus instrucciones.

Mi tercera compañera era la doctora Rozsa, pediatra checa, médica de verdad. Trabajaba con entusiasmo y fidelidad a su vocación. Era una mujer fea y de baja estatura, que debía andar por los cincuenta y cinco. Resultaba emocionante oírla hablar en términos apasionados y juveniles del gran amor que había dejado allá en su tierra. Cierto día, se presentó una amiga suya que la había conocido antes de los tiempos de Auschwitz. Se expresó admirablemente del trabajo magnífico que había desarrollado la doctora en el pasado. Cuando la doctora Rozsa hubo de salir, porque la llamaron, y nos quedamos a solas con su amiga, le preguntamos, de mujer a mujer, por el romance antiguo de la doctora. Entonces nos enteramos de que el amor de la pobre mujer había sido silencioso, porque aquel hombre probablemente no supiese nunca ni que existía siquiera. Pero aquella pasión era una forma de fuga para la doctora, lo mismo que el mundo de ensueño de la doctora G.

Mi cuarta compañera de habitación, a la que mencionaré con la inicial "S.", era cirujana de primera clase, y en otro tiempo había sido la principal asistente de mi marido. La habían llevado al campo en compañía de sus cuatro hermanas, y era una verdadera mártir del cariño fraternal. Ellas llevaban en el campo la vida ordinaria de las prisioneras, es decir, padecían todas las penalidades y privaciones de un campo de concentración. S. sólo vivía para ellas: la suerte de sus hermanas no se apartaba un momento de su mente en todo el día.

Nuestra quinta compañera era una dentista. Se había casado inmediatamente antes de ser deportada y la habían detenido juntamente con su marido. Solía decirnos irónicamente:

—Pasamos nuestra noche de bodas en el vagón de carga.

Más tarde, éramos siete a vivir en el mismo cuchitril. La séptima era Magda, criatura de corazón generoso que era química de profesión. Fue a la que "seleccionaron" para ser liquidada al mismo tiempo que a mí. Las dos nos hurtamos a nuestro sino, y entre nosotras surgió una amistad estrecha. Magda compartía el angosto camastro con la dentista.

Yo también tenía de compañera de cama a la esposa de otro médico, llamada Lujza. Dormíamos una en la cabecera y otra a los pies de la yacija, porque de otra manera no hubiésemos cabido. El problema principal que teníamos era no tirarnos una a otra del camastro mientras dormíamos, porque era el más alto.

Borka, otra muchacha yugoslava de unos veintidós años, era una de las personas menos egoístas y más desinteresadas que he visto en mi vida. Ponía un toque doméstico en nuestro cuartucho, limpiándolo por nosotras.

Otra compañera de habitación, la doctora "O.", era precisamente todo lo contrario que la doctora G. Ésta creaba un mundo grato de fantasía, mientras la doctora O. siempre ponía las cosas peor de lo que eran en realidad. Con frecuencia pensábamos si no sería una pesimista por temperamento, o si, más bien, no la habría hecho así la vida del campo de concentración.

Con el tiempo, llegamos a ser doce las mujeres que nos repartíamos la minúscula habitación. No había ventilación y era de lo más incómodo, pero la considerábamos como un paraíso, porque estaba aparte del resto del campo, y en ella podíamos gozar de un grado mínimo de independencia.

Las trabajadoras médicas estábamos siempre juntas: por la noche en el pequeño zaquizamí de la Barraca 13, y durante el día en la enfermería. Sabíamos unas de otras lo que valía la pena, nos reíamos juntas y llorábamos juntas. Naturalmente, teníamos nuestras diferencias de criterio. Los conflictos que surgían entre nosotras procedían generalmente de motivos sin importancia.

Carecíamos de sillas. Los únicos sitios en que nos podíamos sentar eran los dos camastros más bajos, los de la doctora G. y la dentista. Aquellas dos inteligentes mujeres, quienes probablemente habían sido excelentes amas de casa, sollozaban como niñas cada vez que nos sentábamos en sus camas. Hasta cierto punto tenía razón, porque la enfermería estaba sucia y plagada de piojos. Estábamos expuestas a contraer no sólo las enfermedades de nuestras pacientes, sino también sus parásitos.

Por extraño que parezca, ninguna de nosotras fue víctima de una infección grave, aunque eran escasas las precauciones que podíamos tomar contra los gérmenes. La sarna era la única dolencia a que éramos sensibles. Yo estaba constantemente contagiándome de ella por las pacientes. La verdad es que la tuve siete veces. Hice esfuerzos desesperados por conseguirme la medicina necesaria para tratármela. Me hacía padecer tanto la sarna como los palos que me daban. No me dejaba dormir ni trabajar, y tenía todo el cuerpo cubierto de heridas de tanto rascarme. Cuando me conseguía unturas que aplicarme, mis compañeras de cuarto protestaban si las usaba de noche. El emplasto despedía un olor horrible y apestaba la habitación.

Aquella pomada nos dividió en dos bandos. Uno de ellos toleraba que me lo aplicase de noche, para poder aplacar un poco mi tortura; el otro insistía en que lo utilizase únicamente de día, cuando estábamos en la enfermería, porque allí teníamos que soportar muchos olores desagradables, y la peste de la untura no importaba. Más tarde, Magda y la dentista contrajeron también la sarna, y el hedor se hizo insoportable y mareante en la habitación.

Todas las mañanas se producía una porfía general por el uso de la palangana. Téngase presente que éramos doce. Borka, la pequeña yugoslava, tenía que traer el agua. A veces volvía llorando, porque era tan poca la que se había conseguido, que no iba a haber suficiente para beber, cuanto más para lavarse.

No teníamos espejo. Pero aún nos quedaba el recurso de mirarnos vagamente en el agua, si teníamos agua. Cuando empezó a crecernos el pelo, observamos que se nos estaba poniendo bastante gris. Como carecíamos de cepillos y peines, teníamos la facha de adolescentes descuidadas. La doctora G. declaró que estábamos hechas unas adefesios. Consiguió convencer a una de nuestras pacientes, que era peluquera y tenía un peine, que nos arreglase el pelo a cambio de dos porciones de pan.

Las cejas me hicieron sufrir mucho al principio. Las tenía ralas por naturaleza, pero en el campo creían que me las seguía depilando como antes. Mis compañeras de cautiverio hicieron numerosas observaciones intencionadas contra mí a propósito de ese detalle. Muchas veces fui apaleada por los alemanes por el mismo motivo. Por fin, llegaron a convencerse de que, en efecto, había yo legado a este mundo con escasas cejas. Cuando cayeron todas en la cuenta de que tal era el caso, cesaron finalmente de atormentarme a costa de eso.

Todos los días teníamos pendencias a propósito del "Pingajo", algo así como el hatillo de un mendigo. El "pingajo" era un pedazo de endrajo, una media o un calcetín, y a veces un sombrero viejo, atado en forma de bolsa, que constituía nuestro maletín, nuestro armario, y nuestra despensa. El contenido de uno de aquellos pingajos describe perfectamente cuánta era nuestra pobreza. Allí ocultaba cada prisionera su fortuna: su margarina, su pan y su cucharada de mermelada. Las prisioneras más ricas podían tener hasta un peine sin dientes. Cuando entre los efectos guardados en el pingajo había una cajita, se consideraba como signo inequívoco de "prosperidad".

Como los pingajos eran lujos, estaban prohibidos. No había lugar en la barraca donde poder esconderlos mientras duraban las revistas, así que los teníamos que ocultar bajo las faldas. Severos castigos, y a veces la muere, esperaban a quien dejaba caer su hatillo secreto mientras estábamos en posición de firmes. Su descubrimiento atraía la tragedia no sólo sobre su propietaria sino sobre todas las demás, porque justificaba un registro y la confiscación de las posesiones que tantos sudores y fatigas nos había costado conquistar.

Cuando nos alojamos en la Habitación 13, la cuestión del pingajo estaba resuelta. Era verdad que allí también teníamos que esconderlos en los rincones más absurdos, porque la inspección podría descubrírnoslos igualmente. Cuando llegaba a nuestra noticia que iba a realizarse una inspección, salía cualquiera de nosotras a retirar los hatillos a tiempo.

Pero no estaban seguros de las demás prisioneras. Mientras nos hallábamos en la enfermería, se metían a veces en nuestra habitación y robaban nuestros tesoros. La doctora G. y la dentista, que eran las más "ricas", siempre se estaban lamentando de los hurtos.

La doctora Rozsa era la única que no perdía nunca nada, porque no tenía nada. Era como una niña grande: por lo menos, no tenía deseo de almacenar "riqueza".

La doctora G., quien era una buena médica, procuraba convertir en realidad su mundo de ensueño. Tenía una "doncella", lujo que sólo las blocovas podían permitirse. Todas las mañanas, antes de levantarse, entraba una de sus pacientes, le limpiaba los zapatos, le arreglaba la ropa, y hacía su cama. La doctora G. era dueña inclusive de un cobertor de seda. Para no inspirarnos envidia, más tarde nos consiguió uno para cada una de nosotras; pero estaban hechos una lástima y eran de calidad inferior. Era la única de nuestro grupo que no lavaba la ropa, ni siquiera en el campo. Su blusa blanca se la lavaba la "doncella", y la blocova le había permitido que se la planchara con su misma plancha.

La doctora G. siempre andaba probándose vestidos. Se los conseguía en el mercado negro o se los regalaban, y ella después los reformaba. Hacia el final de nuestro cautiverio, cuando oíamos los cañonazos de los rusos, la doctora G. nos dijo:

—Bueno, muchachas, ha llegado la hora de que me confeccione un vestido de viaje.

La pesimista replicaba:

—Pero, querida, nos matarán.

—¿Y si no nos matasen? —insistía la doctora—. Me quedaría sin un vestido de viaje.

Nos echamos a reir. En medio de todo, le estábamos muy agradecidas. Aquélla su intensa feminidad nos proporcionaba muchos momentos de distracción.

Los vestidos de G. fueron aumentando en número, y L. nos construyó un armario con tres tablas. No era más que para la doctora G., porque a nosotras no nos hacía falta armario para los miserables andrajos de que disponíamos.

Naturalmente, a cada presa no se le permitía más que un vestido. Por eso G. siempre andaba afanosa, buscando nuevos escondrijos para sus prendas. Pobre criatura. Cómo se quedó desolada cuando le robaron de su jergón de paja la falda plegada, que era el mejor artículo de su guardarropa. También le desapareció el impermeable azul, que estaba guardando para "salir". De puro sentimiento no pudo comer en todo el día.

Oficialmente, la doctora G. era la ginecóloga del campo, y la doctora S. su cirujana. G. se hizo cargo de algunos casos quirúrgicos y se produjo una reyerta entre las dos facultativas. La doctora S. no necesitaba que se le diesen las gracias por su trabajo, pero a la doctora G. le hacían falta las alabanzas para seguir soñando y fantaseando. Aunque estábamos muy cerca del crematorio y vivíamos en un estado constante de terror a la muerte, seguían terne que terne con su insensata porfía.

A pesar de todo, teníamos unas cuantas almas genuinamente desinteresadas. Por ejemplo: la polaca rubia, que cuando estaba yo para salir del Bloque 26 para ir al Bloque 13, se colocó a la puerta y me llamó.

—No puedes dejarnos así —me dijo—. Tenemos que darte una cena de despedida.

—¿Una cena de despedida? —le pregunté—. ¿Qué tenemos para comer?

—Ayer encontré un tubo de dentífrico. Nos lo comeremos —me contestó.

Y, en efecto, las que dormíamos juntas nos apretujamos en un rincón de la koia y untamos nuestro pan de pasta dentífrica. ¿Se imaginan los lectores que estábamos locas? Las presas de Auschwitz pocas veces saboreamos una comida mejor que la que nos tocó disfrutar aquella noche.

A pesar de las diferencias que se producían de cuando en cuando en la Habitación 13, nos teníamos simpatía unas a otras, y frecuentemente demostramos que éramos capaces de sacrificarnos recíprocamente. Tuve la mala suerte de que mis compañeras nunca me perdonasen los paquetes que recibí mientras estuve en la enfermería. Aun con las mejores intenciones del mundo, no podía explicarles aquello de manera razonable y satisfactorio. Lo compartíamos todo, aun las adquisiciones más insignificantes. Sin embargo, yo no podía hablar de aquellos paquetes. Cuando me hacían alguna pregunta, tenía que darles contestaciones evasivas.

Se comprende que se empezasen a molestar y dar pábulo a la fantasía al ver mi comportamiento. Lujza, quien era mi compañera de cama y mi mejor amiga, me comunicó que las demás trataban de adivinar el secreto de aquellos paquetes. Yo no me atreví a decírselo ni siquiera a Lujza. A veces, cuando no podía inmediatamente dar salida a un paquete, me lo quedaba por la noche, guardándolo debajo de la cabeza. De haber sabido ella que lo que yo ocultaba eran explosivos, no hubiese querido pasar la noche allí.

Una tarde, ya al oscurecer, todas se pusieron de acuerdo en que les explicase a qué se debían aquellas visitas furtivas que recibía y las excursiones secretas que hacía a distintos rincones del campo.

—¿Qué quieren todas esas personas de ti, y cómo es que desapareces con tanta frecuencia en los momentos en que estamos más ocupadas?

No me atevía a decirles nada. Ellas me castigaron, retirándome la palabra durante varios días, excepto en la enfermería, donde era absolutamente necesario.

Afortunadamente, llegó el día de mi santo, y me hicieron el regalo de olvidarse de mi falta de confianza o mi silencio para con ellas.

Recibí otro presente. L. me trajo un cepillo de dientes usado, al cual le faltaban las cerdas de un extremo; el preso a quien se lo había comprado por tres pedazos de pan lo había estado usando varios meses. Mis compañeras se quedaron estupefactas y encantadas al ver aquel artículo valioso. También causó sensación la pequeña manzana verde que me regaló un miembro de la resistencia. Era una manzana *de verdad*.

CAPÍTULO XIX

Las Bestias de Auschwitz

De todos los S.S. que había en nuestro campo, el que adquirió mayor notoriedad fue Joseph Kramer, "la bestia de Auschwitz y Belsen", que fue el Criminal No. 1 en el proceso de Luneburg. Pero las internadas teníamos escaso contacto con él. Como Comandante en Jefe de una gran parte del campo, rara vez abandonaba las oficinas de la administración, y se presentaba únicamente para realizar determinadas inspecciones o en ocaciones especiales.

Se debía que Kramer había desempeñado muchos oficios en su vida. Una vez había sido tenedor de libros. Indudablemente, llevaba los libros sobre las vidas humanas de Auschwitz con toda exactitud, porque era él quien recibía las órdenes de Berlín relativas a la escala de exterminio.

Era un hombre robusto. Tenía el pelo oscuro cortado a la marinera, y sus ojos eran negros y penetrantes. No se olvidaba fácilmente su fisonomía dura y severa. Tenía un andar pesado y sus maneras eran reposadas e inperturbables. Todo lo relativo a su personalidad le daba un aire de Buda.

Lo vi una o dos veces en la estación cuando se realizaban las selecciones de los contingentes recién llegados. Volví a verlo en otras dos ocasiones, en circunstancias que han llegado grabadas indeleblemente en mi memoria. La primera fue durante el verano de 1944. No recuerdo la fecha exacta, pero fue el día después de haber sido liquidado millares de seres humanos del Campo Checo.

—¡Todo el mundo fuera! ¡Desocupen las barracas!

Aquella orden fue dada a gritos al comenzar la tarde. Se nos reunió en la gran explanada que había delante de las barracas. En aquella ocasión, los alemanes no tuvieron en cuenta los precedentes anteriores, porque nos autorizaron a sentarnos en tierra, privilegio que nos resultó inaudito. En medio de la multitud de mujeres había muchos hombres. Eran deportados que trabajaban en nuestro campo y a los cuales generalmente se nos prohibía dirigir una sola palabra.

De pronto apareció la orquesta del campo. Los músicos, vestidos de uniformes listados de penados, subieron a la plataforma y empezaron a ejecutar piezas de música ligera y aires de baile. Me dio un vuelco el corazón. Todos queríamos descansar y divertirnos, pero me había llevado ya muchas desilusiones para creer en nada que organizasen los alemanes.

¿Qué podía significar aquel concierto popular? Mientras la orquesta tocaba sus números modernos de baile, oía los ecos patéticos de los gritos que exhalaban los hijos de los checos que habían sido asesinados el día anterior.

Inesperadamente, sobre nuestras cabezas aparecieron aviones alemanes. Volaban tan a ras de tierra que parecían amenazar los tejados de las barracas. Comprendí de qué se trataba. ¡Nos estaban filmando! Indudablemente, preparaban algún "documental" sobre la existencia idílica de los campos de concentración nazis. ¿Qué irían a enseñar al mundo? ¡Prisioneros de ambos sexos que tomaban su baño de sol fuera de las barracas, mientras escuchaban la alegre música del jazz! ¡Qué instrumento más eficaz para la máquina de propaganda alemana, que trataba de contrarrestar las espeluznantes historias de que ya se había hecho eco la prensa occidental.

Con una amplia sonrisa en los labios, Kramer, el comandante del campo, se puso a pasear de pronto entre nosotros. Quizás lo estuviesen fotografiando como anfitrión generoso y simpático de aquel "puerto de paz". Por lo visto, quería desempeñar bien su papel en aquella farsa organizada por él.

Pasaron los meses. A medida que el Ejército Rojo avanzaba por las llanuras polacas, en nuestros corazones empezó a florecer de nuevo la esperanza.

Los que vieron a *Herr* Kramer durante sus inspecciones dijeron que cada vez tenía aspecto más preocupado. Cierto día dictó la siguiente órden:

"El Campo No. 1 debe ser liquidado mañana al mediodía. Deberá vaciarse completamente para su inspección.

Firmado: Kramer"

Ya había sido reducido el número de prisioneros, pero todavía teníamos nosotros 20,000 mujeres. Resultaba casi imposible transladar aquel gran número de prisioneras a Alemania en tan poco tiempo. Sin embargo, la orden de Kramer se llevó a cabo en el periodo dispuesto.

En la tarde siguiente no quedaba nada en el No. 1, como no fuese el hospital con sus mil pacientes y su personal, incluyendo las que estábamos en la enfermería. No nos hacíamos ilusiones respecto a la suerte que nos esperaba a nuestros pacientes y a nosotras mismas.

Cuando terminó nuestra jornada de trabajo, nos retiramos a nuestra habitación, que entonces estaba en el antiguo urinario de la Barraca 13. Ni pensar en dormir siquiera. Saqué de los escondites los más preciados de mis tesoros. Encontré una vela, que había estado reservando para alguna grande ocasión, y la encendí.

Al pálido fulgor de aquella luz, nos pasamos la noche sin pegar los ojos, pensando todas en lo mismo, en la muerte que nos acechaba desde el umbral de los primeros albores. Aunque soplaba el viento a través de las tablas destartaladas, creíamos que nos íbamos a ahogar. Los aviones "enemigos" volaban por encima de nuestras cabezas. El campo estaba transido de bocinas y sirenas de alarma. Por fin, rompió un día lívido.

Llegamos al hospital. Al cabo de unos momentos, se presentó el doctor Mengerle, seguido de veinte guardianes de las S.S. Instantes después, apareció Joseph Kramer. Sin contestar a los saludos de sus subordinados, se colocó en medio de la habitación, abierto de piernas y con las manos detrás de la espalda. Ladró órdenes a su teniente.

Una de las ambulancias que se utilizaban para transladar a las víctimas a la cámara de gas se detuvo frente al hospital. Tras ella vinieron otras. Entre la entrada del hospital y las ambulancias, los miembros de las S.S. formaron un cordón. Otros guardianes de la misma oganización iban indicando a las enfermas el camino que tenían que seguir hasta los vehículos.

La mayor parte de ellas estaban demasiado débiles para poderse tener de pie, pero los guardianes las empezaron a golpear con sus garrotes y látigos. Una mujer que no había empezado a andar fue agarrada por el pelo. En su precipitación, había muchas que se caían de las *koias*, fracturándose el cráneo.

Mis compañeras y yo tuvimos que presenciar todo aquello, locas de terror y de rabia impotente, porque la escena era verdaderamente horrible. Hubo unas cuantas enfermas que trata-

ron de escapar o de oponer resistencia, pero los centinelas se
lanzaron contra ellas y las apalearon brutalmente. Faltan palabras para describir aquel espectáculo.

Entonces Kramer nos asignó una tarea "médica". Teníamos que quitar a las pacientes sus blusas, la única ropa que
quedaba a aquellas pobres mujeres a las que se había arrojado
de su lecho y ahora gemían bajo el restallido del látigo. ¿Qué
motivo podía haber para una orden así? Las blusas estaban hechas andrajos. Pero nadie podía ponerse a hacer preguntas ni
a tratar de justificar los motivos. Intenté hurtarme a aquella
tarea, pero un guardia de las S.S. me abofeteó con tal violencia
que todo me dio vueltas y estuve a punto de caer al suelo.

Nunca se me olvidarán las miradas de odio y reproche
que nos lanzaban nuestras pacientes mientras gritaban:

—¡Ustedes también se han convertido en nuestros verdugos!

Y tenían razón. Porque, por culpa de Kramer, nosotras,
cuya misión era mitigar sus sufrimientos, les arrebatábamos sus
últimas posesiones, o sea, sus maltrechas y harapientas blusas.
Mi amiga, la doctora K., del hospital, estaba temblando como
una azogada. Se aprovechó de un momento de distracción y
salió precipitadamente de la enfermería. La seguí y tuve tiempo de arrebatarle la jeringa que había tomado en sus manos.
La estaba llenando de veneno para quitarse la vida.

No puedo fijar exactamente el número de ambulancias y
camiones atestados de enfermas, que salieron aquel día con
dirección a los crematorios. Hasta hoy, mis ideas han sido con-
fusas y los recuerdos de aquella escena se me han quedado un
tanto desvanecidas. Me parece ver las cosas como a través de
una bruma: lo que más claramente se destaca en mis recuerdos
son aquellas horribles tropas de S.S. atacadas de una locura
destructiva, que golpeaban salvajemente a las enfermas y molían
a patadas a las embarazadas.

El mismo Kramer había perdido su calma. Un fulgor extraño palpitaba en sus ojillos, y se conducía como un orate. Le
vi abalanzarse sobre una desgraciada mujer y aplastarle el cráneo de un solo garrotazo.

Sangre, sangre nada más. ¡Por todas partes sangre! En el
suelo, en las paredes, en los uniformes de los guardianes de las
S.S., en sus botas... Finalmente, cuando partió la última ambulancia, Kramer nos mandó limpiar el suelo y dejar la estancia en condiciones decentes. Por extraño que parezca, se quedó
personalmente a supervisar aquella operación de limpieza. Trabajábamos como autómatas. Había quedado destruida nuestra

facultad de pensar y comprender. Nuestras mentes no estaban ocupadas más que por una única idea: ¿Cuánto tardará la muerte en abatirse sobre nosotras? Mientras recogíamos las mantas dispersas, los orinales, los instrumentos y las blusas rasgadas de las mujeres, sabíamos de sobra que a nosotras nos tocaría en seguida.

Pero estábamos equivocadas. El doctor Mengerle, presente a todo aquello, de pronto separó al personal sanitario en dos grupos. El primero fue mandado a un campo de trabajo; el segundo, del cual formé yo parte, a otro hospital del Campo FKL. Aunque el Campo No. 1 se cerró, la fábrica exterminadora de Birkenau continuó funcionando.

Entre tanto, Kramer había desaparecido. Se había vuelto a las oficinas de la administración central, sin duda ninguna para dictar nuevas órdenes y contraórdenes relativas a la vida y muerte de millares de esclavos de Birkenau.

:: :: :: ::

Por lo menos faltó una persona en la lista de detenidos en el proceso de Luneburg, adonde fueron conducidos los jefes de los campos de concentración para rendir cuentas de sus horrendas fechorías. Ese hombre debería haberlas pagado, como las pagaron el doctor Klein y el doctor Kramer. Me refiero al doctor Mengerle, que fue el médico jefe después de haberse retirado el doctor Klein. De cuantos vi "en acción" en el campo de concentración, él fue, por mucho, el primer surtidor de la cámara de gas y de los crematorios.

El doctor Mengerle era un hombre alto. Se le hubiera podido llamar hermoso y apuesto, de no ser por la expresión de crueldad que había en su fisonomía. En el proceso, debería haber sido colocado junto a Irma Griese, su antigua amante, a quien llamamos el "ángel rubio". Pero el doctor Mengerle había contraído el tifus cuando se liberó el campo. Y mientras convalecía, logró escaparse.

Era especialista en "selecciones". Hacía que los doctores prisioneros lo acompañasen de barraca en barraca; durante las inspecciones, se cerraban todas las salidas. Se presentaba de improviso a cualquiera hora, día o noche que más le placiera. Llegaba cuando menos se le esperaba, siempre silbando aires de ópera. El doctor Mengerle era un ferviente admirador de Wagner.

No gastaba mucho tiempo. Mandaba a las presas quedarse

completamente desnudas. Luego las hacía desfilar delante de él con los brazos en alto, mientras seguía silbando su Wagner. Cuando las angustiadas mujeres pasaban por delante de él, señalaba con el pulgar a la derecha o a la izquierda.

Sus decisiones no obedecían consideraciones de tipo médico. Parecían ser totalmente caprichosas. Era el tirano de cuyas disposiciones no había apelación. ¿Por qué iba a molestarse en hacer las selecciones a base de un método? Tampoco tenía nada que ver con ellas el estado higiénico de las seleccionadas. Al terminar la inspección, el doctor Mengerle decidía cuál de los dos grupos, el de la derecha o el de la izquierda, debía ser conducido a la cámara de gas.

¡Qué odio teníamos a aquel charlatán! Era un profanador de la palabra "ciencia". Cómo abominábamos su aire altanero y arrogante, su continuo silbar, sus absurdas órdenes, su fría crueldad! Si he sentido alguna vez en mi vida deseos de matar a alguien, fue el día en que el portafolio de Mengerle estaba encima de su mesa y noté el relieve del revólver que había dentro. Estaba verificando una selección en el hospital. Arrebatarle el arma y liquidar al asesino hubiese sido cosa de segundos. ¿Por qué no lo hice? ¿Sería que temía el castigo que me iban a aplicar después? No, fue porque sabía que los actos individuales de rebeldía siempre producían represalias en masa en el campo de Auschwitz. Creo para mí que a otras personas le debió pasar lo mismo: ahogaron deseos análogos por esa razón.

Con todo, el doctor Mengerle era un cobarde. Las prisioneras que trabajaban en la *Schreibstube* sabían que había apelado a toda clase de artimañas para no ir al frente. Cuando las S.S. abandonaron en masa el campo de concentración, Mengerle inventó una "misión especial", que hacía indispensable su presencia en Birkenau.

Cierto día se presentó en la enfermería y declaró que por nuestra negligencia, el tifus epidémico había alcanzado tan vastas proporciones que estaba amenazada toda la comarca de Auschwitz. Era verdad, el tifus epidémico había asolado el campo, pero en aquella ocasión teníamos relativamente pocas enfermas. Aquel mismo día, nos mandó una gran cantidad de suero y dirigió él mismo la vacunación en masa. Trabajábamos desde las seis de la mañana frente a la enfermería, porque el doctor Mengerle nos había prohibido vacunar a nadie adentro. El tiempo era frío y teníamos los dedos ateridos, pero millares de internadas esperaban su vacuna y habíamos de trabajar sin interrupción hasta bien entrada la noche. Al doctor Mengerle le corría prisa aquello: tenía que mandar un informe impresionante a Berlín en el menor tiempo posible.

Se comportaba de la manera más fantástica. Nos acusó de sabotear las vacunas. Así que, obedeciendo su orden, suspendimos al día siguiente la vacunación. Inmediatamente montó en cólera y en un acceso de irritación, nos acusó una vez más de sabotaje.

Un día nos reprendía por no ver a bastantes pacientes, aunque diariamente llegaban a la enfermería de cuatrocientas a seiscientas enfermas, y al siguiente, tomaba a mal que atendiésemos con demasiado solicitud a las enfermas y derrochásemos en ellas las medicinas que escaseaban.

En cierta ocasión, se le metió en la cabeza que la malaria había sido llevada al campo de concentración por los detenidos griegos e italianos. Con el pretexto de acabar con la enfermedad, condenó a millares de ellos a las cámaras de gas. Qué felices nos sentíamos cuando lográbamos engañarlo. En lugar de mandar la sangre de las aquejadas de malaria a que la analizasen, enviábamos la sangre de internadas sanas.

Aquel cobarde que tanto miedo tenía a la muerte, se complacía en asustar a los demás. Cuando la doctora Gertrude Mosberg, de Amsterdam, le suplicó que respetase la vida de su padre, quien también era médico y había sido mandado al crematorio, Mengerle le contestó:

—Su padre tiene ya setenta años. ¿No cree que ha vivido bastante?

En otra ocasión, se plantó delante de una enferma y se la quedó mirando con expresión sarcástica.

—¿Ha estado usted alguna vez en el "otro lado"? —le preguntó—. ¿Cómo es aquello?

La pobre mujer no sabía qué quería decir y se encogió de hombros.

—No se preocupe —continuó diciendo él—. ¡Lo va a saber muy pronto!

Sólo vi una vez perder el empaque a este hombre. Fue cuando se encontró frente a frente con Kramer, quien tenía una personalidad más fuerte. Aquel doctor Mengerle chalado por la música y tan seguro de sí mismo ante las impotentes internadas, tembló delante de la "bestia de Belsen".

¿Qué idea podía tener el doctor Mengerle del trabajo médico que desarrollaba en el campo? Sus experimentos, carentes de valor científico, no eran más que juegos tontos, y todas sus actividades estaban llenas de contradicciones. Le vi una vez tomar todo género de precauciones durante un parto, procurando que se observasen rigurosamente todas las reglas de la asepsia y que el cordón umbilical fuese cortado con cuidado. Media hora después, mandaba a la madre y a su criatura al crematorio. Lo mismo ocurría con las vacunas contra el tifus o la escarlatina. Ponía en juego una serie de medidas higiénicas con las prisioneras a quienes tenía sentenciadas ya a la cámara de gas.

::   ::   ::   ::

Entre las mujeres pertenecientes a las S.S., a quien conocí mejor fue a Irma Griese, no porque tuviese interés personal en ello, sino debido a circunstancias que no dependían de mi control. El "ángel rubio", como la prensa la llamó, me inspiró el aborrecimiento más intenso que haya experimentado en mi vida.

Parecerá raro que lo repita con tanta frecuencia, pero era extraordinariamente bella. Su hermosura era tan impresionante y evidente que aunque sus visitas diarias equivalían a llamadas a lista y a selecciones para las cámaras de gas, las presas se quedaban asombradas al contemplarla y murmuraban:

—¡Qué bella es!

Si se tratase de un novelista que quisiese describir una escena, los lectores lo atribuirían a una imaginación desbordada. Pero las páginas de la vida real son muchas veces más horribles que las imaginadas en las novelas.

Aquella mujer de veintidós años era consciente del poder de su belleza y no despreciaba nada que pudiese contribuir al realce de sus encantos. Se pasaba muchas horas acicalándose delante del espejo y ensayando los gestos más seductores. Donde quiera que fuese, dejaba la estela de su delicado perfume. La cabellera se la perfumaba con una gama completa de olores embelesadores: a veces, ella misma se preparaba sus mezclas.

El uso inmoderado del perfume era acaso el refinamiento supremo de su crueldad. Las presas, que habían caído en un estado de degradación física, inhalaban aquellas fragancias con delicia. Y cuando nos abandonaba y nos dejaba en medio del hedor nauseabundo y rancio de la carne humana quemada, que cubría el campo como un sudario, la atmósfera se hacía más irrespirable e intolerable que antes. Sin embargo, nuestro "ángel" de trenzas de oro, sólo empleaba su belleza para recordarnos más y hacernos más conscientes de nuestra horrible situación.

Lo mismo de refinados eran sus vestidos. Y, a decir verdad, sus uniforme de las S.S. le sentaban mejor que el atuendo civil. Tenía particular cariño a una chaqueta de lana azul celeste que entonaba con el color de sus ojos. Con aquel equipo llevaba una corbata más oscura en el cuello de su blusa. La fusta, que tan frecuentemente usaba, golpeaba sonoramente la pernera de su bota.

Tenía un guardarropa bien surtido. Yo conocía bien a su modista; antes de la guerra había estado al frente de un establecimiento famoso de Viena. Irma no le dejaba un solo momento de reposo. La pobre mujer tenía que trabajar desde por la mañana hasta por la noche, y todo lo que recibía en pago era un mendrugo de pan. Para Irma en cambio, jamás había escasez de géneros, aun de tejidos ingleses. Las cámaras de gas proporcionaban abundantes zapatos y vestidos, y todos los países martirizados de Europa rendían tributo a su colección. Tenía los armarios atiborrados de vestidos, procedentes de las casas más elegantes de París, Viena, Praga, Amsterdam y Bucarest.

El "ángel" de la faz pura corrió muchas aventuras amorosas. En el campo se murmuraba que Kramer y el doctor Mengerle eran sus dos principales amantes. Pero su aventura mayor fue la que tuvo con un ingeniero de las S.S., con el que se veía frecuentemente por las noches. Para poder volver a su puesto a la hora necesaria, siempre lo dejaba en plena noche. Cuando estaba él en compañía suya, Irma se mostraba radiante de orgullo.

—¡Miren! —parecía decir cuando clavaba sus ojos en nosotras—. Éste es mi reino. Tengo poder omnímodo de vida y muerte sobre este rebaño.

Y era verdad, poseía aquel poder, como lo demostraba cuando hacía la selección.

Un día entró Irma en nuestra enfermería. Con una orden breve y seca, mandó salir de la habitación a las pacientes y trabó conversación con la cirujana, que era una de mis mejores amigas.

—Necesito sus servicios —le dijo lacónicamente—. Tengo entendido que es usted muy hábil.

Le explicó detalladamente lo que deseaba. La situación requería mano delicada. Era peligroso negar nada a Irma Griese; sin embargo, si las autoridades y jerarquías superiores se enteraban de que estaba llevando la contraria a las leyes de la naturaleza, porque se trataba de una operación ilegal, hubiese sido igualmente peligroso para nosotras.

Mi amiga titubeó. Griese le hizo promesas tentadoras.

—Compartiré mi desayuno contigo. Tomarás un chocolate magnífico o un buen café con leche. ¡Y pastel, y pan con mantequilla!

Luego añadió:

—También te regalaré un abrigo de invierno, que da mucho calor.

Sin embargo, la cirujana no acababa de decidirse. El peligro era muy grande. Entonces Irma Griese enrojeció y sacó su revólver.

—Te doy dos minutos para que te decidas.

—Haré lo que usted mande —le contestó la doctora, rindiéndose.

—¡Muy bien! Te espero mañana a las cinco, en la Barraca 19. Y te advierto que no estoy dispuesta a tolerar ningún retraso —terminó el ángel secamente y se fue.

Mi amiga llegó con puntualidad. Me rogó que la acompañase como enfermera. ¡Qué espectáculo presencié! Irma Griese, la verdugo, estaba sudando de puro miedo. Temblaba, gemía y no era capaz de dominarse. Ella, que había mandado a millares de mujeres a la muerte con toda sangre fría, y que las trataba brutalmente sin sentir jamás remordimiento ninguno, no podía resistir sin llorar el más mínimo dolor.

En cuanto terminó la operación, empezó a charlar.

—Después de la guerra, me propongo dedicarme al cine. Ustedes verán mi nombre luminoso en las marquesinas. Conozco la vida y he visto mucho. Las experiencias que he tenido me van a ser muy útiles para mi carrera artística.

Nos sentimos felices de que nos dejase retirar en paz. Porque podía habernos matado allí mismo. No tenía más que dar la orden de que nos llevasen a las cámaras de gas, y allí terminaría todo. No sé por qué no lo hizo.

Desde aquellos días, Irma Griese ha aparecido, cómo no, en las películas. Pero no de la manera que se había ella imaginado. No era heroína de un drama de amor, ni su hermoso rostro y figura salían a escena para decorarla. Apareció en los noticieros mientras se desarrollaban los procesos de Luneberg. Y cuando fue sentenciada a muerte por sus innumerables crímenes, no la recibió con los brazos abiertos ni salió a su encuentro. Sus guardianes tuvieron que arrastrarla hasta el lugar de su ejecución. ¡Pero de cuantos horrores fue responsable aquella mujer hasta que le llegó la hora!

De todos los jefes de las S.S. que conocí, el que más me desorientó fue el doctor Fritz Klein. Era svab, oriundo de Transilvania. Cuando trabajaba a toda velocidad la fábrica exterminadora, era director médico del campo y uno de los más entusiastas del proyecto nazi de aniquilación. Me quedo corta si digo que merecía la pena capital cien veces. Sin embargo, contra lo que ocurría con los otros miembros de las S.S., el doctor Klein era un asesino "correcto".

Para ser exacta y en honor a la justicia, debo decir que era menos sádico que sus colegas. Me daba la impresión de que lo que hizo se debió también a que era víctima de las circunstancias. Quizás tuviese conciencia. De todos modos, fue el único verdugo de las S.S. en quien vi reacciones humanas con respecto a los deportadas.

Acaso estuviese impresionada por su afabilidad y por el hecho de que a veces parecía sinceramente interesado en las enfermas. Muchas prisioneras eran sensibles a tales manifestaciones de benevolencia.

No dudó en mandar millares de gente enferma al "hospital", pero también fui testigo de cómo salvó a algunas pacientes.

Cierto día, la doctora de una barraca le entregó una lista de internadas suspectas de haber contraído difteria. Al reconocerlas, el diagnóstico quedó confirmado en dos o tres de ellas. Pero, tras un rápido examen, el doctor Klein descartó la cuarta.

—Éste no es un caso para el hospital —declaró—. Son anginas corrientes.

El doctor Mengerle, por el contrario, mandaba a todas las sospechosas al hospital, sin molestarse en reconocer a ninguna.

Ya he relatado cómo el doctor Klein fingió irritarse ante el aspecto de la enfermería con las médicas de la barraca, para tener un pretexto con qué evitar que fuesen seleccionadas bastantes enfermas. En otra ocasión, observó que había un gran número de seleccionadas esperando en los lavabos para ser transladadas al "hospital".

—¿Por qué tienen que esperar tanto tiempo? —preguntó al guardián.

—Es que la ambulancia no está libre —le contestó el otro—. ¡Está siendo utilizada para trasportar cajas!

Yo sabía que se refería a las cajas de polvo de gas, que solían cargar siempre en la ambulancia.

Se endureció la cara del doctor Klein.

—Si es ése el caso —repuso—, la selección se llevó a cabo

demasiado aprisa. No vale la pena retener a esta gente aquí todo el día.

—¿A qué sentimientos se debió aquella reacción? ¿A compasión? ¿O fue, sencillamente, indignación por la actitud negligente de los guardianes?

En otra ocasión, mientras lo acompañaba en su ronda médica le llamé la atención sobre el hecho de que las internadas estaban plantadas muchas horas delante de las barracas bajo una lluvia espesa. No me contestó, pero se dirigió a aquel sitio y ordenó a las internadas que volviesen a sus barracas.

Como era de origen transilvano, el doctor Klein me hablaba muchas veces en mi lengua nativa. Me preguntaba por mi ciudad y por mi hogar. Un día me espetó a boca jarro la pregunta de si no sería yo miembro de la familia de un doctor famoso de la misma ciudad, que dirigía un sanatorio. Se refería a mi marido, del cual hacía ya semanas que no había vuelto a saber.

Al recordar cosas pasadas, sentí un arrebato de cólera. ¿Cómo iba a poder decirle la verdad? Allí estaba yo, cubierta de barro, con la cabeza rapada, andrajosa y calzando dos zapatos de pares distintos y maltrechos. No, yo no era la esposa de un cirujano respetable. Yo era una miserable criatura pisoteada por los tacones de un oficial de las S.S.

—No —le respondí apretando los dientes—. No sé a quién se refiere usted.

Pero el doctor Klein no era tonto.

—¡Vaya, vaya, qué cosa más extraña! —exclamó—. ¡Parece increíble! Pero, de todos modos —añadió, cambiando la voz—, vaya unos pasos detrás de mí. Las reglas de la etiqueta no están vigentes en este campo.

Unos meses después, giró una visita por sorpresa a nuestra enfermería y expresó deseos de visitar el hospital.

Yo me coloqué unos pasos detrás de él, como me ordenara la última vez que nos vimos. Me señaló con el dedo a su bicicleta y me dijo:

—¡Me han retirado el coche y no tenemos más gasolina! Escúcheme. Voy a comunicarle algo que la va a hacer sumamente feliz. La guerra se terminará en seguida, y todos podremos irnos otra vez a nuestras casas.

Eché una mirada furtiva en torno. Siempre que estaba con Klein, nos rodeaban guardianes de las S.S. Afortunadamente, nadie había lo suficientemente cerca para oír lo que tratábamos.

—Se lo agradezco mucho —le dije—. Jamás he oído hablar así a nadie de las S.S.

—¡Oh, el agradecimiento! —exclamó el doctor Klein, encogiéndose de hombros—. No me hago ilusiones. Cuando se acabe la guerra, ni usted ni las demás tendrán la más mínima consideración conmigo.

Hasta aquel momento no llegué a comprender lo que estaba insinuando. Con más vista y criterio que los demás, hacía ya mucho tiempo que venía sospechando que los alemanes habían perdido la guerra. Su "benevolencia" con las pobres prisioneras no era más que simple cálculo. Acaso se estaba ya preparando testigos para los procesos que veía venir.

Además de Klein, debo mencionar nuevamente a Capezius, otro transilvano. Había sido uno de los directores de la Compañía alemana Bayer de Transilvania.

Los representantes de aquella firma habían visitado frecuentemente a mi marido en nuestro hospital de Cluj. Por Navidad, solíamos recibir perfumes, licores y libros médicos, como parte del proceso de conseguir mayor clientela. Sobre nuestras mesas, siempre había lapiceros anunciando la Casa Bayer.

Yo conocía a Capezius desde antes de mi cautiverio. Cuál no sería mi sorpresa cuando averigüé que era *Hauptsturmführer* de Birkenau, y que ostentaba el cargo importante y poderoso de jefe de las estaciones farmacéuticas de los campos de concentración circunvecinos. Pero estábamos teniendo pocas medicinas; mi paisano no era excesivamente generoso.

El *Hauptsturmführer* abandonaba con frecuencia el campo para ir a "ver a su familia" a Segesvar. Al regresar de una de esas visitas, se presentó en nuestra enfermería y habló con la doctora Bohm, que había sido deportada de la comunidad de Capezius.

—Vi a su hermano hace dos días en Segesvar. Le prometí que la cuidaría a usted.

La pobre mujer rompió a llorar.

—Le dije que estaba usted bien —continuó explicando Capezius.

La doctora se miró a los trapos que llevaba encima y se quedó sorprendida de lo magníficamente que estaba. Pero, a pesar de todo, dio gracias a aquel hombre "bondadoso". Semanas más tarde, volvió otra vez a la enfermería e informó a su protegida que la ciudad había sido ocupada por el "enemigo", y que su hermano había sido nombrado alcalde.

—Si su hermano atiende bien a mi familia —declaró con intención—, volverá usted a verlo.

No tardó la doctora Bohm en ser transladada de Birkenau a Auschwitz, donde estaba instalado Capezius. Fue retenida como rehén, y ésta es la forma en que no hemos vuelto a saber de ella.

Estoy segura de que el doctor Klein estaba pensando otro tanto cuando me preguntó un día si tenía parientes en Transilvania.

—En dos días —me dijo—, pienso salir volando hacia Brasso. Tendría sumo gusto en llevar a su familia cualquier mensaje que usted me dé.

Durante un momento, me sentí tentada de decírselo. Mi cuñada vivía allí. Pero recordé el incidente de las tarjetas postales. A lo mejor, era peligroso dar su dirección a aquel asesino.

Por el mismo motivo, no quise preguntar a Klein por mi marido. Me temía que en lugar de ayudarlo, pudiera crearle algún peligro, si es que todavía seguía vivo. La experiencia me había enseñado que jamás debía fiarme de la "bondad" de aquellos nazis.

El hombre cuando llega a tenerlo, todo, pero sin Dios no posee nada, Salvo el Efímero Placer de lo pasajero El hombre con Dios, Aunque miserable para el mundo lo puede conquistar

CAPÍTULO XX

La Resistencia

Una opresión tan inhumana y violenta como la que teníamos que padecer siempre provoca de manera automática un movimiento de resistencia. Toda nuestra vida en el campo estaba caracterizada por este espíritu de resistencia. Cuando las empleadas del Canadá desviaban de su destino mercancías que debían salir rumbo a Alemania, para beneficiar a sus compañeras de cautiverio, estaban realizando un acto de resistencia. Cuando las trabajadoras de los telares retrasaban y hacían más lentas sus tareas, estaban ejecutando un acto de resistencia. Resistencia era el pequeño "festival" de Navidad que organizamos en las mismas barbas de nuestros amos. Resistencia era el acto clandestino de pasar cartas de un campo a otro. Y cuando tratábamos, y algunas veces conseguíamos, reunir a dos miembros de la misma familia —sustituyendo, por ejemplo, a una internada por otra en un equipo de camilleras— estábamos llevando a cabo un acto de resistencia.

Éstas eran las principales manifestaciones de nuestra actividad clandestina. No era prudente forzar más las cosas. Sin embargo, había muchos actos de rebeldía.

Un día, cierta prisionera seleccionada arrebató el revólver a un guardián de las S.S. y se puso a darle golpes con él. Se explicaba aquel gesto, sin duda ninguna, como una explosión de valor desesperado, pero no produjo más efecto que la provocación de represalias en masa. Los alemanes nos consideraban a todos igualmente culpables, lo llamaban "responsabilidad colectiva". Las palizas y la cámara de gas explican en parte cómo es que en la historia del campo hubo tan pocas sublevaciones abiertas, ni siquiera cuando a las madres se las obligaba por la fuerza a entregar a sus hijos a la muerte.

En diciembre de 1944, ordenaron a las prisioneras rusas y polacas que entregasen sus hijitos. La orden decía que iban a ser "evacuadas". Se produjeron escenas lamentables: las madres, transidas de dolor, colgaban cruces o improvisaban medallas para colgárselas del cuello a sus nenes, con objeto de poderlos reconocer más tarde. Derramaban amargas lágrimas y se abandonaban a la desesperación. Pero no había rebeldía, ni suicidios siquiera.

Sin embargo, seguía activa una organización clandestina. Trataba de expresarse de innumerables maneras... desde la edición de un "periódico hablado" hasta el sabotaje practicado en los talleres, destinados a industrias de guerra, y más tarde a la destrucción de los crematorios por explosivos.

La palabra "periódico hablado" acaso resulte presuntuosa. Necesitábamos divulgar noticias de guerra que contribuyesen a elevar el espíritu de las internadas. Después de resolver problemas técnicos de enorme dificultad, nuestro amigo L. logró, gracias a la cooperación del Canadá, construir una pequeña radio. El aparato se enterró. A veces, a altas horas de la noche, llegaban unas cuantas personas de confianza para escuchar las emociones de los Aliados. Luego las noticias eran propagadas verbalmente con la mayor rapidez posible. Los centros principales de nuestra difusión de noticias eran las letrinas o excusados, que habían alcanzado la misma categoría "social" que tuvieran en tiempos anteriores los lavabos y la enfermería.

Siempre resultaba interesante observar las reacciones de nuestros supervisores cuando llegaban hasta ellos noticias de guerra, pero pocas veces nos traía buenas consecuencias. El día depués del bombardeo nutrido de una ciudad alemana, la radio del Reich anunció que se iba a proceder a tomar "represalias". Siempre que el Reich trataba de vengarse, asolaba primero nuestro campo con una monstruosa selección.

En cuanto a los guardianes, las derrotas continuas de la *Wehrmacht* los hacían entrar cada vez más en sospecha, y multiplicaban los controles y los registros. Los mismos jefes estaban nerviosos y preocupados. De cuando en cuando, hasta el doctor Mengerle se olvidaba de silbar sus arias de ópera.

Algunos miembros de la resistencia de nuestro campo trataron de hacer llegar a los Aliados alguna noticia de nuestra situación desesperada. Esperábamos que la Royal Air Force o la Aviación Soviética apareciese un día para destruir los crematorios, con lo cual en algo se disminuiría la escala de exterminación. Un prisionero checo, que antes fuera cristalero y militante de izquierdas, logró pasar varios informes al Ejército Soviético.

Había en la comarca algunos francotiradores que operaban por su cuenta, y me enteré de que habían logrado, no sé cómo, establecer contacto con el campo de concentración. Me dijeron que el explosivo utilizado más tarde para destruir los crematorios había sido proporcionado por estos guerrilleros.

Los paquetes de explosivos no eran mayores que dos cajetillas de cigarrillos, por lo que podían fácilmente esconderse en una blusa. ¿Pero cómo entró aquel explosivo en el campo?

Tenía entendido que guerrilleros rusos ocultos en las montañas habían enviado a unos cuantos de los suyos a las cercanías de Auschwitz. Establecieron contacto con un hombre de Auschwitz que trabajaba fuera del campo y pertenecía a nuestra organización clandestina. Los presos que trabajaban en las tierras de labor desenterraron los paquetes del lugar en que habían sido escondidos y los introdujeron fraudulentamente.

¿Por qué habían mandado aquellos explosivos? El objetivo estaba muy claro para todos los miembros de la resistencia... para volar el horrendo crematorio.

Unos cuantos de aquellos pequeños paquetes cayeron en manos de las S.S. Era casi inevitable, y provocó una reacción brutal. Se instalaron horcas, y los cadáveres colgaban de ellas todos los días. Siempre que los alemanes sospechaban alguna cosa, se daba una orden frenética:

—¡Registren todo!

Y un grupo de guardianes de las S.S. se abalanzaban a nuestras barracas.

Lo levantaban y despedazaban todo, escudriñando hasta la última pulgada cuadrada del campamento en busca de más explosivos. Pero, a pesar de todo el lujo de precauciones que adoptaron, nuestro movimiento de resistencia seguía existiendo y funcionando. Sus miembros cambiaban, porque los alemanes nos diezmaban, aunque no supiesen quién pertenecía al movimiento. Sin embargo, nuestro ideal continuaba inmutable.

Un joven, a quien entregara el día anterior un paquete, fue ahorcado. Una de mis compañeras, temblando de miedo, me susurró al oído.

—Dime, ¿no es ése el mismo muchacho que estaba ayer en la enfermería?

—No —le contesté—. No lo he visto en mi vida.

Tal era la regla. Al que caía se le olvidaba.

No éramos héroes, ni pretendíamos pasar por tales. No

merecimos ninguna Condecoración del Congreso, ni Cruz de
Guerra, ni Cruces de la Victoria. Era cierto que emprendíamos
misiones de lo más arriesgado, pero la muerte y el llamado
peligro de muerte tenían un significado muy distinto para las
que vivíamos en Auschwitz-Birkenau. La muerte estaba siempre
con nosotros, porque podíamos entrar en cualquiera de las
selecciones que se realizaban cada día. Una sola inclinación de
cabeza podría significar para nosotras la sentencia de muerte.
El llegar tarde a la formación para pasar revista podría dar pie
a que nos diesen un bofetón, o también a que el guardián de
las S.S. montase en cólera, empuñase su Luger y nos dejase
en el sitio de un disparo.

La idea de la muerte se había convertido en materia de
nuestra misma sangre. Sabíamos que teníamos que morir, pa-
sara lo que pasase. Nos matarían en las cámaras de gas, nos
incinerarían, nos ahorcarían, o también pudieron fusilarnos.
Pero los miembros del movimiento de resistencia sabíamos, por
lo menos, que si moríamos, pereceríamos luchando por algo.

Ya dije en páginas anteriores que estuve sirviendo de es-
tafeta de correos para las cartas y paquetes. Un día, me colé
en la enfermería para deslizar un pequeño paquete debajo de
la mesa. Según lo hacía, penetró inesperadamente un guardián de las S.S.

—¿Qué estás escondiendo ahí? —me preguntó arrugando
las cejas.

Creo que me puse lívida, pero logré dominarme y le
contesté:

—Acabo de coger un poco de celulosa y estoy colocando el
resto en orden.

—Vamos a ver si es verdad —gritó el guardían, cada vez más
desconfiado.

Con mano temblorosa, saqué de debajo de la mesa una
caja de curas y se la enseñé.

Me acompañó la suerte. No insistió en seguir examinando
lo demás. Me miró con ojos irritados y siguió adelante. Si hubiese registrado la caja, aquél habría sido el último día de
mi vida.

Con frecuencia, tenía que recibir cartas o paquetes de
internados que estaban trabajando en el campo. La persona
intermediaria era siempre distinta. Para que me conociesen, llevaba una cinta de seda al cuello, a guisa de collar. Yo a mi vez
tenía que hacer llegar la carta o el paquete a un hombre que
tenía la misma señal. Muchas veces había de irlo a buscar en

los lavabos o en la carretera en que estaban trabajando los hombres.

Al principio, poco era lo que sabía de la índole de la empresa en que estaba tomando parte, pero me constaba que hacía algo útil. Aquello bastaba para darme ánimos. Ya no me dejaba deprimir por crisis de desesperanza. Hasta me violentaba para comer lo suficiente y estar en condiciones de seguir luchando. Comer y no debilitarse constituía también una forma de resistencia.

Vivíamos para resistir, y resistíamos para vivir.

::   ::   ::   ::

La doctora Mitrovna, cirujana rusa de nuestro hospital, fue la primera mujer rusa que había visto en mi vida. Conocí a mujeres de muchos países, y tenía interés en ver cómo eran las de la Unión Soviética.

Era una mujer poderosa, de busto opulento, pelo oscuro y expresivos ojos castaños, que parecían atravesar a una de parte a parte cuando miraban. Era doctora de verdad y quería mucho a sus pacientes, a quienes defendía y por las cuales luchaba. Cuando el doctor Mengerle seleccionó a una mujer muy enferma para transladarla a un "hospital central", la defendió con uñas y dientes y declaró con energía:

—No, está bien. Vamos a darla de alta en menos de tres días.

Lo sorprendente es que Mengerle accediese.

Creaba en torno suyo una atmósfera de respeto. Sin embargo, era la persona más llena y afectuosa que he conocido. Nadie tenía mayor capacidad de trabajo que esta mujer de cincuenta años. Cuando veía que yo estaba pálida de fatiga y que, a pesar de ello, seguía trabajando, me decía:

—Tú podrías ser una buena rusa.

Aquélla era la alabanza mejor que sabía hacerme.

Cuando los rusos bombardearon las cocinas de las S.S. de Birkenau, muchas prisioneras resultaron heridas. Yo la observé detenidamente para ver si exteriorizaba algún favoritismo hacia sus compatriotas. Pero trató a todo el mundo con perfecta imparcialidad, repitiendo siempre y a cada uno de los heridos, sin excepción de personas, la misma palabra alentadora:

—*Charashov, charashov* (Vamos, vamos).

Por Noche Buena, se unió a nuestras celebraciones y bailó con las enfermeras. Aunque no tenía voz, cantó como una niña, sin timidez ninguna. Nos dijo que cuando estaba en su casa, siempre le habían gustado las fiestas, porque la comida era mejor. Al mismo tiempo, pudimos advertir claramente que respetaba el espíritu religioso de sus compañeras de cautiverio.

—Debemos recordar en esta Noche Buena que pasamos en el cautiverio —nos dijo—, que la gente de todas las naciones de Europa están unidas actualmente con la esperanza de la misma cosa... a saber, la libertad.

Más tarde conocí a otras mujeres rusas: unas agresivas, otras bondadosas y dulces. A través de ellas fui cayendo en la cuenta de que el Comunismo es como una religión para el pueblo ruso. Quizá fue su fe la que las ayudó a superar las dificultades y tribulaciones de la vida de Auschwitz-Birkenau mejor que otras prisioneras.

Cada vez que había que mandar al hospital del Campo F. a una paciente, la doctora Mitrovna era la que decidía quiénes deberían portar la camilla. La primera vez que salí del campo por este motivo y se cerraron las puertas detrás de mí, empecé a llorar. Nos estaban siguiendo nuestros guardianes, pero las alambradas de púas no quedaban tan cerca. Había un poco más de espacio libre, y podíamos respirar a nuestras anchas. Por este motivo, consideraba aquella tarea digna de cualquier esfuerzo.

Nos llevó quince minutos a cinco de nosotras transladar a las mujeres enfermas a la barraca quirúrgica. Allí presencié otro drama. Las doctoras salvaban con su intervención quirúrgica a muchas cautivas, y los alemanes mandaban a las pacientes a la cámara de gas.

Pero los médicos representaban su papel con una dignidad serena. Eché una mirada en torno mío por la sala de operaciones. La vista de aquellos instrumentos y de las figuras vestidas de blanco, así como el olor del éter, me trajeron el recuerdo de mi marido y de nuestro hospital de Cluj. Estaba hundida en aquel mar de añoranzas, cuando, de repente, alguien cuchicheó a mi oído:

—¡No se mueva! ¡No pregunte nada! Póngase en contacto con Jacques, el *Stubendienst* francés, en el hospital de la Barraca 30.

Me quedé sorprendida. ¿Cómo sabían que yo pertenecía al movimiento de resistencia? Entonces caí en la cuenta... se debía a mi cinta de seda.

Había recibido una orden y tenía que cumplirla. ¿Pero

cómo? Yo estaba en un hospital extraño de un campo de hombres, y era mujer.

De pronto, una enfermera dio la voz de que el doctor Mengerle andaba por allí cerca. Los médicos trataron de dominar su miedo. Se produjo un rumor de voces exaltadas.

—¡Escondan inmediatamente los guantes de goma!

—¡Abran la puerta! ¡Va a oler el éter!

Entonces lo comprendí todo perfectamente. Aquella buena gente se había conseguido instrumentos y anestésicos a cambio de sus raciones de comida. Y ahora no tenían más remedio que esconderlo todo precipitadamente si no querían ser castigados y hasta ejecutados por el delito de ser compasivos.

Sin embargo, la operación tenía que comenzar. La desventurada mujer que yacía sobre la mesa gritaba de dolor. Parecía que iban a tener que proceder a la operación sin aplicarle anestésico ninguno.

—¡Estos bestias alemanes! —maldije—. ¡Tengo que llegar a la Barraca 30!

Me disponía a salir cuando vi unas mantas sobre la camilla. El espectáculo de gente enferma y arrebujada en mantas no era raro en el campo hospital. Aquélla fue mi salvación.

Me envolví en una manta y salí corriendo. Por fin, encontré a Jacques, el enfermero francés, en la Barraca 30. Le dije que me habían ordenado presentarme a él. Se trepó a la *koia* superior y cogió un pequeño paquete que había debajo de la cabeza de un enfermo.

—¡Dé esto al cristalero que trabaja en su campo! —me ordenó.

Cuando volví a la barraca quirúrgica, ya no estaban allí mis camaradas. La camilla había desaparecido. Corrí hacia la entrada del campo. La médica rusa estaba discutiendo con el alemán. Llevábamos ya demasiado tiempo en el campo de los hombres, y a mí podían haberme echado de menos.

Cuando la rusa me vio llegar arrebujada en la manta, que me había echado por encima de la cabeza, comprendió. Pero siguió discutiendo con el guardián.

—Le dije que alguien nos había quitado las mantas, y mandé a esta prisionera que nos las trajese. ¿Qué es lo que no entiende usted de esto? —discutía.

No sabía más que un poco de alemán, pero, sin embargo, nos salvó. Unas cuantas palabras rusas, y luego otras cuantas palabras alemanas. No sé cómo, pero el conflicto se solucionó. Según volvíamos a toda prisa, iba yo pensando qué podría con-

testar a Mitrovna cuando me preguntase a qué había ido allí.
Pero no me preguntó nada.

Cuando llegamos al campo, me enteré de que el cristalero
se había marchado. Pero al día siguiente Jacques mandó a otro,
gracias a lo cual pude, por fin, desentenderme de aquel paquete de explosivo que me había complicado tanto la vida.

Me daba vueltas en la cabeza a lo que estaría pensando
para sus adentros la doctora Mitrovna. Podía haber dicho al
centinela que había salido, abandonando al grupo, sin permiso
ninguno, con lo cual se lavaba las manos y se excusaba de complicaciones. Pero, por el contrario, me había estado esperando.
Al notar que faltaban las mantas de la camilla, inventó una dis-
culpa ingeniosa y me salvó. No cabía duda, era una buena
camarada.

Recuerdo que vi con frecuencia al mismo trabajador que
me llevaba los paquetes discutiendo acaloradamente con ella.
Por tanto, supongo que ella debía ser también miembro de la
resistencia. Aquella brillante y callada mujer pudo haberse
enterado de que yo pertenecía igualmente a la organización
clandestina del campo. Acaso fuese por eso por lo que no protestó
cuando salí de la habitación quirúrgica del Campo F., y por lo
que me salvó del centinela alemán.

Conocíamos a otros cuantos miembros de la Resistencia,
porque era mejor así, en caso de peligro. Puede ocurrir que la
doctora Mitrovna no perteneciese a nuestro movimiento, pero
había algo noble en su carácter, que me hizo creer que
estaba con nosotras... en todo.

::   ::   ::   ::

A eso de las tres de la tarde del 7 de octubre de 1944,
una explosión ensordecedora conmovió el campo. Las prisioneras se miraban unas a otras, estupefactas. Donde había estado
el crematorio, se elevaba una inmensa columna de llamas. La
noticia corrió como una exhalación. ¡El crematorio había sido
volado!

Los alemanes, que estaban en aquellas horas echándose su
siesta, perdieron completamente la serenidad. Echaban a correr
en todas direcciones, gritando órdenes y contraórdenes. Indudablemente, tuvieron miedo a una sublevación. Bajo la amenaza de sus fusiles, nos obligaron a regresar a nuestras barracas.

¿Pero qué era lo que había ocurrido en realidad? Me aproveché de la ventaja relativa que me daba mi blusa de enfer-

mera y salí del hospital para escabullirme hasta las cocinas. Estaban situadas a unos diez metros de la entrada del campo y miraban hacia el camino de los crematorios. Era un puesto excelente para observar desde allí.

Ya se estaban dirigiendo al campo varios destacamentos de soldados, algunos en camiones y otros en motocicletas. Luego llegó la infantería de la *Wehrmacht*, seguida por transportes con municiones. Los soldados rodearon el crematorio y abrieron fuego de ametralladora. Me estremecí... ¿por qué? Fueron contestadas por unos cuantos tiros dispersos de revólver. ¿Era aquello una rebelión? Después de unas cuantas ráfagas más de ametralladora, la *Wehrmacht* y las S.S. ocuparon el lugar.

¿Qué había ocurrido?

El grupo de resistencia del *Sonderkommando,* los esclavos de las cámaras de gas, habían concebido un plan para volar los hornos. Valiéndose de miembros del grupo Pasche, se habían procurado cierta cantidad de explosivos que bastaban para poner en obra su plan. Pero hubo una porción de cosas que salieron mal, y la explosión no destruyó más que uno de los cuatro edificios.

La sublevación fue organizada por un joven judío francés, llamado David. Como sabía que, de todas maneras, estaba condenado a muerte, puesto que todos los miembros del *Sonderkommando* eran liquidados cada tres o cuatro meses, se propuso emplear de una manera útil el poco tiempo que le quedaba de vida. Fue él quien consiguió los explosivos y quien los había escondido. Pero, más tarde, acontecimientos imprevistos echaron por tierra sus planes.

Los alemanes anticiparon la fecha de ejecución del *Sonderkommando*. Un día, les dieron la orden de prepararse para ser transladados y de que abandonasen el edificio del crematorio. El primer grupo, integrado por unos cien hombres, obedeció. Pero el segundo protestó. La actitud de estos miembros del *Sonderkommando,* la mayor parte de los cuales eran mocetones robustos y hombres de armas tomar, se convirtió en una verdadera amenaza para las jerarquías que mandaban en el campo. Los pocos guardianes de las S.S. se mostraron tan sorprendidos que prudentemente se retiraron para recibir órdenes y buscar refuerzos.

Cuando volvieron, un horno, que, mientras tanto, había sido atestado de explosivos y regado de gasolina, hizo explosión. Los rebeldes no tuvieron tiempo de volar los otros tres. Pero el *Sonderkommando* del cuarto se aprovechó del desorden, sus hombres cortaron la alambrada de púas y lograron fugarse del campo. Algunos fueron atrapados, pero el resto logró escapar.

Durante la refriega que siguió al alboroto, el *Sonderkommando* resistió ferozmente. No disponían más que de palos, piedras y unos cuantos revólveres para luchar contra asesinos entrenados, que estaban provistos de armas automáticas. Cuatrocientos treinta fueron capturados vivos, entre ellos David, su jefe, que estaba herido mortalmente.

Las represalias fueron horribles. Los guardianes de las S.S. hicieron poner a los prisioneros a gatas. Dos o tres guardianes iban descerrajando un tiro en la nuca a cada uno de ellos con diabólica precisión. Los que levantaban la cabeza para ver si les llegaba ya el turno recibían veinticinco latigazos antes de ser ejecutados.

Después de aquella revuelta, se realizaron distintas represalias en el campo. Las golpizas se hicieron más frecuentes, lo mismo que las selecciones en masa. El doctor Mengerle perdió los estribos y, personalmente, descargó su revólver sobre varios seleccionados que trataron de huir de él. Sus subordinados siguieron aquel ejemplo. Hasta la primera lluvia, el suelo del campo estuvo cubierto de sangre reseca.

En cuanto a los varios centenares de *Sonderkommandos* que no habían tomado parte en la sublevación, fueron fusilados por grupos en los bosques cercanos. Así fue como pereció el doctor Pasche, el médico francés del *Sonderkommando,* que había sido miembro activo del movimiento de resistencia. Fue él quien nos proporcionó los datos sobre la actividad del *Sonderkommando.* L., quien lo vio poco antes de su muerte, nos dijo que habló de su muerte próxima con valor ejemplar.

¿Nos desalentó el que la voladura de los crematorios hubiese sido un fracaso? Estábamos alicaídas, es verdad, pero el hecho de que aquello pudiera haberse realizado era una prueba inequívoca de que las cosas estaban cambiando en Auschwitz-Birkenau.

CAPÍTULO XXI

"¡París ha sido Liberado!"

Durante el periodo de descanso de los trabajadores, el 26 de agosto de 1944, se presentó un internado francés en la enfermería. Lo había visto antes. Era un hombrecillo de ojos oscuros, de cara flaca, con la expresión sombría característica de todos los que vivíamos en Birkenau. Era el mismo, pero no parecía el mismo. No fui capaz de comprender su sonrisa maliciosa, el guiño de sus ojos, la satisfacción que irradiaba todo su rostro, su seguridad, la manera con que extendió su mano para ser tratado. Lo miré con ojos penetrantes.

"¿Qué puede significar esto?" pensé. "Acaso me están engañando los ojos, pero hasta me parece que ha crecido.

Su extraña alegría me puso nerviosa. Los internados siempre estaban desesperados, pero aquí tenía a uno que parecía a punto de estallar de gozo.

Se me ocurrió:

"Debo andarme con cuidado. Pobre hombre, algo le funciona mal".

No eran raros los casos así. Miré impacientemente hacia la puerta. Él observó mi reacción y me hizo una inclinación de cabeza.

—París ha sido liberado —cuchicheó.

Me quedé como una estatua. Estaba tan emocionada que no fui capaz de hablar. Lo miré y me olvidé de curarle.

Me sentía abrumada por aquella noticia, y en seguida comprendí a qué se debía el estado de felicidad radiante del pequeño francés. Todavía no lograba concebir la idea. No lo creía. Durante un momento pensé:

"A lo mejor está loco de verdad."

Luego me entraron ganas de gritar, o de hacer cualquier disparate. Solté una carcajada histérica.

Cada vez que oía alguna noticia de que los Aliados habían padecido algún revés en la guerra, tenía que realizar un gran esfuerzo para ocultar la pena que aquello me producía e inventar otras noticias buenas. Porque había que mantener en alto el espíritu de las internadas. ¡Qué dichosa me sentí cuando pude, por fin, susurrar al oído de una paciente, y luego al de otra y otra, que los Aliados habían ocupado de verdad París!

—¡París ha sido liberado!

La primera paciente a quien se lo conté era una mujer que tenía los pies hinchados. Me escuchó, abrió los ojos de puro asombro y sacó del camastro los pies infectados. Sin pronunciar palabra, rompió a llorar. Lloramos las dos. La noticia era demasiado maravillosa para ser aceptada con simple alegría.

¡Con qué rapidez corrió la noticia! En los lavabos y en los retretes, las prisioneras se abrazaban y besaban. En el hospital, las que estaban postradas en cama se incorporaban sobre sus codos, se sonreían y hacían señales de afirmación con la cabeza.

Todos añadían algún detalle nuevo a la noticia original. Al oscurecer, ya nuestras fantasías habían liberado a todo Europa a base de los *"Tommies"*. Todos los soldados de habla inglesa eran *"Tommies"* para nosotras.

Las prisioneras francesas se quedaron sin habla durante unos días. Caminaban con la cabeza entre las nubes. Por la radio secreta, el grupo de Pasche se atrevió a escuchar la alocución del general De Gaulle desde París. Nos enteramos del heroísmo de los parisinos que habían levantado barricadas, impidiendo que los alemanes destruyesen las bellezas de este simpático corazón de Francia.

Notábamos que ya se desbordaba nuestra copa, y durante las formaciones y revistas, hacíamos señas a nuestras camaradas por el rabillo del ojo. Todas sabían lo que significaban aquellos guiños y muecas.

La reacción alemana se produjo inmediatamente. La sopa era todavía peor que antes, si es que aquello era posible. Un polaco y tres franceses fueron ahorcados por propalar "falsos rumores". Fusilaron al "Zar", ingeniero ruso, quien, pese a su mote, era un comunista rabioso. Otros millares de prisioneros sin nombre fueron exterminados una vez más en la cámara de gas la víspera de la gran victoria aliada.

Después de la liberación de la "Ciudad Luz", nuestras imaginaciones se desbordaron y empezamos a elaborar planes fantásticos. Por la noche, hablamos de cómo deberíamos recibir a los Aliados. Aparecerían de repente aviones sobre los cielos de Auschwitz, y descenderían paracaidistas. Aquel gran día miraríamos al cielo y veríamos en él los paracaídas norteamericanos, británicos y rusos en lugar de las cenizas del crematorio. ¡Nuestros opresores alemanes estarían mudos de terror! Se arrodillarían ante nosotros e implorarían nuestra misericordia.

Recibiríamos con besos a nuestros liberadores. Ni se nos pasaba por las mentes siquiera que estuviésemos tan sucias y andrajosas, ni que nuestros besos distaban mucho de ser apetecibles. En todo caso, nos prometimos confeccionar bonitos vestidos con la seda de los paracaídas.

::   ::   ::   ::

"Todas las prisioneras que tengan parientes en Estados Unidos serán canjeadas por prisioneros alemanes de guerra. Estas internadas deberán dar los nombres y direcciones de sus parientes norteamericanos y todos los datos personales propios, entre ellos su nombre, su dirección anterior, su fecha de nacimiento, etcétera."

Esta orden levantó un nuevo revuelo entre las detenidas del campo. No había presa que no rebuscase en su memoria día y noche con objeto de recordar el nombre de algún pariente lejano que pudiera tener en Estados Unidos. Unas cuantas llegaron inclusive a llorar porque no eran capaces de recordar el nombre de algún primo; otras, porque no habían sostenido correspondencia con sus parientes de allende el mar.

Muchas internadas tenían los nombres necesarios, y se formó una larga lista. Numerosas éramos las que ya habíamos proyectado pasar las Navidades en Norteamérica si todo salía bien. Tantas veces se habían burlado de nosotras los alemanes, que ni sé siquiera cómo seguíamos creyéndolos. Recordé el incidente de aquellas fatídicas tarjetas postales. Pero esta vez, ni las *blocovas* sabían a qué carta quedarse ni qué creer.

Unas semanas después los "americanos", como ya los llamábamos, fueron convocados por los alemanes. Se les dio nueva ropa y se los llevó a la estación del ferrocarril. Estuvieron esperando un buen rato a que quedasen listos los vagones de ganado, en los cuales entraron con alegría.

La noticia corrió en seguida por todo el campo:

—¡Los "americanos" van a partir!

Nos lanzamos hasta el extremo de nuestro campo para verlos marchar.

Los alemanes llegaron a proveer inclusive de abrigos a los "americanos". Los viajeros nos decían adiós con la mano, para enseñarnos que algunos tenían hasta guantes. Otros levantaban los pies para indicarnos que calzaban zapatos. Todo ello resultaba tanto más sorprendente cuanto que los alemanes no nos echaron de las cercanías de la estación.

—¡Qué estupendo día poder irse con esos "americanos"! —suspirábamos al volver, cabizbajas, a las barracas.

Estábamos desalentadas y envidiosas. Por primera vez no nos apelotonamos alrededor del *Stubendienst* a la hora de la comida. La *blovoca* estaba extrañada de ver cómo las internadas se sentaban tranquilamente a comer en silencio su bazofia, mientras pensaban, en alas de su fantasía, en la gran ocasión que se habían perdido.

Como dos semanas después, poco más o menos, un miembro del grupo Pasche nos habló de los "americanos". Se los llevó a otro campo de la comarca.

—Esperen hasta que todo esté preparado para la partida final —se les dijo.

Indudablemente, algo resultó mal, porque la situación cambió repentinamente de arriba abajo. La ropa y los zapatos que se entregaron a los "americanos" volvieron en silencio a los almacenes del campo. Los pobres "americanos" habían sido exterminados.

::   ::   ::   ::

Pocos días después de la salida de los "americanos" me enteré de que entre los deportados de la Barraca 28 había un ciudadano norteamericano. Oí hablar de él a un hombre que solía trabajar en nuestro campo.

Aquel norteamericano era el doctor Albert Wenger abogado y experto economista. Estaba en Viena cuando Hitler declaró la guerra. El consulado suizo trató de devolverlo a Estados Unidos a través de Suiza, pero no se le permitió, porque el desventurado Wenger había cometido el grave crimen de ocultar a una judía. Fue detenido y mandado a Auschwitz-Birkenau.

Traté de ponerme en contacto con él, igual que había hecho con otros ciudadanos norteamericanos, pero no lo conseguí.

Después de la liberación, leí la declaración oficial que había hecho a los representantes de los ejércitos liberadores. Inserto a continuación parte de ella para mostrar al pueblo norteamericano cómo eran tratados sus ciudadanos en Alemania:

"Después de haber declarado Hitler la guerra a Estados Unidos, tenía que presentarme en el Comisariado dos veces por semana, como extranjero enemigo. El consulado suizo hizo una proposición de canjearme y mandarme a Estados Unidos; pero, a pesar de eso, me detuvieron el 24 de febrero de 1943 los agentes de la Gestapo, porque había escondido a una judía sin denunciarla. Fui trasladado, en calidad de deportado, al campo de concentración de Auschwitz. Llegué allí el 6 de marzo, sucio y muerto de hambre, después de pasar mucho tiempo en distintos campos y cárceles de la policía.

"El tiempo era frío y húmedo, y para darme la bienvenida, me colocaron en una calleja entre dos barracas, desnudo, después de haberme dado una ducha fría. A continuación me vistieron con un fino traje de verano y me mandaron a la barraca de cuarentena. Allí los hombres eran hostigados y golpeados por cualquier motivo. No sabíamos cuándo estaban libres los excusados; y cuando nos pescaban allí, nos daban de golpes con una macana de goma...

"Teníamos que dormir —y éramos cuatro— en una cama de setenta y cinco centímetros de ancho. Nuestra vida no era más que un tormento, no sólo durante el día, sino también por la noche. Caí enfermo el 23 de marzo aproximadamente. Contraje anginas y pulmonía, y el 24 fui admitido en el edificio destinado a los enfermos: Barraca No. 28.

"Cuando me puse bien, trabajé primero como enfermero y 'Schreiber' (escribiente) de la barraca, y por último como supervisor de la misma. La alimentación se reducía, en gran parte, a agua, nabos y patatas podridas. Bajo aquel régimen alimenticio, gran parte de los prisioneros se debilitaron y enflaquecían a ojos vistos, hasta convertirse casi en Musulmanes. En tales condiciones, eran admitidos en la enfermería por cualquier dolencia, como por ejemplo, diarrea, pulmonía, etcétera.

"El doctor Endress, médico del campo, se presentaba cada tres semanas a escoger los Musulmanes más débiles. Al día siguiente llegaban los camiones abiertos, y sobre ellos estos desventurados, vestidos únicamente con una camisa, eran arrojados como animales en el matadero. Se les transladaba a Birkenau para morir en la cámara de gas; a continuación, eran incinerados en los crematorios.

"Lo aseguro, porque me he convencido de ello por las siguientes razones: 1) Sus pertenencias eran mandadas de Birkenau al día siguiente para ser desinfectadas. Cuando se trataba de transportes ordinarios en que los que partían seguían con vida, su ropa nunca era devuelta. De esta manera el campo se ahorraba la ropa interior y demás prendas que se daban a los deportados. 2) En cuanto a la suerte que pudieran correr aquellas personas, estoy convencido por las listas que he visto en las oficinas principales. Me enteré de que a los cinco o seis días, y muchas veces el mismo día tercero, estos nombres y números (los seleccionados) estaban ya inscritos en las listas como "muertos". Generalmente, el asesinato por gas de los débiles e indeseables no era un secreto para nadie, porque muchos deportados trabajaban en el crematorio y no se callaban, sino que hablaban de cuando en cuando de lo que estaba pasando con otros prisioneros. El mismo comandante del campo, el *Hauptsturmführer* Hessler, para terminar con el pánico que se había adueñado de los deportados, pronunció una alocución en la Barraca No. 28 del campo central de Auschwitz, con la cual quiso tranquilizar a los deportados judíos, diciéndoles que no habría más ejecuciones por gas. Esto ocurrió el mes de enero de 1945, y confirmó la veracidad de mis afirmaciones.

"Hasta el mes de abril de 1943, lo mismo daba quién fuese ejecutado en la cámara de gas. Después de dicha fecha, sólo se liquidaba así a los judíos y a los gitanos. Los indeseables que no fuesen judíos perecían en la Barraca No. 11, o morían víctimas de una inyección de fenol en el corazón. Estas inyecciones de fenol eran aplicadas, al principio, por el *Oberscharführer* Klaehr. Luego por el *Oberscharführer* Scheipe, por el *Unterscharführer* Hantel, por el *Unterscharführer* Nidowitzky (apodado también Napoleón), y por dos internados, Rausnik y Stessel, quienes se fueron en un transporte.

"Entre los deportados que perecieron en la cámara de gas estaban también el 'deportado protegido' *(Schutzhaeftling)* Joseph Iratz, de Viena. (Probablemente por error; porque los 'deportados protegidos' no debían ser ejecutados en la cámara de gas, según lo dispuesto).

"De mi transporte (integrado por doscientos cincuenta 'deportados protegidos' en total), cuatro murieron por gas. El mes de enero de 1944 fue ejecutado en la cámara de gas el ciudadano de Estados Unidos, Herbert Kohn, que estaba sumamente débil. Conseguí salvarlo de unas cuantas selecciones anteriores, pero luego cambió de barraca y no pudo escapar a su sino. Kohn fue detenido por la Gestapo en Francia durante una redada y enviado a Auschwitz como judío. Otro ciudadano norteamericano Myers, de Nueva York, murió también en la cámara de gas. Procedía de otra barraca. Podría citar otros muchos casos semejantes, pero, desgraciadamente, no puedo acordarme de los nombres.

"En el otoño de 1943, el 'internado protegido' alemán, Willi Kritsch, de 28 años, arquitecto, fue golpeado con un palo por el *Unterscharführer* Nidowitzky en uno de sus arrebatos de sadismo, hasta que cayó a tierra. Como todavía seguía con vida, Nidowitzky ordenó que fuese conducido a la sala de operaciones, donde él mismo le puso una inyección de fenol. ¡Como causa de su muerte se declaró 'debilidad del corazón'!

"Cada dos o tres meses había fusilamientos en masa contra el muro negro de la Barraca No. 11. Durante estas ejecuciones, se cerraba la barraca, y sólo el personal del hospital tenía derecho a pasar por delante de ella. Yo mismo vi, a fines de 1943 o principios de 1944, cómo los enfermeros tiraban los cadáveres desnudos en un gran camión. Eran cuerpos de hombres y mujeres jóvenes, gente sana. Cuando quedaba cargado el primer camión, llegaba otro, y el juego se repetía una y otra vez de la misma manera: un torrente de sangre corría por las barracas No. 10 y 11. Los internados de la barraca de desinfección y del edificio destinado a los enfermos extendían arena y cenizas sobre la sangre.

"El mes de octubre de 1944, el consejero comercial de Viena, Berthold Storfer, fue llamado a la Barraca No. 11, para no volver jamás. Unos cuantos días más tarde, me enteré de la suerte que había corrido por el empleado principal de la oficina. Éste me mostró la indicación 'muerte', en la ficha personal de Storfer. De la misma manera pereció el doctor Samuel, de Colonia. Los dos fueron muertos probablemente porque habían visto y sabían demasiado. En noviembre de 1943, el doctor Ritter von Burse acusó a Joseph Ritner, maquinista de Austria, al doctor Arwin Valentin, de Berlín, cirujano, y al doctor Masur, veterinario berlinés, así como a mí mismo, de ser enemigos del Reich Alemán y de haber llamado a las S.S. banda de asesinos, y a Hitler y Himmler, asesinos de masas humanas.

"También se nos atribuía que habíamos asegurado que Alemania estaba muy próxima a perder la guerra. Tenemos que expresar nuestro tributo de gracias al abogado Wolkinsky por no haber sido fusilados. Presentó a Burse como a un aventurero, y quitó fuerza a la acusación. El *Unterscharführeer* de las S.S. Laehmann me golpeó para hacerme confesar.

"Poco antes de ser librados nosotros por el Ejército Rojo, el nuevo *Hauptsturmführer* de las S.S. Krause golpeó sin motivo ninguno a dos deportados que trabajan en la cocina. Uno de ellos era el doctor holandés, Ackermann. El 25 de enero de 1945, la policía de las S.S. intentó de nuevo hacernos salir del campo para exterminarnos. Solamente gracias al rápido avance del victorioso Ejército Rojo; salimos con vida."

CAPÍTULO XXII

Experimentos Científicos

Mientras trabajé en los hospitales del Campo F., K., L. y del Campo E, tuve que atender a muchos conejillos de indias humanos, víctimas de los experimentos "científicos" realizados en Auschwitz-Birkenau. Los doctores alemanes tenían a su disposición centenares y millares de esclavos. Como eran libres de hacer lo que se les antojase con aquella gente, decidieron llevar a cabo experimentos con ellos. De aquello no hubiese podido jactarse ningún hombre ni mujer decente, pero al contingente de médicos nazis hizo alarde de tales experimentos.

Pero no sólo se dedicaron a experimentar ellos mismos, sino que obligaron a muchos doctores de los que había entre los deportados a trabajar bajo la supervisión de los médicos de las S.S. Por horribles que fuesen aquellas experiencias de laboratorio, los hombres que las realizaron pudieran haber tenido excusa, de estar convencidos que, por lo menos, de que servían a la ciencia y de que los sufrimientos de aquellos desventurados conejos de indias lograrían, en fin de cuentas, ahorrar sufrimientos a los demás.

Pero no hubo ventaja ninguna ni beneficio científico. Los seres humanos eran sacrificados por centenares de miles, y eso era todo. Así que los esclavizados doctores deportados, casi todos los cuales terminaron en los crematorios, saboteaban los "experimentos" todo lo que podían. Además, había tal desorden y falta de método en aquellas "pruebas científicas", que constituían juegos crueles más bien que investigaciones serias de la verdad. Todos hemos oído hablar de niños sin entrañas que se divierten arrancando a los insectos sus patas y sus alas. Aquí ocurría lo mismo, sólo que con una diferencia: en lugar de insectos, se trataba de seres humanos.

Uno de los experimentos más corrientes, y también más inútiles, consistía en inocular a un grupo de internados un germen morboso. Porque ocurría que, mientras tanto, es decir, mientras duraba el proceso de reacción de sus organismos a dichos gérmenes, los médicos alemanes solían perder todo interés en su proyecto. ¿Y qué ocurría con aquellos conejillos de indias humanos? Cuando tenían suerte, eran enviados al hospital; los que no, salían hacia la cámara de gas. Sólo en circunstancias extraordinarias y en casos raros, eran sometidos a observación.

Muchas veces, los experimentos eran completamente absurdos. A un médico alemán se le ocurrió la idea de estudiar cuánto tiempo duraría con vida un ser humano, a base exclusivamente de agua salada. Otro sumergió a su conejo de indias humano en agua helada, pretendiendo que iba a observar el efecto de aquel baño en las temperaturas internas.

Después de ser sometidos a tales experiencias, los internados no necesitaban ir al hospital, sino que estaban dispuestos para la cámara de gas. Cierto día, entraron varias enfermeras en la enfermería y preguntaron:

—¿Quiénes son las que no pueden conciliar el sueño?

Unas veinte internadas aceptaron una dosis de cierto polvo blanco desconocido, probablemente a base de morfina. Al día siguiente, diez de ellas habían muerto. El mismo experimento se verificó con mujeres de más edad; la consecuencia fue que murieron setenta más en la misma noche.

Cuando los alemanes estaban tratando de dar con nuevos tratamientos para las heridas producidas por las bombas norteamericanas de fósforo, quemaron la espalda de cincuenta rusos con fósforo. Estos "controles" no recibían cura ninguna. Los hombres que sobrevivían eran exterminados.

Uno de sus experimentos favoritos era la observación de mujeres recién llegadas, cuya menstruación era todavía normal. Durante sus periodos, se les decía brutalmente:

—Dentro de dos días van a ser fusiladas.

Los alemanes querían saber qué efecto producía aquella noticia en el flujo menstrual. Un profesor de histología de Berlín llegó a publicar un artículo en un periódico científico alemán sobre sus observaciones de las hemorragias provocadas en las mujeres por este tipo de noticias alarmantes.

El doctor Mengerle, médico jefe, se dedicaba a dos investigaciones principales, que eran sus favoritas: se referían al estudio de los gemelos y de los enanos. Los gemelos que entraron cuando llegaban los contingentes nuevos de prisioneros, eran colocados aparte, a ser posible con sus madres. Luego se les mandaba al Campo F. K. L. Cualquiera que fuera su edad o su sexo, los mellizos interesaban profundamente a Mengerle. Se les daba un trato de favor, y hasta se les permitía quedarse con su ropa y con su pelo. Llegó a tales extremos en su solicitud que, cuando se estaba liquidando el Campo Checo, dio órdenes de que se perdonase la vida a una docena de mellizos.

En cuanto llegaban, estas parejas de hermanos eran fotografiadas desde todos los ángulos posibles. Después comenzaban los experimentos, pero eran extraordinariamente irreflexivos y al buen tuntún. Así por ejemplo, ocurría que se inoculaban a uno de los gemelos ciertas substancias químicas, y el doctor esperaba a observar la reacción que le producían, si no se le olvidaba mientras tanto. Pero aun cuando siguiese observando el caso, la ciencia no ganaba nada por el sencillo motivo de que el producto inyectado no presentaba interés particular. En cuando usaban una preparación, esperaban que tenía que ocasionar el sujeto experimentado un cambio en la pigmentación del pelo. Se perdían muchos días en examinarle el cabello y en observarlo al microscopio. Los resultados no arrojaron averiguación ninguna sensacional, y las pruebas se abandonaron.

Los enanos constituían la verdadera pasión del doctor Mengerle. Los coleccionaba con gran interés. El día que descubrió en un transporte a una familia de cinco enanos, estaba fuera de sí de puro júbilo. Pero su manía era de coleccionista, no de sabio. Sus experimentos y observaciones eran realizados de manera anormal. Cuando hacía transfusiones, utilizaba adrede tipos de sangre contraindicados. Naturalmente, se producían complicaciones, pero Mengerle no tenía que dar cuenta a nadie de sus pruebas. Hacía lo que se le antojaba y verificaba sus experimentos como un aficionado que hubiese perdido la razón.

Se instaló una estación experimental a cierta distancia del campo, la cual parecía tener un carácter más científico. Pero sólo lo parecía. Fácilmente se advertía que el "trabajo" que allí se desarrollaba no era más que un derroche criminal de seres humanos y una absoluta carencia de escrúpulos por parte de los supuestos investigadores.

Con aquellos experimentos se proponían, en teoría, recoger información para la *Wehrmacht*. La mayor parte de las veces, consistían en pruebas de resistencia humana, resistencia al frío, al calor, o a la altura. Centenares de internados murieron en el proceso de estos experimentos realizados en la estación de

Auschwitz y en otros campos de concentración. Al precio de millares de víctimas, la ciencia alemana vino a deducir en conclusión que un ser humano puede sobrevivir en agua helada, a una temperatura predeterminada, durante tantas horas. También se fijó con precisión (¡) cuánto tiempo tardaba en morir un hombre sometido a distintos calentamientos de diversos grados de temperatura.

Me he referido a experimentos con los cuales se trataba, de determinar la resistencia del organismo humano al hambre. Los "Musulmanes", especialmente los más demacrados y depauperados, eran obligados a beber increíbles cantidades de sopa. Tales crudos experimentos resultaban muchas veces fatales. Me enteré de unos cuantos casos en que los deportados padecían un hambre tan devoradora que se prestaban voluntariamente a esta alimentación forzada. El hijo del Primer Ministro M. de Hungría estaba tan famélico que se ofreció como voluntario a los experimentos de malaria. Los conejillos de Indias de esta prueba recibían raciones dobles de pan durante unos días.

Se efectuaron también experimentos sobre diagnósticos. Los casos interesantes eran sacados del hospital y matados sin más ni más, con el exclusivo objeto de ser sometidos a disección a efectos de autopsia. Cuando había varios pacientes con la misma dolencia, se les daba a veces tratamientos distintos y, después de cierta fase, se los mataba para poder deducir acaso alguna conclusión de dicho experimento. Muchas veces ocurría que se sacrificaba al paciente, pero nadie pensaba ya en examinar su cadáver... porque eran demasiados los muertos que había en Auschwitz.

La compañía alemana Bayer mandó medicinas en envases carente de etiqueta indicadora de su contenido. A los tuberculosos se les inyectó aquel producto. No fueron enviados a la cámara de gas. Los observadores esperaron a que muriesen, cosa que ocurrió al poco tiempo. Después se mandó parte de sus pulmones a un laboratorio elegido por Bayer.

Cierto día, la Bayer Company se llevó de la administración del campo ciento cincuenta mujeres y probó en ellas medicamentos desconocidos, acaso a efectos de pruebas con hormonas.

El Instituto Weigel de Cracovia mandó vacunas al campo. También debían ser probadas y "perfeccionadas". Las víctimas fueron escogidas entre prisioneros políticos franceses, sobre todo entre miembros del movimiento clandestino de inteligencia, de los cuales querían desembarazarse los alemanes.

Hubo que despachar como unas dos mil preparaciones

orgánicas a la Universidad de Innsbruck. Según las instrucciones, aquellas preparaciones había que hacerlas a base de cuerpos absolutamente sanos, es decir, de cadáveres de individuos
muertos en la cámara de gas, en la horca o a tiros, *cuando gozaban de buena salud.*

Un día se utilizó un gran número de mujeres, en su mayor parte polacas, para experimentos de vivisección: injertos
de huesos, de músculos y otros varios. Llegaron de Berlín cirujanos alemanes para verificar los experimentos y observar sus
resultados. Las vivisecciones eran realizadas en condiciones
terribles. La víctima era atada a la mesa de operaciones en una
barraca primitiva, y la operación se efectuaba *sin asepsia.* Los
conejos de Indias humanos padecían horriblemente aún después
de las operaciones. No se les daba nada para mitigar sus sufrimientos

Los alemanes solían hacer extracciones de sangre periódi-
camente para enriquecer su ciencia racial. Pero, aparte del interés científico que aquello pudiera tener, la sangre de los prisioneros se utilizaba para verificar transfusiones a los heridos alemanes. A cada donante "voluntario" se le extraían quinientos
c.c. de sangre que se enviaba inmediatamente al ejército. En
su afán de salvar las vidas de los soldados de la *Wehrmacht,*
se olvidaban de que la sangre judía era de "calidad inferior".

He aludido anteriormente a las "inyecciones en el corazón", como llamaban las prisioneras a las inyecciones intra-
cardíacas de fenol. A veces, el líquido de estas inyecciones estaba hecho a base de bencina o petróleo. Este procedimiento
se aplicaba en los hospitales para acabar con los enfermos,
los débiles y los considerados "superfluos".

He hablado de un médico polaco a quien obligaron a poner estas inyecciones durante dos días a sus compañeros de
cautiverio.

—Cuando el doctor de las S.S. me llamó al hospital —me
explicó—, yo no tenía idea de cuál sería el motivo por el que
reclamaba mi presencia. Entonces me mandó inyectar a los
pacientes en la cavidad cardíaca. Me dijo que tenía que inyectar el líquido en cuanto notase que la aguja había penetrado
en el interior del corazón.

El doctor polaco siguió sus órdenes, y los pacientes cayeron muertos a tierra.

En otro experimento insensato, tendieron a centenares de
enfermos bajo el sol abrasador. Los alemanes querían averiguar

cuánto tardaba en morir una persona enferma bajo el sol, sin agua.

A unos treinta kilómetros de nuestro campo había una estación experimental especializada en inseminación artificial. A dicha estación fueron enviados los médicos presos de más prestigio y las mujeres más hermosas. Los alemanes concedían gran importancia a aquellos experimentos. Desgraciadamente, no pude ver el trabajo que allí se desarrollaba, porque dicha estación era la más celosamente guardada de todas. Sin embargo, pude obtener algunos datos.

Los alemanes practicaron la fecundación artificial en numerosas mujeres, pero las investigaciones no arrojaron resultados. Yo conocía a mujeres que habían sido sometidas a la inseminación artificial y habían sobrevivido, pero estaban avergonzadas de confesar aquellos experimentos.

Otro grupo fue inyectado con hormonas sexuales. No había sido posible determinar la naturaleza de la substancia inyectada ni cuáles fueron los resultados obtenidos. Después de tales inyecciones, a muchas de las mujeres se les produjeron abscesos que les fueron abiertos en la Barraca 10.

Pero estoy bien informada de los experimentos de esterilización. Se realizaron en Auschwitz-Birkenau bajo la dirección de un doctor polaco, que fue ejecutado por los alemanes unos días antes de evacuarse el campo.

Con estos experimentos trataban de comparar los resultados de los métodos quirúrgicos y de los tratamientos con rayos X. En el hospital, vimos numerosas enfermas que habían pasado por la estación experimental. Mostraban serias quemaduras, producidas por la aplicación desacertada de estos rayos. Hablando con ellas y con los médicos deportados, nos enteramos de los experimentos. El sujeto era colocado bajo la radiación de los rayos X, que cada vez se iba intensificando más. De cuando en cuando se interrumpía el tratamiento para ver si el sujeto era capaz todavía de copular. Todo esto se desarrollaba bajo los ojos vigilantes de los guardianes de las S.S. de la Barraca 21.

Cuando el médico comprendía y se aseguraba de que los rayos X habían destruido definitivamente la potencia genital del sujeto, era despachado a la cámara de gas. Había ocasiones en que la víctima era castrada quirúrgicamente cuando la irradiación necesitaba demasiado tiempo para producir el efecto deseado.

En agosto de 1944, los alemanes esterilizaron como un millar de muchachos de trece a dieciséis años. Se registraron sus nombres y las fechas de esterilización. Al cabo de unas semanas, fueron llevados a la Barraca 21. En el laboratorio los sometieron a preguntas sobre el resultado de aquel primer "tratamiento", sobre sus deseos, poluciones nocturnas, pérdida de memoria, etcétera.

Los alemanes los obligaban a masturbarse. Les provocaban la erección mediante el masaje de sus glándulas prostáticas. Cuando este trabajo cansaba al *"masseur"*, *los* "sabios alemanes" utilizaban un instrumento de metal, que producía al paciente un gran dolor.

El semen era examinado por un bateriólogo, que determinaba la vitalidad de los espermatozoides. En 1944, los alemanes mandaron al campo un microscopio fosforescente. Con él, podían observar las diferencias que había entre los espermatozoides vivos y los muertos.

A veces los alemanes realizaban castraciones incompletas, extirpando al sujeto la cuarta parte o la mitad del testículo. En otras ocasiones, el testículo entero se mandaba a Breslau en un tubo esterilizado con formalina (10 por ciento) para someterlo a un estudio histopatológico de los tejidos. Estas operaciones se realizaban con inyecciones intrarraquídeas de novocaína. Los muchachos fueron separados de los demás en la Barraca 21 y observados cuidadosamente. Cuando terminaron los experimentos, la recompensa que recibieron fue, como siempre, la cámara de gas.

Recuerdo el caso de un chico polaco, apellidado Grünwald, de unos veinte años. El profesor Klauber le prescribió un tratamiento de rayos X. Al cabo de dos meses, no habían producido dichos rayos el efecto deseado. Así que el muchacho fue transladado a la Barraca 21 para su completa castración. Pero los rayos X le habían sido aplicados en dosis tan excesivas que tenía quemaduras graves. La cosa degeneró en cáncer, y el muchacho padeció sufrimientos terribles. En enero de 1945, seguía vivo todavía en el hospital de Birkenau.

Estos métodos eran también aplicados a las mujeres. A veces los alemanes utilizaban rayos de onda corta, que producían a las pacientes dolores intolerables en la parte baja del abdomen. Luego se le *abría* el vientre para observar las lesiones. Los cirujanos generalmente les extirpaban la matriz y los ovarios.

El profesor Schuman y el doctor Wiurd realizaron muchos experimentos por el estilo en jovencitas de dieciséis o diecisiete años. De las quince muchachas utilizadas para dichos experi-

mentos, sólo sobrevivieron dos, Bella Schimski y Dora Buyenna,
ambas de Salónica. Nos dijeron que habían sido expuestas a
rayos de onda corta, con una plancha sobre el abdomen y otra
en la espalda. La electricidad fue dirigida hacia los ovarios.
La dosis fue tan elevada que quedaron gravemente quemadas.
Al cabo de dos meses de observación, las pobres tuvieron que
someterse a una operación "de control".

Un grupo de mujeres jóvenes en su mayor parte holandesas fueron víctimas de una serie de experimentos, cuyo motivo sólo debía ser conocido de su autor, Klauberg, ginecólogo
alemán de Kattowitz. Con la ayuda de un aparato eléctrico,
inyectaba un líquido blancuzco y espeso en los órganos geni-
tales de estas mujeres. Les producía una terrible sensación de
quemadura. Esta infusión se repetía cada cuatro semanas y a
ella seguía siempre una radioscopía.

Estas mismas mujeres fueron sometidas simultáneamente a
otra serie de experimentos por un doctor distinto. Se trataba
ahora de una inyección en el pecho. El médico les inyectaba
cinco c.c. de un suero cuya naturaleza desconozco, a razón de
dos a nueve inyecciones en cada sesión. La reacción se producía en forma de una hinchazón dolorosa del tamaño del
puño. Algunas mujeres recibieron más de cien inoculaciones
de ésas. A otras se les inyectaba además en las encías. Después
de una serie de experimentos por el estilo, las mujeres eran
declaradas inútiles y despachadas.

En cierta ocasión, preguntamos a un prisionero alemán
ario, que antes fuera trabajador social, cuál era la razón fun-
damental para proceder a la esterilización y castración de los
prisioneros. Antes de su cautiverio, había tomado parte activa
en la política alemana, trabando relación con muchos personajes de importancia. Nos aseguró que los alemanes tenían una
razón geopolítica para dedicarse a aquellos experimentos. Si
fuesen capaces de esterilizar a todos los seres humanos no alemanes que todavía siguiesen con vida después de su victoriosa
guerra, no habría peligro de que las nuevas generaciones estuviesen integradas por razas "inferiores". Al mismo tiempo, la
población de los supervivientes podría ser útil para prestar
servicios como jornaleros durante unos treinta años. Después
de dicho plazo, el exceso de población alemana necesitaría todo
el espacio de estos países, y los "inferiores" perecerían sin dejar
descendencia.

Cuando recuerdo estos experimentos, no puedo menos de
pensar en el drama de la pequeña francesita Georgette, que

murió en el hospital el mismo día de Navidad del año 1944. Había sido utilizada como conejillo de Indias para las experiencias de esterilización, y cuando volvió al hospital, ya no era mujer.

Tenía un novio polaco, que iba a verla aquel mismo día. Pero ella prefirió no volver a verlo jamás. Antes que sufrir aquella terrible degradación, se decidió a pasar por muerta.

Llegó su novio, pero ella se escondió bajo la manta de la tercera fila de *koias,* inmóvil como un cadáver. Accediendo a los deseos de la pobre mujer, le habíamos dicho ya el día antes que había muerto. Pero él venía no a ver a Georgette. Se dirigió a la cama de otra muchacha de Cracovia, a la cual traía sus regalos.

Georgette lo vio todo desde debajo de su manta. Con las fuerzas que le quedaban, se incorporó y se tiró desde lo alto de la *koia.* La caída fue fatal.

CAPÍTULO XXIII

Amor a la Sombra del Crematorio

Es ley de la naturaleza que donde quiera se reúnan hombres y mujeres, surja el amor. Ni siquiera a la sombra del crematorio podían suprimirse del todo las emociones humanas. El amor, o lo que se llamaba así en la atmósfera degradada del campo de la muerte, no era sino una desviación de lo que es para la gente normal, puesto que la sociedad de Birkenau había quedado reducida a una desviación también de la sociedad humana normal.

Los superhombres que tenían en su mano nuestros destinos trataron de extinguir todo deseo sexual en los prisioneros. Corría por el campo el rumor de que mezclaban con nuestra comida ciertos polvos para reducir o destruir el apetito sexual. Como los hombres de las S.S. podían excitarse demasiado ante la proximidad de tantas mujeres jóvenes y hermosas a las que veían desnudas y expuestas totalmente a su mirada, se les habían proporcionado burdeles con prostitutas alemanas para su uso. A pesar de las teorías nazis respecto a la corrupción racial, nos enteramos de que muchas internadas atractivas fueron llevadas a esos lupanares. Privilegios semejantes se concedían a prisioneros de los campos de hombres. Sólo que su admisión era considerada, naturalmente, como un favor excepcional.

Por otra parte, las ordenanzas y los procedimientos artificiales no significaban nada. La constante tensión nerviosa contribuía poco al aplacamiento de nuestros deseos. Por el contrario, la angustia mental parecía brindarnos un estímulo peculiar.

Las relaciones entre los prisioneros de uno y otro sexo, estaban caracterizadas por la ausencia total de convencionalismos sociales. Todo el mundo se dirigía a la persona que le interesaba, y a todos en general, llamándole de tú, y por su nombre, no por su apellido. Tal familiaridad no quería decir amistad, ni carecía siempre de cierta vulgaridad.

Los únicos hombres que conocimos, aparte de los guardianes de las S.S. y de los soldados de la *Wehrmacht* eran prisioneros varones que reparaban los caminos, abrían zanjas y llevaban a cabo otras tareas por el estilo de nuestro campo. Generalmente, la única hora a que nos reuníamos era durante la comida, bien en los lavabos o en los retretes, donde muchos hombres consumían su comida. Solían estar rodeados de mujeres de todas edades y condiciones, que les pedían con voz lastimera las migas.

Se colocaban las mujeres en círculos, de tres o cuatro en fondo, con las manos alargadas como pordioseras. Las muchachas bonitas cantaban las canciones de moda para atraer su atención. A veces, los hombres cedían y les daban parte de su alimento. Sólo entonces podía una mujer saborear una patata, lo cual constituía el lujo más delicioso del campo, que sólo estaba reservado a las que trabajaban en la cocina y a las *blocovas*.

Sin embargo, rara vez era la compasión la que inclinaba a los hombres a repartir su poco abundante comida. Ésta era la moneda con que se pagaban los privilegios de índole sexual.

Sería inhumano condenar a las mujeres que se veían obligadas a descender tan bajo para conseguirse un mendrugo de pan. La responsabilidad de la degradación de las internadas la tenía la administración del campo.

Sea de esto lo que fuere, la prostitución era un fenómeno ordinario en Birkenau, con todas sus lamentables consecuencias, a saber, enfermedades venéreas, alcahuetas, etcétera. Muchos de los objetos robados en el Canadá estaban destinados a las mujeres de los hombres más listos en efectuar tales cambios.

Sin embargo, no todos los amores que había allí eran sórdidos. Se daban casos de sincero cariño y emocionante compañerismo. Pero, aunque no existiese esta veta sentimental y esta ternura, la mujer que tenía un amante gozaba de una distinción real, porque había muy pocos hombres en el campo.

La mayor parte de las jóvenes tenían sus aventuras. Las *blocovas*, disponían de rincones para ellas solas en las barracas, estaban en situación de ventaja con respecto a las demás, y no titubeaban en utilizarla. Las amigas de la *blocova* hacían de centinelas, es decir, vigilaban, mientras su jefe se divertía con su invitado. Claro está, estas citas estaban estrictamente *verboten*, o sea, prohibidas. Cuando un hombre de las S.S. se acercaba al bloque, las vigilantes daban el alerta. Muchas veces ocurría que una cita era interrumpida tres o cuatro veces, pero las parejas no se desanimaban fácilmente.

De cuando en cuando, la *blocova* cedía, por una consideración justificada, su habitación a una mujer. La compensación tenía que ser alta, porque el peligro era grande. Si sorprendían a la *blocova* recibiendo a un hombre, o facilitando la reunión de una pareja, la esperaban serios castigos. Podría afeitársele de nuevo la cabeza, o dársele una paliza cruel, o, lo que era peor todavía, podía ser destituida de su alto puesto.

Los patrones de belleza variaban en Birkenau. Aquello constituía un mundo aparte. La mujer que tenía el cuerpo más lleno y los encantos más opulentos era considerada como el modelo de hermosura femenina. A los prisioneros varones no les gustaban los cuerpos huesudos ni las mejillas descarnadas, aunque ellos mismos estaban reducidos al estado de esqueletos vivientes. Las mujeres —muy escasas por cierto— que milagrosamente conservaban un poco de carne eran envidiadas por las demás, quienes acaso, un año antes, se hubiesen sometido a dietas duras alimenticias para disminuir de peso.

Lo mismo que en todas las cárceles, también había en Birkenau invertidos e invertidas. Entre las mujeres, se distinguían tres categorías. El grupo menos interesante estaba integrado por las que eran lesbianas por instinto. Más alborotadas eran las que pertenecían a la segunda clase, en la cual se incluían las mujeres que cambiaron de punto de vista sexuales debido a las condiciones anormales en que vivían. Muchas veces, se entregaban al vicio por pura necesidad.

Teníamos entre nosotras a una polaca que debería andar por los cuarenta y que había sido en su tiempo profesora de física. Su marido había muerto a manos de los alemanes y sus hijos habían sido enviados a algún lugar terrible, o acaso a la muerte. Una prisionera, que era funcionaria, dedicó interés particular a esta bonita, delicada e inteligente mujer. La profesora sabía que si cedía, se ahorraría por lo menos la tortura del hambre. Debió librar una gran batalla contra la tentación, pero por fin, sucumbió. Seis semanas después, hablaba de su "amiga" con palabras de gran entusiasmo. Al cabo de dos meses, confesó que no era capaz de vivir sin su pareja.

A la tercera categoría pertenecían las que se enteraron de sus tendencias lesbianas a través de su asociación con la corruptela del campo y la degradación de sus costumbres, lo cual era muy distinto de lo que le ocurrió a mi amiga polaca.

Aquella inmoralidad se debía en gran parte a las *soireés* de baile", que se organizaban a veces en aquel mundo dantesco de Birkenau. Durante las largas noches del invierno de 1944, cuando los alemanes estaban profundamente preocupados por el avance de los rusos y nos dejaban en relativa libertad, las prisioneras daban "fiestas", que parodiaban grotescamente los devaneos mundanos que conocieron en su vida anterior. Se reunían en torno a una carbonera a cantar y a bailar. Una guitarra y una armónica de la orquesta del campo de concentración contribuían a que tales festivales durasen hasta el amanecer del nuevo día.

Las jefas de nuestras barracas desempeñaban un papel importante en estos asuntos. La *Lagerälteste,* la "reina sin corona del campo", quien residía en el Campo E, en el cual vivía yo entonces, no faltaba nunca. Era una criatura joven y frágil, una muchacha alemana de unos treinta años. Se las arregló para vivir durante diez años, yendo de un campo para otro.

Durante aquellas orgías, las parejas que bailaban juntas iban aficionándose más y más recíprocamente. Algunas mujeres se vestían de hombres para dar cierto aire de realidad a su proceder.

Una de las iniciadoras mejores de aquellas *soireés* era una condesa polaca, de cuyo nombre no me acuerdo. Cuando la vi por primera vez, estaba sentada junto a la puerta de nuestro hospital. La miré, sorprendida, y pensé:

"¿Qué hace este hombre aquí?"

Porque parecía, ni más ni menos, un hombre. Llevaba una chaqueta de artista de terciopelo negro, según el estilo familiar del barrio artístico parisién, y una gran corbata negra de lazo. El mismo pelo lo tenía cortado como un hombre. En realidad, parecía un hombre guapo de unos treinta años. Pregunté a una compañera, la cual me contestó:

—Ese hombre no es tal hombre... él es una ella.

La condesa se conducía como un hombre en su comportamiento general y en sus maneras. Un día que me había trepado a la *koia* para atender a mi "Tarea de Control de Piojos", noté que una mano cortés me ayudaba a bajar. Me sentí sumamente sorprendida... ¡Era nada menos que la condesa! Con aquel gesto galante, abrió el fuego de un cortejo. Tuve que terminar echándome a correr para huir de ella.

Mientras las demás se dedicaban a sus travesuras durante los bailes, yo solía muchas veces quedarme dormida en mi camastro. En más de una ocasión, me despertaron besos y otros gestos amorosos. ¡Era la condesa! La cosa subió tanto de punto que me daba miedo echarme a dormir durante los bailes. Las demás se sentían halagadas por un cortejo apasionado, pero yo no. Esperaban que la condesa se buscase una nueva amiga, porque su antigua "novia" había sido transladada en un convoy.

Me daba lástima aquella desgraciada mujer. El humor alemán nos la había traído al campo. Cuando llegó, iba vestida con ropa de hombre, y los alemanes quisieron al principio internarla en el campo de los hombres. Pero ella se opuso frenéticamente y se empeñó en demostrar que era mujer. Ellos la obligaron, porque para nuestros carceleros resultaba una verdadera función de circo observar cómo se conducía entre nosotras aquella "mujer-hombre". Naturalmente, no nos atrevimos a formular una queja ni una protesta. La cosa divertía a los alemanes.

Las fiestas me recordaban siempre la "Dance Macabre". Cuando pensaba en el triste destino común que esperaba a todas aquellas desventuradas, no podía reprimir un estremecimiento de horror.

Pero quizás mi repugnancia estuviese fuera de sitio o careciese de justificación en aquellas circunstancias. Las distracciones, por horribles que fuesen, significaban unas cuantas horas de olvido, lo cual por sí solo valía cualquier cosa en el campo. Además, aquellas reuniones eran mejor que muchas otras cosas que ocurrían allí. Los prisioneros, lo mismo hombres que mujeres, eran muchas veces víctimas de los abusos de los jefes alemanes de las barracas, entre los cuales había un alto porcentaje de homosexuales y otros degenerados.

No me olvidaré jamás de la angustia de una madre que me dijo que la obligaban a desnudar a su hija y observar cómo la violaban los perros a los que habían adiestrados para aquel deporte de manera especial los nazis. Lo mismo ocurría a otras muchachas. Se las obligaba a trabajar en las canteras doce o catorce horas al día. Cuando se desplomaban exhaustas, el deporte favorito de los guardianes consistía en enviscar a los perros para que las atacasen. ¿Quién será capaz de perdonarles todos los crímenes que cometieron?

Las jefas del campo eran famosas por sus aberraciones. La Griese era bisexual. Su criada, que era amiga mía, me informó de que muchas veces Irma Griese tenía relaciones homosexuales con internadas, a las que después mandaba al crematorio. Una de sus favoritas era una *blocova*, que estuvo siendo su esclava una larga temporada hasta que la jefa del campo se cansó de ella.

Tal era de corrupta la atmósfera de Birkenau, un verdadero infierno. Allí los nazis conculcaban uno de los derechos más personales. Allí el amor se convertía en una excitación degenerada para los esclavos y una diversión sádica para los supervisores.

::   ::   ::   ::

Yo tenía miedo a Irma Griese. Una vez, ofrecí a cierta persona mi ración de margarina como soborno para no tener que presentarme a ella. Hice la proposición a la modista de la Griese, a la que llamábamos Madame Grete, que fuera en otro tiempo dueña de un salón de modas en Viena o en Budapest.

Madame Grete se enojó conmigo.

—¿Por qué quieres crearte dificultades? —gruñó—. A ti te toca ahora, sabes muy bien que es mejor que hagas lo que te han dicho.

Pero ante mis insistentes súplicas, me prometió ir corriendo a ver a la secretaria de la *blocova* para conseguirse alguien que la ayudase a entregar el guardarropa de Irma Griese.

Por la mañana, me acordé de aquella cucharada de margarina. Sentí un vehemente deseo de comérmela, pero no quería presentarme ante Irma Griese.

Llevé la margarina a Madame Grete. Ella la aceptó y la guardó.

—Bueno, vamos —me dijo.

Me eché a temblar.

—¿Pero no lo pudiste arreglar?

—No, tienes que venir tú.

—Pero... ¿y mi margarina?

—Cuando volvamos, te la daré. Ya sabes que no te la puedes llevar allá.

Cogió las prendas escrupulosamente planchadas, me las echó sobre los brazos extendidos y salimos. Teníamos un pase para salir de los terrenos del campo. Minutos después, estábamos frente a la barraca en que vivía el "ángel rubio".

—No has venido en el momento mejor. Esa fiera se ha vuelto loca —cuchicheó la criada de Irma Griese a mi compañera.

—¡Ay, Dios mío! —murmuró la modista—. ¡Ahora me va a moler a palos!

—No lo creo —le dije, tratando de darnos ánimos a las

dos—. Te pasas los días y las noches cosiendo para ella, y no te da en pago ni una corteza de pan.

—¿Pero no lo sabes? —me preguntaron las dos al mismo tiempo—. Griese es una sádica terrible.

A través de la puerta cerrada, se oían gritos y restallar de latigazos.

—Otra vez le ha dado por ésas —dijo su criada.

Nos pegamos a la pared de la barraca de madera. Por un pequeño resquicio que se abría entre las tarimas, podía distinguir parte del interior de la habitación. Alguien estaba gritando y quejándose a la izquierda. A juzgar por el restallido de la fusta, estaba azotando a alguien furiosamente. Con voz ronca y destemplada, Griese barbotaba maldiciones. Pero lo único que se podía divisar desde donde yo estaba era el *couch* que caía enfrente del ojo de la cerradura. Sin embargo, un momento después, la escena se hizo más animada y dramática.

Griese se acercaba al sofá, arrastrando a una mujer desnuda por el pelo. Cuando llegó al diván, se sentó, pero no soltó la cabellera de la mujer, sino que fue tirando cada vez más de la mata espesa de pelo, mientras descargaba una y otra vez la fusta sobre las caderas de la mujer. La víctima se veía obligada a acercarse más y más. Finalmente se quedó de rodillas ante su verdugo.

—*Komm hier* —gritó Irma, dirigiéndose a un rincón de la habitación que caía fuera de mi visión.

De nuevo repitió:

—Ven acá. ¿Vienes o no?

Y blandió el látigo una vez más, obligando brutalmente a ponerse de pie a la mujer.

Y de pronto, en el espacio que podía yo dominar desde mi observatorio, apareció la figura de un prisionero. Era el apuesto georgiano. Lo conocíamos.

Aquel hombre era increíblemente bello. Se dice que la raza georgiana es la que produce los hombres mejor parecidos, y aquél era, por cierto, un ejemplar perfecto. Tenía una estatura tan elevada que poco le faltaba para tocar con la cabeza el techo de la barraca. A pesar del hambre y de los malos tratos, conservaba todavía un pecho robusto de atleta. La cara se le había quedado magra por las privaciones, pero sus rasgos fisonómicos eran acaso por eso más atractivos.

La historia de este georgiano bien plantado había circulado de boca en boca por todo el campo. Lo había mandado al *Lager* de mujeres para reparar la carretera. Allí había conocido a la delicada joven polaca que parecía una virgen y que ahora se arrodillaba, desnuda, bajo los latigazos de Irma Griese.

La escena no necesitaba explicación. La comprendimos perfectamente. Irma había visto a aquel magnífico espécimen de virilidad, al arrogante georgiano, y se lo había acaparado para ella, como cualquier potentado oriental. Le había mandado presentarse en su habitación, pero cuando el digno joven, cuyo espíritu no se había quebrantado ni por el cautiverio ni por la fama que tenía Irma de aterrar a la gente, se negó a ceder a sus deseos, Irma trató de obligarle a hacerse su esclavo, haciéndole mirar cómo atormentaba a la muchacha a quien él quería.

Ya me imagino que este episodio parecerá absurdo e increíble al lector americano, pero es absolutamente cierto, de la cruz a la fecha. Otros prisioneros de Auschwitz que estuvieron en contacto con Irma Griese pueden atestiguar de su veracidad punto por punto.

Desgraciadamente (¿o no podríamos decir acaso gracias a Dios?), no pudimos quedarnos a ver el fin de aquella escena, porque se nos acercó un guardián y tuvimos que marcharnos a toda prisa. Esperamos a que nos llamase a su presencia la mujer de las S.S.

Se abrió la puerta. Primero salió el hombre. No se me olvidarán jamás sus ojos negros, que echaban lumbre, y la ira que se reflejaba en su faz. Luego emergió la muchacha polaca. Su estado era verdaderamente lamentable. Tenía cruzada la cara de verdugones rojos, lo mismo que su escote. Aquella sádica no le había perdonado siquiera el rostro.

Irma nos mandó entrar. Estaba encendida y con dedos nerviosos se abotonaba la blusa. Soltó una carcajada histérica.

—Muy bien. Vamos a probarnos las cosas —ordenó.

Madame comenzó a entregarle los vestidos. Yo me quedé en la habitación contigua sosteniendo las prendas y temiendo, aterrada, que de un momento a otro me viese Griese.

Aquello fue una escena más de entre las muchas espeluznantes que presencié. Vi a aquella hermosa bestia desnuda. Sólo llevaba una camisa, pero cuando se probó las nuevas prendas interiores, se quitó todo sin el menor escrúpulo. Nosotras no éramos para ellas seres humanos, ante los cuales fuese necesario el pudor. La camisa que llevaba estaba hecha a su medida, pero le resultaba un tanto ajustada por el busto. Con un solo movimiento, se la quitó y se la arrojó a Madame a la cara.

—Ten esto preparado para mañana por la mañana.

La modista farfulló tímidamente:

—No pu... puedo tenerlo para ma... mañana, porque... no tengo luz para coser.

Aquel demonio desnudo se abalanzó contra la desventurada modista y la abofeteó en un arrebato de cólera.

Yo apenas osaba respirar. ¿Cómo podía una furia tan bestial cobijarse en un cuerpo tan hermoso?

Minutos después, Irma se recobró de su rabia, como si no hubiese ocurrido nada. Cuando terminó la prueba, se espurrió indolentemente, bostezó, y como si estuviese hablando a un par de criadas molestas, nos mandó:

—¡*Heraus mit euch!* (¡Fuera!)

Dejamos a la rubia en combinación. Su blanca piel hacía resaltar el adorno del encaje negro. No tenía nada de flaca, pero estaba bien formada; acaso fuesen un poco demasiado grandes sus pechos. Tenía además unas piernas algo gruesas. Era la primera vez que la veía sin las botas de las S.S. Me sentí feliz al observar que tenía una pequeña imperfección, porque se jactaba demasiado de su belleza.

No volví a ver al apuesto georgiano. La hermosa bestia lo había mandado fusilar. ¿Y la muchacha? Nos enteramos de qué había sido de ella por la criada de Irma. El "ángel rubio" la había mandado al burdel de Auschwitz.

CAPÍTULO XXIV

En el Carro de la Muerte

Durante meses y más meses, estuve haciendo lo posible por dar con algún rastro de mi marido. Cada vez que cruzaba por nuestro campo un transporte de hombres, me precipitaba a las alambradas con el corazón palpitante y pasaba revista con los ojos a todos los prisioneros que llevaban uniforme listado. ¿No estaría entre ellos? En mis sueños lo veía muchas veces trabajando en las minas, con los pies hundidos en el agua hasta las rodillas, o desmenuzando piedra en la cantera. Yo creo que no fueron menos de cien las veces que traté de mandarle unas palabras hablándole de mí. Pero nunca supe si mis mensajes le llegarían. El caso es que jamás tuve respuesta.

Imagínese mi alegría cuando, al cabo de seis meses, me enteré a través de nuestro servicio de resistencia de que estaba trabajando en el Campo de Buna, situado a poco más de cuarenta kilómetros de allí. Era cirujano del hospital, el cual estaba mucho mejor equipado que el nuestro. Desde entonces no sentí más que un deseo: volverlo a ver. ¿Pero cómo me las arreglaría?

Después de desechar mil planes, uno tras otro, llegué a una solución. En nuestro campo había un bloque para locos. Los insensatos jefes del campo habían dispuesto que, si bien las personas normales tenían que morir, los lunáticos debían seguir con vida. La mayor parte de estos casos eran "interesantes", por lo cual resultaban de valor para los sabios alemanes.

Dos o tres veces por semana, eran llevadas algunas de nuestras locas a la estación experimental de Buna, de donde las devolvían a Birkenau. Para aquellos translados, se utilizaban ambulancias con cruces rojas, las llamábamos "camiones de la muerte", porque se empleaban también para transportar a las víctimas a la cámara de gas. Cada vez que se realizaban aquellos translados, los locos eran acompañados por unos cuantos miembros del personal del hospital. ¿Por qué no podría yo ir también a Buna en calidad de enfermera con alguno de aquellos convoyes?

Era evidente que en mi plan había numerosos riesgos. En primer lugar, yo no tenía nada que ver con la barraca de los locos. Para ellos había enfermeras especiales, a la mayor parte de las cuales conocían los guardianes de las S.S. Me arriesgaba indudablemente a ser sorprendida si me metía en lugar de alguna de ellas. Además, los transportes no siempre volvían a la barraca. En cuanto se terminaban los experimentos, el material humano era considerado como sacrificable y se lo llevaban a la cámara de gas. Otro peligro era que me tomasen, no por miembro del personal del hospital, sino como loca, cosa que fácilmente podría ocurrir.

Sin embargo, aquellas razones no eran suficientes para mí. Estaba dispuesta a jugarme la vida. ¿No me la jugaba acaso día tras día?

Logré pasar una nota a mi marido, en la que le indicaba que me esperase cualquier día en el hospital de Buna.

Esta vez me llegó una contestación. Mi marido se pronunció enérgicamente contra tal cosa, describiéndome todos los peligros que había. Sin embargo, añadió que si me empeñaba en intentarlo, debería por lo menos tomar todas las precauciones posibles. A este efecto, el médico jefe de la "Barraca de Locos" me podría ser útil.

Después de numerosos y estériles intentos, en alguno de los cuales llegué a hacerme pasar por loca, logré por fin conseguir un puesto en el famoso carro de la muerte.

Dos enfermeras supervisaron a siete u ocho pacientes. Los tres centinelas de las S.S. que iban escoltándonos cerraron la puerta y se sentaron junto al chofer.

No se me olvidará jamás aquel viaje de locos. Excitados por los cambios, aquellos pobres perturbados se exaltaron más. Empezaron a discutir entre ellos, se pelearon y gritaban a cuello tendido. Tratamos de tranquilizarlos pero sin éxito. A veces nos abrazaban y nos besaban, pero también nos escupían o nos llenaban de insultos.

El vehículo atravesó la población de Auschwitz. Lo que vi por los cristales enrejados me dio la impresión de que estábamos en un mundo irreal. Los hombres andaban libremente por las calles, formaban colas, salían de la iglesia, entraban en los establecimientos comerciales. Las amas de casa hacían sus compras, provistas de canastas. Los niños jugaban. No había *kapos*, ni porras, ni triángulos en la ropa de la gente. Aquello no era posible. Yo debía estar soñando.

El coche siguió avanzando. De cuando en cuando venían algunos miembros de las S.S. a mirar por la ventanilla. El espectáculo de las locas los divertía mucho.

Uno de los perturbados, verdadero "Musulmán", estaba masturbándose todo el tiempo. Dos mujeres se apretujaban una contra la otra, haciéndose el amor en el piso del vehículo. Otro, que fuera anteriormente profesor de matemáticas en Polonia, demostraba elocuentemente con numerosas gesticulaciones que el problema de la guerra podía ser reducido a una simple ecuación con cuatro incógnitas: X, Y, Z, y V, o sea, Churchill, Roosevelt, Stalin y Hitler. Había otros dos locos que, sin hacerle caso, refunfuñaban o vociferaban. Si hubiese yo tenido que permanecer más tiempo en el carro, creo que me habría llegado mi turno también a mí de perder la cabeza.

Por fin, la ambulancia se detuvo. Habíamos llegado al hospital de Buna. Unos cuantos enfermeros se ofrecieron a ayudarnos a transladar adentro a los enfermos, después de bajarlos del vehículo. Pasábamos por la sección de cirugía cuando se abrió una puerta. Me encontré cara a cara con mi marido.

Al mirarme, palideció. Yo me quedé plantada y sin habla. Qué débil y avejentado estaba. Se le habían ensombrecido y ajado los rasgos fisonómicos y tenía el pelo blanco. Bajo su blanca blusa de médico, le vi los pantalones a rayas de los penados. No nos saludamos, porque no quisimos que los guardianes se enterasen de lo que estaba sucediendo.

Los enfermos fueron transladados a la sala de experimentos. Allí, bajo la vigilancia de un doctor alemán, se les inyectaba una sustancia nueva, con la cual se trataba de producir en su sistema nervioso un *shock*. Las reacciones que acusaban eran observadas con gran minuciosidad.

Mientras se realizaban estos experimentos y los guardianes de las S.S. comían y bebían en la oficina del director médico alemán, logré reunirme otra vez con mi marido. Nos encontramos en la sala de operaciones, en medio de los instrumentos de pulido metal y rodeados de una atmósfera saturada de éter y cloroformo. No había comparación ni parecido ninguno entre nuestro miserable zaquizamí de Birkenau y aquel establecimiento quirúrgico tan completamente equipado.

Los dos nos sentíamos tímidos y cohibidos, hasta el extre-

mo de que no sabíamos de qué hablar y cómo romper nuestro
silencio. ¡Tantas cosas habían ocurrido desde que nos viéramos
por última vez!... ¿Cómo íbamos a ser capaces de pronunciar
palabra, si todos nuestros pensamientos estaban llenos de amargura y tristeza? Ambos teníamos en nuestros labios los nombres de nuestros hijos y de mis padres, así como los de tantos
y tantos amigos a los cuales habíamos visto perecer. Pero no
pronunciamos nombre ninguno.

Fue él quien primero logró hacerse fuerte y murmurar
unas aplabras para darme alientos. En unas cuantas frases
sobrias y rápidas, me contó lo que había sido de él y la satisfacción que le producía estar en condiciones de poder aliviar
los sufrimientos de tantos seres humanos prisioneros allí. Estaba junto a la mesa de operaciones desde por la mañana hasta
por la noche.

Hizo todo lo posible por consolarme y animarme. Me recomendó encarecidamente que no me desesperase ni desmayase,
porque teníamos una tarea que cumplir en la vida. Era necesario que viviésemos para dar testimonio de lo que habíamos
visto, y teníamos que trabajar hasta que llegase el día de la
justicia final. Por último me suplicó que no volviese a arries-
gar más mi vida intentando verlo de nuevo en Buna. Además,
añadió, aquellas excursiones probablemente pronto quedarían
suprimidas.

Y así sucedió, porque, efectivamente, aquél fue el último
viaje, como había de enterarme unos cuantos días después.

¡Qué raudamente pasó el tiempo! Ya los perturbados estaban siendo llevados hacia la ambulancia. Habían quedado
completamente exhaustos con los experimentos de que habían
sido objeto. Yo tenía que reunirme con ellos.

Desde el camión, volví a ver a mi marido. Estaba de pie
a la puerta del hospital. Tenía el rostro surcado de arrugas
de angustia. Es la última vista que recuerdo de él.

Más tarde me enteré de lo que había sucedido. Un prisionero francés liberado me escribió para decirme que el campo de Buna había sido evacuado y que se habían llevado a los
internados para una larga jornada de camino. A pesar de la
orden explícita de los alemanes, mi marido se inclinó para
ayudar a un internado francés que se había desmayado. Trató
de dar al pobre hombre una inyección de alguna substancia
estimulante para que pudiese continuar andando. Pero un
guardián de las S.S. disparó en el acto contra los dos, ma-
tándolos.

CAPÍTULO XXV

En el Umbral de lo Desconocido

La mañana del 17 de enero de 1945, aparecieron tropas de las S.S. en el hospital, recogieron todos los instrumentos de algún valor y los cargaron en camiones.

A medianoche, llegaron más S.S., quienes nos ordenaron llevar inmediatamente las fichas de los enfermos y las gráficas de temperatura al "buró político". En menos de una hora, estaban los documentos reunidos frente a las oficinas de dicho departamento. Los amontonaron sobre el suelo y formaron una verdadera montaña de papeles. Entonces, llegó un guardián de las S.S. y les prendió fuego a toda prisa.

La *Lagerälteste* convocó después al personal del hospital y nos anunció que era inminente la evacuación del campo. Teníamos que recoger nuestros efectos más indispensables y ponernos cuanta ropa de abrigo pudiésemos. Según las noticias que había recibido, íbamos a partir con dirección al interior de Alemania. Sin embargo, añadió con tristeza, no era improbable que hubiese algún cambio de planes.

—"Ellos" —así se expresó— pueden tomar otra decisión con respecto a nuestro destino.

En todo caso, las enfermas tenían que quedar detrás.

No podíamos hacernos demasiadas ilusiones. Los alemanes se proponían indudablemente exterminar a nuestras pacientes; aunque también podían ser sorprendidos de repente por los rusos, quienes ya no debían de andar muy lejos.

Por lo que atañía a nosotras, no sabíamos a qué carta quedarnos. Estábamos en un dilema: ¿no sería más prudente esconderse en cualquier rincón del campo y esperar a que llegase la hora de la liberación? ¿O convendría, acaso, partir con el resto y tratar de escaparnos mientras íbamos de camino? Cual-

quiera de las dos soluciones tenía sus peligros. Pero la evacuación hacia el interior de Alemania no podía terminar más que
en la muerte.

Corrieron rápidamente los planes que se estaban tratando,
de evacuación del campo. Una tensa muchedumbre de prisioneras se apretaba contra las alambradas de púas que separaban
el campo de los hombres del de las mujeres. Lo mismo ocurría
del otro lado de la valla. Eran los maridos, los novios, los amigos que venían a despedirse, porque no sabían si volverían a
verse jamás. Todos tenían algo que decirse y todos estaban emo-
cionados. A través de las alambradas se comunicaban a gritos
direcciones y lugares de cita donde podrían encontrarse después de acabada la guerra. Como estaba terminantemente prohibido tener nada escrito, todos debían grabar profundamente en la memoria aquellas señas.

Se imponían los rumores más alarmantes. Algunos aseguraban que nos iban a asesinar a todos en la carretera. Otros
anunciaban que los rusos se presentarían allí en unas cuantas
horas y que sería mejor que los esperásemos sin cambiar de
lugar.

El hospital fue testigo de escenas desgarradoras. Las enfermas estaban aterradas. Las que no tenían ya fuerzas para levantarse se dejaban caer de la cama, reclamando su ropa. Les
distribuimos lo que teníamos, pero sólo pudimos vestir a unas
cuantas. Obedecimos las órdenes y continuamos atendiendo a
nuestras pacientes. Además no íbamos a marchar todas juntas.
Algunas, entre las cuales estaba la doctora italiana Marinetti,
se habían propuesto quedarse allí a toda costa. Otras no se
sentían lo suficientemente fuertes para emprender un largo
viaje.

Pero las enfermas no se resignaban. Las que no tenían
ropa que ponerse se envolvían en sus mantas. Nadie tenía
calzado ni medias, y se entabló una verdadera batalla por la
posesión de unas docenas de pares de zapatos de madera que
los alemanes habían desechado... y que tocaban a un par
por cada veinte pacientes. Se utilizaban para ir a los evacuatorios.

Durante aquella mañana los alemanes nos reunieron en la
Lagerstrasse en columnas de a cinco en fondo. Nos hicieron
esperar una hora o dos, a pesar de que el frío era crudo. Luego
nos mandaron de nuevo a las barracas.

Por la tarde llegó el nuevo comandante del campo, escol-
tado por una gran comitiva. Inmediatamente se llevó a cabo

una severa selección. Todas las enfermas, y hasta las que no estaban oficialmente enfermas, pero que no parecían gozar de buena salud, fueron mandadas otra vez a las barracas. Muchas de ellas lloraban. Otras intentaron escabullirse entre los grupos de las que se iban. Pero los S.S., siempre carentes de entrañas, las persiguieron a palos y a tiros de revólver.

Según estábamos esperando, abandoné las filas para hacer las últimas visitas a las enfermas. Habían desaparecido totalmente el orden y la disciplina. La mayor parte de las pacientes se habían tirado de la cama y vagaban alrededor de la estufa que había en medio de la habitación. Algunas habían invadido el cuarto de la *blocova* y con los alimentos que habían encontrado acaparados allí, estaban haciendo *plazki* en una sartén.

Yo tenía que volver a ocupar mi puesto en las filas, pero puse unas cuantas inyecciones a las que sufrían más para tranquilizarlas. Todavía no sabía a qué carta quedarme. ¿Debería permanecer allí? ¿O sería mejor marchar con las demás? Alguien me llamó. Una compañera había venido a darme un aviso.

Cuando me reuní al grupo, vi una larga cola que empezaba a desfilar por el campo de los hombres del otro lado de las alambradas de púas.

Eché una mirada sobre el vasto campo de Birkenau. Ante los Campos F. D. C. y B-2 ardían grandes montones de papel. Los alemanes estaban destruyendo todo rastro documental de sus crímenes. Indudablemente, no querían que cayesen aquellos papeles en las manos de los rusos.

Minutos después, se presentó precipitadamente una prisionera y nos dijo:

—¡Prepárense a toda prisa! Creo que vamos a salir inmediatamente después de los hombres.

Se abrieron las puertas, y un destacamento de guardianes de las S.S. se lanzó a nuestro campo. Nos dispersamos para agarrar nuestros bultos. De repente me acordé de que no teníamos alimentos. Si íbamos a estar viajando varios días, nos moriríamos de hambre.

—¡Alto! —grité a mis compañeras, que corrían hacia las barracas—. No podemos salir sin pan. ¡Vamos a tirar la puerta del almacén!

Dije aquello con tal firmeza y autoridad que ni yo misma reconocí mi voz. Bastantes de mis compañeras se detuvieron. Repetí lo que acababa de decir. Empuñamos los zapapicos que habían dejado los trabajadores y nos lanzamos al almacén.

Pasaron dos hombres de las S.S. en bicicleta, pero no les hicimos caso. Nos pusimos a demoler la puerta. Pronto nos apoderamos de todo el pan que quisimos.

Entonces nos sentimos invadidos por una ráfaga de furor destructivo. Estábamos intoxicadas con nuestro éxito. Acabábamos de destruir algo en un lugar en que hasta entonces habíamos sido víctimas del furor destructivo de otros.

—¡Abajo el campo! —gritamos como locas—. ¡Abajo el campo! ¡Viva la libertad!

Aquella escena era la realización de muchos sueños que había yo abrigado hasta entonces. Cuántas veces torturada por el hambre había dicho a mis compañeras:

—Cuando los rusos estén cerca, saquearemos los depósitos de pan.

—Oh, ésa es una idea fija tuya —solían contestarme, echándose a reir.

Cuando nos hicimos con suficientes provisiones, me precipité a la barraca y arreglé mis pertenencias. Tenía listo mi paquete; arrollé la manta y la até a los dos extremos, como el de un soldado.

Estaba frenética de emoción. Sentía que me ardían las mejillas. El enemigo estaba próximo a desplomarse. Había colaborado en el primer movimiento por la liberación de los oprimidos, de los humillados y de las masas diezmadas.

Nos lanzamos alegremente hacia la salida del campo. Oíamos detonaciones lejanas. ¿No eran aquellos los cañones que se acercaban?

Treinta guardianes estaban formados a las puertas. Antes de dejarnos salir, nos examinaron una a una a la luz de una lámpara de mano. Aquello iba a resultar otra selección. Las que fueron consideradas demasiado viejas o demasiado débiles eran empujadas otra vez al interior del campo.

Ya fuera del campo, tuvimos que formarnos, como estábamos acostumbradas de tantas veces, en columnas de a cinco en fondo. Comenzó otro nuevo periodo de espera, que duró aproximadamente unas dos horas, porque el convoy iba a constar de seis mil mujeres.

Luego los soldados de las S.S. cerraron las puertas del campo de concentración. Alguien gritó una orden. Nuestra columna se empezaba a movilizar. ¿Sería posible? ¡Estábamos saliendo de Birkenau... con vida!

Después de haber recorrido alguna distancia. llegamos a una vuelta de la carretera. Desde allí volvimos la vista para mirar por última vez a Birkenau, donde habíamos tenido que arrostrar tan increíbles penalidades.

Se me vino a la memoria aquella tarde en que, rodeada de mis seres queridos, había llegado allá. Un océano de luz bañaba el campo. Ahora todo estaba hundido en las más profundas tinieblas, y sólo las cenizas incandescentes de los documentos en que constaban las incineraciones llevadas a cabo en los crematorios, proyectaban una luz macilenta sobre las barracas, sobre los perros policías y sobre las alambradas de púas.

Pensé en mis padres, en mis hijos, en mi marido. El dolor y el remordimiento, que no me habían abandonado por un instante en todo mi cautiverio, me clavaron más hondamente sus garras en el corazón. ¡Ah, sabía bien claro lo que tenía que hacer! ¡Tenía que vengar a mis seres queridos! Para ello necesitaba reconquistar mi libertad. Para ello me fugaría... si podía.

Se empezó a escuchar un misterioso estruendo lejano... nos dijeron que estaba librándose un duelo de artillería un poco más lejos del bosque. ¡Entonces, aquello quería decir que nuestros liberadores estaban ya *a tiro de cañón!*

Los hombres de las S.S. nos metieron más prisa, obligándonos a caminar a paso rápido. Las luces de Birkenau fueron haciéndose cada vez más pálidas y diminutas. Birkenau, el matadero más grande de la historia del hombre, fue poco a poco desapareciendo de nuestra vista.

CAPÍTULO XXVI

La Libertad

Los guardianes de las S.S. que nos rodeaban iban conduciéndonos como a un rebaño por la carretera de Auschwitz. Hacía un frío intenso, y el aire se nos clavaba como un cuchillo a través de nuestros andrajos. Sonaban tiros a lo lejos. El estruendo de poderosas armas de fuego fue haciéndose cada vez mayor. Las detonaciones parecían irse aproximando y se multiplicaban con rapidez. Surcaban el cielo de cuando en cuando las estelas encendidas de los cohetes. Los rusos estaban indudablemente desencadenando un asalto a fondo.

Nos fuimos alegrando más y más a medida que la noche se rajaba de fogonazos brillantes. El retumbar de la artillería en la distancia era el mejor adiós musical a Auschwitz.

Nos hacían caminar cada vez más aprisa. Los guardianes alemanes estaban positivamente alarmados. Nos obligaron a andar tan aprisa que ya no sentíamos el frío, porque teníamos la ropa empapada de sudor. Los perros, como si percibiesen el peligro que estaban corriendo sus amos, se habían puesto tensos y agresivos. Enseñaban los dientes y nos ladraban furiosamente, prestos a atacar a cualquiera que abandonase la formación.

El campo, que no hacía mucho tiempo estaba bañado en luz cegadora, ahora quedaba sumido y engolfado en la oscuridad. Unas horas antes, habíamos estado esperando esta retirada. Ahora, a medida que avanzábamos, nos entraba aprensión sobre adónde nos estarían llevando. ¿Qué nuevas maldades maquinarían los alemanes antes de nuestra liberación? Pese a las experiencias que teníamos de los meses pasados, no éramos capaces de suponer los horrores que podían esperarnos.

Éramos seis mil mujeres las que caminábamos sobre la

carretera rural cubierta de nieve. A cada pocos metros, veíamos cadáveres que tenían la cabeza aplastada. Evidentemente, nos habían precedido otros grupos de prisioneros. Dedujimos que los hombres de las S.S. se habían comportado con mayor brutalidad que nunca. No comprendíamos qué motivos pudiera haber para ello; pero estábamos acostumbradas, en medio de todo, a asesinatos sin justificación, porque aquellos hombres habían degenerado en bestias.

El primer día observé que varias de mis compañeras se amontonaban al borde de la carretera, rogando que se les permitiese subir a un carro arrastrado por caballos, que era guiado por un guardián alemán y que acompañaba a nuestro grupo. Les di la razón, y yo estaría dispuesta a hacer otro tanto para conservar fuerzas. Luego advertí que de cuando en cuando el carro se quedaba rezagado detrás de la columna. Cuando reaparecía, las prisioneras que iban en él no eran las mismas. Me eché a temblar.

La tragedia de una doctora compañera mía me hizo caer en la cuenta de la terrible y cruda verdad. Me refiero a la doctora Rozsa, la anciana checa. Su vitalidad iba decayendo por momentos. Traté de darle ánimos y ayudarla, pero estaba desfondada y cada vez se iba quedando más y más atrás, hacia el fin de la columna. Sus fuerzas se extinguían rápidamente. Me suplicó que la abandonase a su sino y siguiese adelante. Insistí en quedarme con ella, pero no me lo permitió.

Después de mucho razonar y discutir, la dejé. Me pareció que la abandonaba a una suerte incierta, pero no a una muerte segura. De pronto se me ocurrió mirar hacia atrás y vi cinco guardianes de las S.S. cubriendo la retaguardia de la columna. El del medio se volvió y extendió el brazo derecho hacia la doctora Rozsa, quien se había quedado plantada en medio de la carretera. Cuando cayó en la cuenta de lo que significaba su ademán, levantó las manos a los ojos, horrorizada. Se oyó un tiro seco, y la doctora Rozsa cayó muerta en la carretera.

Entonces comprendí la perspectiva que esperaba a las que se iban rezagando o subían al carro de caballos. Caí en la cuenta de lo que significaban los ciento diecinueve cadáveres que había contado en sólo veinte minutos de marcha. No incluí los cuerpos tirados en las zanjas o cunetas de ambos lados de la carretera.

Los guardianes de las S.S. estaban armados de ametralladoras y granadas de mano. Tenían órdenes de liquidar a las seis mil presas, en el caso de ser sorprendidos por un avance ruso, para que los rusos no pudiesen liberar a ninguna.

Vi que íbamos de verdad en línea recta hacia la muerte. Una vez más, empecé a pensar en la posibilidad de una fuga. Mi cerebro funcionaba calenturientamente. Resolví que yo no debía ser la única que escapase. Me acerqué apresuradamente a mis amigas Magda y Lujza, y les dije lo que había visto y lo que tenía planeado. Estaban dispuestas a seguirme pero debíamos esperar a que llegase un momento favorable.

Mientras tanto, fuimos pasando por varias aldeas polacas. No soy capaz de expresar los sentimientos y emociones que la vista de la vida civil normal produjo en mí. Las casas tenían las ventanas cubiertas de cortinas, tras las cuales vivían gentes libres. Vi la placa de un médico, que anunciaba las horas corrientes de visita y consulta.

Entre tanto, muchas compañeras nuestras de cautiverio habían sucumbido. Procuramos colocarnos en las primeras filas, con objeto de no ir a parar a la cola si teníamos que detenernos un momento.

Nuestro grupo pasó la primera noche en una cuadra. Mis amigas y yo nos despertamos antes que las demás, porque queríamos estar en la primera fila de la columna. Todavía era de noche. Apenas acabábamos de formar nuestra fila, cuando las primeras cinco que caminaban delante de nosotras, guiadas por los S.S., se separaron. Las ordenaron a voces que se detuviesen, pero aquel grupo disidente siguió avanzando con resolución. La consecuencia fue que mis amigas y yo nos encontramos de pronto en la primera fila de la columna principal.

Varias polacas que estaban cerca de nosotras empezaron a discutir no sé sobre qué. La verdad era que el ambiente se estaba haciendo ya intolerable, acrecentando mi propósito de escapar. Hice una seña a mis compañeras y me separé de la columna, echando a correr detrás del grupo de disidentes. Pero caminaban a paso rápido y no pudimos alcanzarlas.

Ahora ya nuestra suerte estaba echada. Habíamos quemado las naves. ¿Hacia dónde nos dirigiríamos? Imposible pensar en volver atrás. Como todavía estaba oscuro, los guardianes no habían observado nuestra maniobra, aunque a sus oídos llegó rumor de pasos y divisaron siluetas fugitivas. Entonces rompieron a gritar:

—¡Stehen bleiben!

Durante toda la retirada, no habíamos oído más palabras, (como no fuesen maldiciones e interjecciones), que "¡Stehen *bleiben!"* o *"¡Weiter gehen!"* Estas órdenes de alto o de seguir avanzando eran, en general, repetidas estruendosamente a coro por millares de prisioneras. Creí volverme loca escuchando aquellas palabras una y otra y otra vez. Pero ahora, estas órdenes iban subrayadas por las detonaciones y los disparos. Ya no había coro ninguno que las remedase. Esta vez, o moría o me fugaba definitivamente.

Me dieron lástima Magda y Lujza. Estaban asustadas, pero me fueron siguiendo los pasos. De vez en vez nos tirábamos al suelo o gateábamos por detrás de los montones de nieve para escapar a las andanadas que nos soltaban los alemanes. Afortunadamente, todavía los albores de la aurora no empezaban a iluminar el cielo. Después de mucho caminar cuerpo a tierra y a gatas, llegamos a una vuelta del camino y encontramos un escondite.

Divisamos el campanario de una iglesia. Hacia él nos dirigimos. Cuando llegamos a la pequeña aldea polaca, nos lanzamos hacia la iglesia.

Había un hombre en pie a la puerta. Al ver nuestras trazas, cayó en la cuenta de que debíamos habernos fugado, y nos indicó con la mano una casa. Su gesto quería decir que podíamos encontrar allí albergue.

Mientras tanto, una patrulla alemana de seguridad se acercaba al patio de la iglesia. Cuando vimos los soldados, nos abalanzamos hacia la casa. Era una construcción bastante grande. Junto al edificio mayor había un granero. La puerta estaba cerrada, pero había una pequeña brecha en una de sus paredes... Parecía como si la Providencia nos la hubiese abierto para sacarnos de aquel apuro. Conseguimos colarnos por ella. Subimos al pajar, que estaba lleno casi hasta el tejado y nos escondimos en el bálago.

Los patrulleros alemanes, que habían visto sombras fugitivas, se lanzaron al patio, pero, afortunadamente, estaban buscando a unos cuantos jóvenes. El ama de la casa les dijo que no había ningún extranjero en el interior; que lo que quizás hubiesen visto, fuesen tres hijos suyos. A pesar de todo, los alemanes registraron toda la casa. Luego se aproximaron al granero, pero, no sé por qué motivo, decidieron desistir de la búsqueda, prometiendo volver por la tarde.

Apenas pudimos gozar un momento de nuestra buena suerte, porque en seguida subió una criada al pajar y nos descubrió. Tras ella llegó su amo, el cual nos prometió que no diría nada a los alemanes, pero que íbamos a tener que marcharnos de allí. Siguió una larga conversación, y el hombre pareció ceder un poco. Por fin, transigió con que nos quedásemos en el granero aquel día y aquella noche, mientras él buscaba entre tanto otro escondite donde pudiéramos ocultarnos. Su esposa que era una buena mujer, nos trajo comida. Hacía tanto tiempo que no comíamos manjares civilizados, que no fuimos capaces de identificarlos. Después de pensarlo mucho, caí en la cuenta de que sólo se trataba de pan untado de grasa o manteca. Sólo era pan con grasa, y en un granero... pero entre gente libre. ¡Mejor no podía ser el maná del Paraíso!

A primera hora de la mañana siguiente, nuestro huésped vino a despertarnos. Teníamos que seguirle a un nuevo escondite. Sin embargo, nos advirtió que si encontrábamos alguna patrulla alemana, haría como que no nos conocía, y nosotras teníamos que conducirnos como si no lo hubiésemos visto en la vida.

Sus consejos nos resultaron muy útiles. De pronto, nos topamos con una patrulla alemana. Pero tuvimos la suerte, de que en aquel mismo momento, cruzó el aire un cohete, sin duda ninguna procedente del ejército ruso que se acercaba, y los alemanes se tiraron a tierra. Aprovechamos la ocasión para salir corriendo hacia la casa que iba a ser nuestro refugio.

El amo de ella nos permitió ocultarnos en el establo. Pero al día siguiente, nos llevó a su mejor habitación, que era una alcoba.

Allí se acurrucaron en las camas la vieja pareja, su hija y Magda. Mientras yo dormí con Lujza en el suelo. Los soldados alemanes también vigilaban por allí, porque la comarca seguía todavía ocupada por ellos. Indudablemente, no era prudente salir de la habitación.

Cierta mañana, cuando me pareció que estaban lejos los alemanes, me fui a la cocina para hacer unas galletas de Transilvania como regalo a la familia. Cuando más afanada estaba en mi tarea, entró inesperadamente un soldado alemán en la cocina. Me miró, sorprendido, y empezó a hacerme preguntas. ¿Quién era yo, y cómo no me había visto antes? Le contesté que era una parienta de los dueños de la casa que acababa de llegar para hacerles una visita. Le conté que mi madre estaba enferma y postrada en cama, en una de las casas del pueblo, y que generalmente me pasaba el día entero atendiéndola.

No sé si me creería o no, pero a partir de entonces intensificó su odiosa compañía conmigo y con la familia. Alguna vez me trajo chocolates. Un día, llegó con varios amigos y me

invitó a que tomase parte con ellos en sus juegos. Mis amigas, que
me observaban desde la otra habitación, notaron compasivamente
que me vi forzada a fraternizar con hombres a quienes odiaba
y despreciaba por haber sido los asesinos de mis seres queridos.

Los cañonazos fueron oyéndose cada vez más fuerte. Los
rusos estaban avanzando, sin lugar a dudas. Los alemanes que
habían establecido allí sus cuarteles recibieron órdenes de prepararse para la retirada. Fui testigo de cómo y dónde plantaron
sus minas, y hasta presencié una explosión prematura que
mató a dos soldados.

A través de mis conversaciones con aquellos hombres,
pude deducir que consideraban muy precaria su situación. Pero
no querían admitir que hubiesen perdido la contienda. Repetían una y otra vez que el Reich era demasiado fuerte para
perder la "victoria final". No nos sorprendía oírles hablar
así, porque en la localidad se editaba un periódico de com-
bate, cuyo propósito era mantener en alto su espíritu. Durante
la primera semana, todavía seguía hablando, aunque débilmen-
te, de avances militares. Pero la semana siguiente, ya anunció
que Alemania estaba en peligro, pero que "los héroes alemanes
la salvarían". Una semana más tarde, declaraba que: "La
Providencia salvaría a Alemania porque Alemania siempre había obrado en nombre de la Providencia".

El destino debía haber dispuesto que yo, quien había
sobrevivido a los horrores de un campo de concentración y de
su evacuación presenciase la retirada de la *Wehrmacht* en de-
rrota. Jamás olvidaré aquella noche en que llegaron a la casita
polaca los últimos zapadores, extenuados y cubiertos con sus
blancos capotes de capucha. Se sentaron en la mejor habitación,
en la cocina, se acomodaron por todas partes; comieron y be-
bieron cuanto veían a podían atrapar. Se les derretía la nieve
de sus blancos gorros. Acaso desde que naciera el Tercer Reich,
no se les habían servido jamás con tan buen deseo como aquella noche. Estaban asistiendo a su velorio, y yo experimenté
una alegría como nunca en mi vida al observar a aquellos
superhombres cansados, que se encorvaban sobre sus rifles o se
apoyaban contra la pared, y hasta se tendían en el suelo, completamente dormidos.

Sin embargo mi alegría duró poco. Porque, al retirarse
aquellos hombres, se llevaron un gran número de mujeres de
la aldea, entre las cuales iba yo. Durante tres días estuve atada
por las manos a un carro de tiro y, como si fuera una esclava
me obligaron a seguir caminando.

No me volví loca, gracias a lo que veían mis ojos según íbamos marchando. Las carreteras estaban atestadas de alemanes fugitivos y de colaboradores suyos, quienes, después de tantos años de robar y saquear, apenas podían llevarse su botín. Los soldados se batían en retirada, cabizbajos y presas de pánico: había camiones que transportaban cañones y ametralladoras; caballos, espantados y sin jinetes, salían locamente de estampida; aldeas enteras se despoblaban y caminaban delante de los caballos alemanes; y los camiones de la Cruz Roja, tan temidos en Auschwitz, trasladaban ahora alemanes heridos a territorio más seguro. Todos eran indicios de verdadero caos. Ya la capitulación total no podía ser más que cuestión de días.

Cruzó por mi mente una nueva idea, que a punto estuvo de hacerme perder la razón. La aldehuela polaca que acabábamos de abandonar estaría a estas horas probablemente liberada. Empecé a morderme las cuerdas que sujetaban mis manos.

Bastantes madres jóvenes y muchachas, que como yo, caminaban amarradas a los carros, no pudieron aguantar el frío, el hambre y el terror de las marchas forzadas, y perecieron. Nadie desató los cadáveres, y siguieron adelante, arrastrados por los vehículos. Los alemanes ya no se fijaban en nada; su único pensamiento era escapar de aquel territorio amenazado.

Pasamos la tercera noche de nuevo en un establo. Los alemanes se tiraron sobre la tierra. Estaban bebiendo en su mayoría. Mi captor se consiguió unas cuantas botellas y comenzó también a empinar el codo.

A altas horas de aquella noche, mis tres días de roer constantemente las cuerdas fueron coronados por el éxito, porque, por fin, se me cayeron de las muñecas. Pero tenía las encías doloridas y sangrantes, y me rompí algunos dientes.

Todo estaba en el más profundo y cansado silencio, y sus ronquidos se imponían a cualquier otro ruido. Intenté escabullirme entre el grupo de los que dormían, pero el que guiaba el carro al cual había estado amarrada se incorporó sobre el codo. Estaba borracho, aunque todavía conservaba la lucidez suficiente para disparar si creía que estaba tratando de fugarme. Tenía que escoger entre su vida y la mía. Agarré una de las botellas que había por allí y se la descargué con toda mi fuerza sobre la cabeza. El vidrio se hizo añicos, y el alemán se desplomó de bruces. Desde el umbral, miré hacia atrás. Ya no se movía. Sentí asco en el estómago. Aunque se tratase de un nazi aborrecible, el pensamiento de matar me producía una impresión horrenda.

El espectáculo no había cambiado fuera de la carretera, como no fuese porque había más soldados alemanes en fuga desesperada. No me atreví a echar a andar en dirección contraria, porque hubiese dado lugar a que sospechasen de mí. Me decidí por los caminos secundarios, aunque también estaban atascados de hombres que huían en la misma dirección. No me quedaba más remedio que esconderme entre las casas y procurar evitar a los soldados.

Llevaba oculta creo que horas, cuando divisé, por fin a una mujer. Me armé de valor y le hablé. Pero los soldados alemanes seguían todavía ocupando su casa, y no podía admitirme. Sin embargo, me llevó hasta un río y me indicó una casa perfectamente iluminada que había en la otra orilla. Si atravesaba a nado la corriente, me dijo, estaría a salvo. Los alemanes estaban evacuando aquel pueblecillo.

Era febrero. El río arrastraba grandes témpanos de hielo. Además, ya empezaba a alborear. Pronto sería demasiado peligroso, porque me verían nadando. Pensé en Auschwitz. Allí siempre había estado dispuesta a aventurarme a cualquier cosa. Por fin, fui bajando hacia la orilla. Si había sobrevivido a las cámaras de gas, bien podría sobrevivir al río.

Según fui descendiendo, la buena campesina se santiguó y se cubrió los ojos con las manos. Completamente vestida y tal como estaba, me tiré a las aguas heladas del río.

Cuando llegué a la otra margen, ya había casi amanecido. Todavía no estaba liberada la aldea, pero los alemanes la abandonaban, y aquella casa tan brillantemente iluminada estaba vacía. Más tarde me enteré que sus habitantes se habían escondido en cuevas, porque su pueblo, situado en medio de un bosque, era el centro de un fuerte ataque, y tanto los alemanes como los rusos estaban cañoneándolo. Siguió una batalla terrible y enconada, pero no llegó a su punto álgido sino al caer la noche. Los rusos tiraron sus "velas de Stalin", y por un momento, el lugar quedó bañado de luz.

Fuera, yo seguí gozando de aquel espectáculo inolvidable. Estaba demasiado fascinada, y quizás demasiado asustada, para correr. Las casas desaparecían en pocos momentos bajo el nutrido bombardeo. El silbido de las balas de ambos lados producían una música macabra. Sin embargo, pude distinguir relinchos nerviosos de caballos, el carburar de motores a toda velocidad, y hasta gritos y voces. Desde la derecha, donde estaban los rusos, las voces me llegaban cada vez más claras, mientras, simultáneamente, los ruidos de la izquierda disminuían. No me cupo duda de que el poder alemán se tambaleaba. La *Wehrmacht* se batía de nuevo en retirada.

El amo de la casa, quien me había visto acercarme, fue a recogerme. Estaba seguro de que había muerto en el bombardeo. Cuando los campesinos empezaron a emerger de sus cuevas con las mejillas rojas y los ojos insomnes, creyeron al verme que tenía pacto con el diablo y miraron a otro lado. Yo no intenté explicarles lo que significaba para mí haber sido testigo de una victoria sobre los alemanes.

Todos estaban seguros en afirmar que todavía pasarían tres días antes de que llegasen los rusos. Sin embargo, aquella misma noche, las tropas de choque rusas se abrieron camino y tomaron el pueblo.

Inmediatamente cambió el aspecto de la adehuela. No hacía mucho que habíamos visto a la *Wehrmacht* y a las unidades de las S.S. dando por todas partes órdenes en alemán. Ahora escuchábamos un idioma nuevo, un idioma extraño para nosotros, y estábamos delante de gente a quien jamás habíamos visto... ¡Pero nos habían obsequiado con el mejor regalo que la vida puede dar... la libertad!

CAPÍTULO XXVII

Todavía Tengo Fe

Al mirar hacia atrás, yo también quiero olvidar. Yo también anhelo la luz del sol, la paz y la felicidad. Pero no resulta tan fácil desechar los recuerdos de la Gehenna cuando han quedado destruidas las raíces de la vida y no se tiene nada vivo a qué poder regresar.

Al escribir estas memorias personales, he tratado de cumplir el mandato que me confiaron los muchos compañeros de cautiverio en Auschwitz que perecieron de muerte tan horrible. Éste es mi homenaje fúnebre para ellos. ¡Que Dios haya acogido en su seno sus desventuradas almas! No hay infierno que pueda igualarse al que ellos hubieron de padecer.

Pero, francamente, quiero que mi libro signifique algo más que eso. Quiero que el mundo lea lo que he escrito y se decida a que esto no vuelva a ocurrir jamás de los jamases. No me cabe en la cabeza que después de haber leído este relato, queden dudas sobre el asunto. Aún en estos momentos, en que trazo con mi pluma las últimas palabras, surgen ante mí figuras silenciosas, que, en su mutismo, me ruegan que cuente también su historia. Puedo resistir el recuerdo de los hombres y de las mujeres, pero me persiguen los fantasmas de los niños pequeños... de los pequeños duendes...

El 31 de diciembre de 1944, el Alto Mando de las S.S. pidió al campo de Birkenau que le mandase un informe general sobre los niños internados. A pesar de las selecciones originales, quedaron todavía muchos de estos pequeños que habían sido separados de sus familias. Los alemanes resolvieron que tenían que desaparecer... y que había que hacerlo rápidamente y a bajo costo.

¿No convendría arrojarlos a un foso de cemento, derramar

gasolina sobre ellos y prenderles fuego, como siempre se había
hecho antes? No, la gasolina escaseaba. Y las municiones hacían
falta en el frente.

Pero los alemanes siempre tenían recursos para todo. Recibimos la orden de "bañar" a los niños. En Birkenau no se
discutían las órdenes. Había que cumplirlas, por repugnantes
e innobles que fuesen.

Por la interminable carretera del campo de concentración,
que había sido el Vía Crucis de tantos millares de mártires, los
pequeños prisioneros empezaron a avanzar en larga procesión.
Se les había cortado el pelo. Tropezábanse con los pies descalzos y cubiertos de andrajos. La nieve se había derretido bajo
sus pies, y la carretera del campo estaba cubierta de hielo. Algunos pequeños se caían. A cada caída seguía un latigazo de la
fusta cruel.

De repente, volvió a nevar. Los niños se tambaleaban en
su marcha hacia la muerte, con sus harapos cubiertos de blancos copos. Guardaban silencio bajo los latigazos, un silencio
tan profundo como el de los pequeños duendes de la nieve. Y
seguían adelante, titiritando, incapaces ya de llorar, resigna-
dos, exhaustos, aterrados.

El pequeño Thomas Gaston se cayó. Sus grandes ojos oscuros, brillantes de fiebre, parecían fascinados por el látigo,
y seguían su movimiento restallante en el aire por encima de
él. Los golpes se abatían sobre su cuerpo, pero el pequeño
Thomas estaba ardiendo de fiebre. Ya no tenía fuerzas ni para
llorar ni para obedecer. Lo levantamos y nos lo llevamos en los
brazos. Cuántas veces le habían pegado.

Un grito ronco rasgó el silencio.

—¡Stehen bleiben! (¡Alto!)

Llegábamos a las duchas.

Unos minutos más tarde, sin jabón ni toallas, teníamos
que "bañar" a los niños en agua helada. No podíamos secarlos.
Les pusimos otra vez sus andrajos sobre los cuerpecitos cho-
rreantes y los mandamos en columnas, como siempre... para
que esperasen. Tal fue la manera que los ingeniosos alemanes
discurrieron para "resolver" el problema de los niños, el problema de los inocentes de Birkenau.

Cuando quedaron "bañados" todos los pequeños, se pasó
revista. Tardaron en ella cinco largas horas aquel día, cinco
horas después de haberlos bañado en agua helada, mientras los
niños estaban en posición de firmes bajo el frío y la nieve.

—¡El Niño Jesús va a venir a buscarte en seguida! —se

mofó un guardián alemán, dirigiéndose a un pequeño que esperaba con los labios azules, aterido ya del todo.

Pocos fueron los niños de Birkenau que sobrevivieron a aquella revista. Los que quedaron con vida iban a caer más tarde bajo los garrotes de los alemanes. Y conste que la mayor parte de ellos eran "arios"; sólo que polacos, lo cual quería decir que no pertenecían a la "raza superior".

Por fin se nos ordenó regresar. Según avanzábamos por la calle del campo, los azadones y los picos se callaron un momento, porque nuestros compañeros de cautiverio, que trabajaban en la carretera, nos miraron. Los S.S. restallaron sus látigos. Tuvimos que hacer andar más aprisa a los niños.

—¡Madre! —tartamudeó el pequeño Thomas Gaston. Su cuerpecito, atormentado por la fiebre, estaba ya en las garras de la muerte...

Por fin volvimos a las barracas. Los pequeños que habían sobrevivido a aquella prueba se movían como autómatas, y estaban medio muertos de agotamiento. Pero en aquel estado, fueron llevados de nuevo a los fríos establos. Tomasito murió en el camino, como centenares de ellos. Las que lo habíamos cargado tuvimos que depositar su cuerpecito detrás de las barracas, porque así lo mandaban las ordenanzas, aunque sabíamos que enormes y asquerosas ratas estaban esperando a devorar su carne todavía caliente.

Era el último día del año... Caían enormes copos... Oíamos las ratas... Pero no podíamos hacer otra cosa más que cerrar los ojos y rezar porque llegase la justicia... ¡La justicia! Era la víspera de año nuevo... En alguna parte de la tierra, más allá de las alambradas de púas, los hombres libres se estrechaban la mano y levantaban sus vasos para desear a los demás un Feliz Año Nuevo... Pero en Birkenau, las ratas estaban cebándose en la carne de los niños de Europa.

::   ::   ::   ::

Quizás pregunte el lector: "¿Qué podré hacer yo personalmente para que estas cosas horrendas no se repitan?"

Yo no soy entendida en política ni economista. Soy simplemente una mujer que padeció, que perdió a su marido, a sus padres, a sus hijos y a sus amigos. Yo sé que el mundo tendrá que compartir colectivamente la responsabilidad. Los alemanes pecaron criminalmente, pero lo mismo hicieron las demás naciones aunque sólo sea por negarse a creer y a afanarse día y noche en salvar a los desventurados y desposeídos, por cuantos medios estuviesen a su alcance. Sé que si la gente de todo el mundo se propone que de ahora en adelante reine una justicia indivisible y que no haya más Hitlers, algo se conseguirá. Indudablemente, todos aquellos cuyas manos se hayan manchado con sangre nuestra, bien sea directa bien indirectamente, tienen que pagar por los crímenes que han cometido, lo mismo si son hombres que si son mujeres.

Si no se hace así, constituirá un verdadero ultraje para millones de muertos inocentes.

Recuerdo las interminables discusiones de nuestros días estudiantiles cuando nos formulábamos la pregunta de si el hombre era fundamentalmente bueno o malo, y tratábamos de hallar una respuesta. En Birkenau se sentía una tentada de responder que el hombre era inalterablemente malo. Pero esto sería una confirmación de la filosofía nazi, la cual pretende que la humanidad es estúpida y perversa, y que necesita ser metida en rodera a base de palo. Acaso el crimen más horrendo que cometieron contra nosotros los "superhombres" sea la campaña que desencadenaron, muchas veces con éxito, para convertirnos en unas bestias tan monstruosas como ellos.

Para llegar a esa degradación, desplegaron una disciplina estúpida, embrutecedora y desorientadoramente inútil, apelando a humillaciones increíbles, a privaciones inhumanas, a la amenaza constante de muerte, y, finalmente, a una promiscuidad repugnante.

Toda su táctica tendía calculadoramente a reducirnos al más bajo nivel moral. Y pudieron alardear de los resultados: hombres que durante toda su vida fueran amigos, terminaron aborreciéndose mutuamente con rencor y asco auténtico; los hermanos se peleaban entre sí por una corteza de pan; hombres que antes fueran irreprochablemente íntegros y honrados robaban cuanto podían; y con mucha frecuencia sucedía que era el *kapo* judío el que molía a palos a su compañero de sufrimientos, de cautiverio y de sangre judía.

En Birkenau, como en la sociedad alabada y enaltecida por los filósofos nazis, prevalecía la teoría de que "el poder crea el derecho". El poder por sí mismo imponía respeto. Los débiles y los viejos no osaban esperar misericordia.

Cada campo, cada barraca, cada *koia* era una pequeña jungla separada de las demás, pero todas ellas estaban sometidas a los patrones y la ley de la selva virgen, de devorarse los hombres unos a otros. Para llegar a la cima de la pirámide en cada una de aquellas selvas vírgenes, había que convertirse en una criatura a imagen y semejanza de los nazis, carente de todo tipo de escrúpulos, pero sobre todo de sentimientos de amistad, solidaridad y humanidad.

En Egipto, los esclavos que construyeron las pirámides y sucumbieron durante su trabajo pudieron, por lo menos, admirar su construcción, contemplar la obra de sus manos, que iba levantándose cada vez más alta. Pero los prisioneros de Auschwitz-Birkenau que acarreaban montones de piedras, para volver a transladarlas de nuevo al día siguiente a los mismos lugares de origen, no pudieron observar más que una cosa: la indignante esterilidad de sus esfuerzos.

Los individuos más débiles iban hundiéndose más y más en una existencia animal, donde no se permitían siquiera el sueño de llenar el estómago, sino que tenían que resignarse a los padecimientos de su hambre devoradora. Sólo pedían tener un poco menos de frío, ser golpeados con un poco menos de frecuencia, disponer de un poco de paja para suavizar y mullir las duras tablas de la *koia,* y de cuando en cuando gozar de un vaso entero de agua para ellos solos, aunque procediese del depósito corrompido del campo. Se necesitaba una energía moral extraordinaria para asomarse al borde de la infamia nazi y no caer en el fondo del pozo.

Sin embargo, conocí a muchos internados que supieron ser fieles a su dignidad humana hasta el mismo fin. Los nazis lograron degradarlos físicamente, pero no fueron capaces de rebajarlos moralmente.

Gracias a estos pocos, no he perdido totalmente mi fe en la humanidad. Si en la misma jungla de Birkenau no todos fueron necesariamente inhumanos con sus hermanos hombres, indudablemente hay todavía esperanzas.

Esta esperanza es la que me hace vivir.

— F I N —

VOCABULARIO

ARBEITDIENST—prisionero que señalaba a los Kommandos el trabajo que tenían que realizar

AUSSENKOMMANDO—internados que trabajaban fuera del campo

BEKLEIDUNGSKAMMER—el ropero de los prisioneros

BLOCOVA—la jefe de barraca o bloque

CALIFACTORKA—la criada personal de la *blocova*

"CANADÁ"—almacén donde se recogían los artículos quitados a los deportados para ser enviados a Alemania

FUEHRESTUBE—oficina de las S.S.

ESSKOMMANDO—los transportadores de la comida

HAEFTLING—internado del campo, o prisionero

KAPO—jefe de comando

KOMMANDO—grupo de trabajo

LAGERKAPO—ayudante de la lageralteste

LAGERALTESTE—la "reina del campo" sin corona

LAGERSTRASSE—carretera central del campo

LAGERRUHE—toque de queda

MUSULMÁN—esqueletos vivientes.

OBERARZT—médico jefe de las S.S. del campo de concentración

"ORGANIZATION"—robar a los alemanes

RAPPORTSCHREIBERIN—secretaria principal del campo

POLITISCHE BUERO—oficina política, donde se guardaban los documentos y los informes

SCHREIBSTUBE—oficinas a las que se enviaban los informes de las revistas

SCHEISSKOMMANDO—grupo destinado a limpiar las letrinas

SCHREIBERIN—escribiente

STUBENDIENST—gendarmería de la barraca; también los que dividían las raciones

"SPORT"—castigo infligido a las *blocovas,* a los funcionarios y a las muchachas de la cocina

SONDERKOMMANDO—grupo especial de trabajo, que aquí se emplea para los que prestaban servicio en los crematorios

SONDERBEHANDLUNG (S.B.)—tratamiento especial, o sea, "condenados a muerte"

SCHUTZHAEFTLING—prisioneros "protegidos"

VERTRETERIN—asistente de la *blocova*

ESTA EDICIÓN SE TERMINÓ DE IMPRIMIR
EL 5 DE AGOSTO DE 1999 EN EL TALLER DE
EDITORES, IMPRESORES FERNÁNDEZ, S.A. DE C.V.
RETORNO 7 SUR NÚM. 23 COL. AGRÍCOLA ORIENTAL
DELEGACIÓN IZTACALCO
C.P. 08500 MÉXICO, D.F.